Faltergestöber

Michael McCarthy

Faltergestöber

Vom Glück, das die Natur uns schenkt

Aus dem Englischen von
Karen Nölle und Sabine Schulte

Matthes & Seitz Berlin

❧ Zum Gedenken an Norah ❧

Inhalt

1. Ein einzigartiges Fenster 7

2. Zufällige Wildnis 35

3. Das Band und die Verluste 57

4. Der große Schwund 85

5. Das Glück der Jahreszeiten 117

6. Freude an der Schönheit der Erde 145

7. Staunen 175

8. Eine neue Art von Liebe 199

   Dank 227

❧ Was wär' die Welt, einmal beraubt
Des Nassen und Wilden? Laßt sie nicht enden,
Ach laßt sie nicht enden, Wildes und Nass;
Lang leb die Wildnis, das wuchernde Gras ❧

Gerard Manley Hopkins, »Inversnaid«
übersetzt von Dorothea Grünzweig

1.

Ein einzigartiges Fenster

Im Sommer des Jahres 1954, als Winston Churchills Zeit als britischer Premierminister sich dem Ende zuneigte, die Franzosen sich geschlagen aus Indochina zurückzogen und Elvis Presley seine ersten Schlager sang, erlitt meine Mutter einen psychischen Zusammenbruch. Ich war sieben und mein Bruder John war acht. Unsere Mutter, Norah, war vierzig. Ihren Beruf als Lehrerin hatte sie nach unserer Geburt aufgegeben. Sie stammte aus einer mittellosen Familie, hatte mithilfe von Stipendien studiert, war äußerst belesen und liebte die Literatur; sie hatte mit dem Dichter Padraic Colum korrespondiert, dem Verfasser des Liedes »She Moved Through the Fair«, den ihr Vater, ein Schiffskellner bei der Handelsmarine, während einer Überfahrt über den Atlantik kennengelernt hatte, und schrieb an einem Roman (über einen Kinderarzt, der feinfühlig mit Kindern umging, aber mit sonst niemandem zurechtkam). Sie war sanft und außerordentlich gutherzig, vollkommen selbstlos und aufrichtig und eine tiefreligiöse Katholikin.

Ihre Krise hatte während der langen Abwesenheiten meines Vaters Jack begonnen, der als Funker auf der *Queen Mary* fuhr. Es war die letzte Glanzzeit der großen Ozeandampfer der Cunard Line, und seine regelmäßigen Fahrten zwischen Southampton und New York waren mit Sicherheit weit anregender als das Leben, das er bei seinen Aufenthalten in unserem kleinen Reihenhaus in Birkenhead vorfand, einem Städtchen am Mersey gegenüber von Liverpool, wohin er alle drei Monate für zwei Wochen zurückkehrte. Er war nicht liebevoll, weder als Vater noch als Ehemann, aber er war kein schlechter Mensch, sondern nur hilflos, was Gefühle betraf, und neigte lebenslang dazu, seine Unsicherheit hinter Gebrüll zu verbergen oder aus der Haut zu fahren. Die zehnjährige Ehe war, so konstatierte man in der Klinik, »halbwegs glücklich«.

Während der langen Phasen des Alleinseins bekam meine Mutter häufig Unterstützung von ihrer wohlmeinenden, aber dominanten Schwester Mary und deren fügsamem Mann Gordon, die selbst keine Kinder hatten. 1953 verreisten die beiden jedoch für mehrere Monate nach Amerika – sie hatten eventuell vor auszuwandern –, und in dieser Zeit verschärfter Einsamkeit begannen die psychischen Probleme meiner Mutter. Mary und Gordon stellten bei der Rückkehr Veränderungen an Norah fest. Sie benahm sich zunehmend seltsam. Anfang 1954 verschwand sie eines Tages und wurde zwanzig Meilen entfernt aufgefunden, nachdem sie stundenlang herumgeirrt war. Im Sommer war sie so am Ende, dass sie sich an die Kirche wandte, die damals das Leben der katholischen irischen Familien am Mersey mit harter Hand lenkte, und Canon Quinn, der gestrenge Herr der Mariengemeinde, beschied, sie gehöre in eine Anstalt.

Dagegen konnte sich keiner wehren, weil keiner wusste, was ihr fehlte, außer dass sie offensichtlich vollkommen kopflos und zutiefst verzweifelt war. Der Familie ging es ähnlich: Jack und Mary Gordon und andere nahe Verwandte waren nicht nur hilflos, sondern genierten sich ihretwegen, denn es war lange vor der Zeit, als psychische Erkrankungen durch R. D. Laing zum Martyrium erklärt wurden. Mein Vater lieh sich Geld, damit sie wenigstens als Privatpatientin aufgenommen wurde, und sie kam in die Psychiatrie, aus der man, wie ich erst viel später erfuhr, damals nur selten wieder entlassen wurde.

So hätte es auch ihr ergehen können, denn die behandelnden Ärzte standen ebenfalls vor einem Rätsel und wussten ihr nichts zu bieten als eine Schocktherapie mit Starkstromstößen in den Kopf, die ihr solche Angst machten, dass sie vor jeder Behandlung glaubte, sie müsse sterben. Doch als nach einigen Wochen ein hellsichtiger Psychiater auf einmal einen Zugang zu ihr fand, begann sie langsam zu genesen. (Von diesen Umständen erfuhr ich 41 Jahre später, als die Klinik mir ihre Notizen aushändigte, die überraschenderweise aufbewahrt worden waren.)

Nach fast drei Monaten kehrte Norah heim. Doch unsere Familie hatte sich nach ihrer Einweisung aufgelöst. Mein Vater konnte sie nicht zusammenhalten. Er war distanziert und aufbrausend, hatte keine Geduld mit John und mir und war ohnehin auf See. Deshalb nahm Mary uns zu sich. Sie verkaufte unser Haus – sie verkaufte unser Haus! –, wir zogen zu ihr in den Vorort Bebington, und sie war gut zu uns, doch das Unglück war geschehen. John hatte seinen Halt im Leben verloren. Als ich Jahrzehnte später seine Lehrerin, Miss Dowling, traf, erzählte sie mir, dass er damals nach den Ferien im Unterricht nur vor sich hin gestarrt und ein Holzlineal nach dem anderen so lange zwischen den Händen gebogen hatte, bis es zerbrach – er war acht Jahre alt. Sie habe seinen Mitschülern gesagt, sie müssten alle nett zu ihm sein, weil er so traurig darüber sei, dass seine Mutter fort war. Er blieb zeitlebens instabil und war eigentlich nur beim Klavierspielen glücklich, was er glänzend beherrschte. Er hatte den Preis für sein Verstehen bezahlt, das aber kein rationales Verstehen war. Niemand erfasste rational, was mit Norah geschehen war, bis ich ein halbes Leben später ihre Notizen aus der Klinik zu lesen bekam. Doch der sensible John, der ein Jahr älter war als ich, hat es emotional verstanden; er hat gespürt, was sie durchmachte. Er hat ihr mit aller Kraft gegen die hilflosen, verständnislosen Erwachsenen die Treue gehalten. Und das war mehr, als er aushalten konnte.

Ich dagegen war mehr als verständnislos; ich war gleichgültig. Mir machte es mit meinen sieben Jahren überhaupt nichts aus, meine Mutter verloren zu haben. Wie seltsam sich das liest. Als ich viele Jahre später darüber zu reden begann, erfuhr ich, dass es eine Bewältigungsstrategie gewesen war. Wow, dachte ich, ich hatte eine Bewältigungsstrategie? Ich erinnerte mich nicht daran, auch nur im Geringsten darunter gelitten zu haben, dass Norah fort war und vermutlich nie wiederkommen würde. Diese Taubheit hielt sich meine ganze Kindheit hindurch und weit ins Erwachsenenalter hinein bis zum Tod meiner Mutter, als ich, obwohl ich sie inzwischen eigentlich über alles lieb gewonnen hatte, nicht um sie zu trauern vermochte. Ich nahm die Tatsache, dass sie für immer gegangen war, genauso gleichgültig hin wie früher ihr erstes Weggehen, und durch mein Entsetzen darüber begann mir das Leben, das ich mir bis dahin unbekümmert zurechtgezimmert hatte, indem ich so tat, als klafften darin keine Lücken, zu zerfallen. Und ich brach auf zu einem langen Weg nach anderswo.

Doch im August 1954 hatte ich keine Probleme. Und keine Gefühle. Für John war die Situation extrem schwierig, er war täglich außer sich, er schrie seinen Kummer heraus, doch bei mir war alles still. Es war, als wäre meine Seele, als wir zu Mary und Gordon zogen, glattgebügelt worden und hätte keine Falte mehr. Sie wohnten in einer Sackgasse namens Sunny Bank, wo es viel mehr Grün gab als in unserem Reihenhaus in Birkenhead. Die Häuser hatten Vorgärten, und zwei Türen weiter hingen die Zweige einer Buddleia über die Mauer.

Manche Pflanzen sind für ihre Heilkräfte bekannt, manche, weil sie giftig sind, andere, weil sie uns als Nahrung dienen, und wieder andere ihrer Fasern wegen, aber es gibt nicht viele, die dafür bekannt sind, eine besondere Tierart anzuziehen. Genau das ist jedoch bei der *Buddleia davidii* der Fall, die der französische Naturforscher und Jesuit Père David 1869 in den Bergen von China entdeckte (derselbe, der auch viele exotische Tiere, unter anderem den nach ihm benannten Davidshirsch und den ersten Großen Panda nach Europa einführte). Ich stieß zufällig auf diese Eigenschaft der Pflanze, als ich eines sonnigen Morgens bald nach unserer Ankunft zum Spielen auf die Straße lief. Der große Strauch war von Juwelen besetzt, Juwelen so groß wie meine siebenjährigen Hände, die in allen Farben leuchteten: rot und schwarz, braun und gelb, rosa und weiß, orange und türkis. Die Buddleia war von Schmetterlingen übersät. Es waren hauptsächlich die vier für den Spätsommer in England typischen Edelfalter Admiral, Tagpfauenauge, kleiner Fuchs und Distelfalter. Sie nehmen im August viel Nahrung auf, um zu überwintern oder nach Süden zu fliegen. Es waren die buntesten der britischen Schmetterlinge, die sich dicht an dicht auf den dicken violetten Blütentrauben tummelten und nach Nektar gierten.

Wie gebannt blieb ich stehen und beobachtete sie. Meine Augen streichelten ihre Farben wie eine Hand, die ein Kätzchen krault. Wie konnte es so etwas Kostbares, Lebendiges geben? Und während meine Mutter stumm litt und mein Bruder schrie, lief ich nun täglich hinaus und wurde nie müde, diese freien umhergaukelnden Ge-

schöpfe mit ihren bunten Flügeln zu beobachten, die von der Buddleia durch die unerfindliche Macht ihres Nektars so märchenhaft
gezähmt zu sein schienen, dass sie nie zu anderen Blumen flogen.
Auch ich konnte ihn riechen. Der Duft war honigsüß und hatte einen Hauch von Säure. Und er lockte diese wundersamen Besucher
an. Wundersam? Mich elektrisierten sie. Sie füllten den Raum, in
dem meine Gefühle hätten wohnen sollen. Und so zogen, als ich
ein knochiges Kind in kurzen Hosen war, durch dieses einzigartige
Fenster Schmetterlinge in meine Seele ein.

࿓

Dass wir die Natur lieben könnten, statt uns vor ihr zu fürchten
oder instinktiv auf ihren Nutzen aus zu sein, klingt vielleicht wie
ein Gemeinplatz, doch für mich ist es mit den Jahren immer bemerkenswerter geworden. Denn sie ist schließlich bloß unser Hintergrund, unser Kontext, das Milieu, aus dem wir wie alle anderen
Lebewesen hervorgegangen sind. Warum sollte sie in uns andere
Gefühle wecken als etwa Angst und Hunger, die zum Überleben
notwendig sind? Kann ein Otter seinen Fluss lieben? Und dennoch
ist es so, dass die Welt der Natur uns mehr zu bieten hat als nur die
Mittel zum Überleben auf der einen und tödliche Gefahren auf der
anderen Seite: Sie vermag uns Glück zu schenken.

Obwohl das für mich eines der schönsten Dinge im Leben ist –
und nie wichtiger war als heute –, erscheinen mir der Ursprung
dieses Glücks und ganz gewiss die Kraft, die von ihm ausgeht, zunächst rätselhaft. Ist die Möglichkeit, von einem Naturphänomen
wie den Schmetterlingen so ergriffen und entzückt zu sein, in der
Natur selbst angelegt, oder ist sie etwas, das *uns* innewohnt? Früher
hat das Christentum eine Erklärung geboten: Unsere Freude an der
Schönheit und dem Leben auf der Erde war unsere Freude am gött-
lichen Werk ihres Schöpfers. Doch heute, da das Christentum an
Bedeutung verliert, wird die unbestreitbare Tatsache, dass die Natur in uns Liebe auslösen kann, immer mehr zum Rätsel.

Viel leichter zu begreifen ist es, warum sie andere mächtige Emotionen hervorruft, in der Begegnung mit Großwild zum Beispiel.

11

Das erste große Tier, das ich je auf freier Wildbahn sah, war ein Spitzmaulnashorn in Namibia. Es stand knappe hundert Meter entfernt, ein tonnenschwerer Kraftprotz mit zwei Hörnern, der mich über ein paar niedrige Sträucher hinweg anstarrte. Zwar wusste ich, dass seine Augen schwach waren, aber die hochempfindlichen Ohren zuckten und drehten sich wie Radarantennen, um sich auf mich einzustellen, und ich war wie gelähmt. Mit klopfendem Herzen und trockenem Mund schaute ich mich nach einer Zuflucht um. Doch neben der Angst meldete sich ein stärkeres, mir fremderes Gefühl. Ich fühlte mich in jeder Hinsicht lebendiger. So lebendig wie in meinem ganzen Leben nicht.

Am nächsten Tag sah ich zum ersten Mal einen Kaffernbüffel, ein angriffslustiges schwarzes Ungetüm, das mir noch mehr Angst machte als das Nashorn, und trotzdem war das Gefühl wieder da: In die absolut reale Furcht, der Büffel könne mich töten, mischte sich eine intensivere Lebendigkeit, fast so, als lebte ich auf einer anderen Ebene. Und als ich später am selben Tag in einem ausgetrockneten Flussbett aus unmittelbarer Nähe meinen ersten wilden Elefanten sah, spürte ich erneut neben der Angst etwas wie Leidenschaft.

Diese Gefühle sind auf jeden Fall sehr alt. Sie sind tief in uns verwurzelt und dringen überraschend an die Oberfläche. Denn wir vergessen unsere Ursprünge. In unserem Stadtleben, fixiert auf unsere Bildschirme, muss man uns ständig daran erinnern, dass wir erst seit einer Generation an Computern sitzen und erst seit drei oder vier in Büros mit Neonbeleuchtung arbeiten, aber fünfhundert Generationen lang Bauern und davor vielleicht noch über fünfzigtausend oder mehr Generationen Jäger und Sammler waren, die als Teil der Natur lebten und sich darin entwickelten. Dieses Erbe können wir nicht einfach ablegen.

Der Zauber, den Großwild auf uns ausübt, geht auf diese fünfzigtausend Generationen zurück; die Ehrfurcht, die es in uns weckt, ist die bis heute überdauernde Ehrfurcht unserer Vorfahren, die diese imposanten Tiere voll Angst und Hoffnung jagten und sie anbetend an Höhlenwände malten. An den Felswänden von Lascaux und Chauvet, wo Angst und Hoffnung sich zum Kult verbinden, werden uns erstaunliche Einsichten in die Welt längst verstorbener

Menschen zuteil, deren Leben sich um gefährliche Tiere und deren Tötung drehte und die angesichts der Allgegenwart des Todes mit der leidenschaftlichen Intensität gelebt haben müssen, die auch wir spüren, wenn wir Großwild in seiner natürlichen Umgebung begegnen.

Doch mich will ein anderer, vielleicht abwegiger Gedanke nicht loslassen: Die Jäger und Sammler müssen auch Schmetterlinge gekannt haben. Haben die sie kaltgelassen? Alle? Sogar die Schwalbenschwänze? Irgendwie bezweifle ich das. Ich denke, es muss einen Punkt gegeben haben, an dem diese sonderbaren, herrlichen Geschöpfe wahrgenommen wurden, auch wenn die Menschen noch so von Überleben, Gewalt und Tod besessen waren – es muss in der Vorzeit einen Moment gegeben haben, an dem jemand zum allerersten Mal darauf wartete, dass ein Schwalbenschwanz sich niederließ, damit er ihn bestaunen konnte.

ಿ

Die Kindheit folgt keinem Muster, auch wenn wir das manchmal annehmen. Wir haben Schablonen für das Leben im Kopf, für Beginn, Reifung und Ende, und versuchen häufig, unsere eigenen Erfahrungen zu verstehen, indem wir sie mit diesen Schablonen vergleichen und schauen, wie sehr sie von ihnen abweichen oder ihnen entsprechen. Aber in Wirklichkeit sind die Formen unserer Erfahrung unendlich.

Ich habe den größten Teil meines Lebens hinter mir. Und ich hatte das Glück, die Beschädigungen der frühen Jahre zu einem guten Teil reparieren zu können, und, was womöglich noch wichtiger ist, mit dem, was sich nicht wiedergutmachen ließ, leben zu lernen. Nach einer unserer anstrengenden montäglichen Therapiesitzungen bemerkte ich zu John, dass die alten Griechen uns zwar Politik, Geschichte und Theater geschenkt hätten, aber auf Familientherapie nicht gekommen seien. Er stimmte lächelnd zu. Und vielleicht ist es diese Art, in Frieden mit dem Abnormen zu leben, die es mir erlaubt, mich damit abzufinden, dass meine Liebe zur Natur in einer Zeit von Verwirrung und großem Unglück entstand – dass ich mich, während das kindliche Band zu meiner Mutter gekappt wurde, den Insekten zuwandte.

Denn ich habe es wirklich akzeptiert; ich war sieben und konnte nichts dafür, und im Übrigen haben Schmetterlinge schon weit bedeutendere Geister als mich bezaubert, wobei ich zu dem Zeitpunkt vielleicht besonders empfänglich war: Da ich das wirkliche Geschehen ausgeblendet hatte, war mein Geist für Eindrücke offen, eine leere Tafel, und das Rot und Schwarz des Admirals, die leuchtenden Farben seiner Genossen prägten sich mir unauslöschlich ein. Ich wurde von einer glühenden Leidenschaft erfasst. Mary, der ich ununterbrochen davon erzählte, kaufte mir *The Observer's Book of Butterflies* unter anderem wohl, um sich als Ersatzmutter beliebt zu machen. (»Ihr werdet es gut haben!«, hatte sie verkündet, als sie uns zu sich nahm.)

Beim Blättern durch die altmodischen Seiten begann ich noch mehr über die Bilder von Arten zu staunen, von denen ich nur träumen konnte. Einige waren nicht nur herrlich anzusehen, sondern hatten auch wunderschöne Namen: Schlüsselblumen-Würfelfalter! Großer Schillerfalter! Kleiner Perlmutterfalter! O schöne, neue Welt, die solche Wesen birgt! Meine Begeisterung wuchs und gedieh in den folgenden Wochen und Monaten, obwohl es ein traumatisches Jahr war, denn meine Mutter, die dank des einfühlsamen Arztes wieder halbwegs, wenn auch keineswegs vollständig genesen war, wurde im Oktober entlassen und zog so lange mit in Sunny Bank ein, bis wir wieder ein eigenes Haus fanden.

Damit hatte Mary nicht gerechnet. Sie hatte (wie vermutlich die meisten Leute) gedacht, ihre Schwester wäre für immer fort. Zwei kleine Jungen aufzunehmen und auf die Weise plötzlich zu einer eigenen Familie zu kommen, war für sie kein Problem, sondern vielleicht sogar eine Freude gewesen; aber ihr Haus nun mit einer separaten, schwer gestörten Familie zu teilen, stellte sie vor eine ganz andere Situation, aus der es kein Entkommen gab, weil sie schließlich unser Haus verkauft hatte.

Norah hingegen, die hochsensibel und noch alles andere als stabil war, hatte nicht nur die Hölle durchgemacht, sondern auch schrecklich darunter gelitten, eingesperrt zu sein und ihre Kinder nicht sehen zu können. (Sie hat mir viele Jahre später erzählt, dass sie geglaubt hatte, sie würde uns nie wiedersehen. Ihr einziger Trost seien die beiden schmerzvollen Sonette von Gerard Manley Hopkins gewesen, mit den ersten Zeilen »Schlimmer nein, kann es nicht sein« und »Ich liege wach und spüre das Dunkel, nicht den Tag«, weil sie ihr wenigstens zeigten, dass andere Ähnliches wie sie durchgemacht und es überlebt hatten). Ihr seelisches Gleichgewicht war erschüttert, und nach ihrer Entlassung war sie ängstlich und misstrauisch und glaubte, die Leute aus der Straße redeten über sie. (Das stimmte möglicherweise.) Am schwersten fiel es ihr, statt in die Arme des geliebten Mannes zurückzukehren – der war irgendwo im Nordatlantik und speiste am Kapitänstisch –, als Untermieterin zu einer Schwester zu ziehen, die, wie sie in ihrem prekären Zustand womöglich meinte, versucht hatte, ihr die Kinder zu stehlen.

Die Situation war explosiv. Mary und Norah stritten sich ständig. Es war ein Jahr voller Geschrei, erbittertem Zank und Kummer, das John in die Verzweiflung trieb. Ich erinnere mich an einzelne Szenen. Einmal versuchte Norah, mit seltsamem Gesicht, Mary die Treppe hinunterzustoßen, und Gordon schrie sie an. Aber im Grunde prallte alles an mir ab. Bewältigungsstrategie oder nicht, was mich interessierte, war die Schmetterlingsfarm von L. Hugh Newman in Bexley, Kent – wobei die Initiale vor dem Namen das Geheimnisvolle irgendwie noch verstärkte –, denn dort konnte man Raupen der schönsten britischen Schmetterlinge bestellen, die sich bei richtiger Ernährung im eigenen Zuhause verpuppen und verwandeln würden. Wie Mr Newman die Schmetterlinge und Raupen in seinem Katalog beschrieb, machte mich neugierig, und als das Frühjahr 1955 nahte, gab ich eine Bestellung für fünf Schillinge auf und erhielt dafür eine Papröhre mit zwei Raupen des Großen Schillerfalters auf einem Weidenzweig als Nahrung. Sie starben, bevor sie sich verpuppten. Einem zweiten Paar erging es genauso. Ich machte offensichtlich etwas falsch. An fehlendem Eifer lag es nicht. Schmetterlinge hatten wirklich Eintritt in meine Seele erlangt. Ich fühlte mich ihnen zutiefst verbunden – ich hätte schon damals die Reihe der winzigen türkisen Halbmonde am unteren Rand der Flügel des Kleinen Fuchses beschreiben können – und wäre womöglich zum lebenslangen Schmetterlingsfanatiker geworden, der wie Frederick Clegg in *Der Sammler* von John Fowles gar nichts anderes mehr im Kopf gehabt hätte, wenn meine Mutter mir nicht den Weg in eine weitere Welt eröffnet hätte.

Das geschah kurz nachdem sie und mein Vater im November 1955 endlich wieder ein eigenes Haus gefunden hatten und wir nach der schweren Zeit in Sunny Bank versuchen konnten, neu zu beginnen, und es geschah durch ein Buch. Sie schenkte es mir zu Weihnachten, vermutlich aufgrund meiner Begeisterung für Schmetterlinge; doch während Mary mir vielleicht ein weiteres Buch über Lepidoptera ausgesucht hätte, wählte Norah etwas anderes, und ich frage mich bis heute, welcher Instinkt sie dabei leitete. Es war meine erste richtige Geschichte, mit vollständig ausgeformten Figuren und einer durchgehenden Handlung, und sie nahm mich sofort gefangen.

Es war ein Epos im alten Sinne: die ausführliche Schilderung heroischer Abenteuer. Aber es kam nicht so gewichtig daher wie die *Ilias* oder die *Odyssee*, denn die Helden waren Wichtel. Der Titel lautete *The Little Grey Men* (dt. *Die Wichtelreise*), und der Autor schrieb unter dem Pseudonym BB; dass er in Wirklichkeit Denys Watkins-Pitchford hieß, erfuhr ich erst viele Jahre später.

Ich verlor mich von der ersten Seite an in der Welt der Hauptfiguren, deren Namen Dodder, Baldmoney und Sneezewort von seltenen englischen Wildblumen stammten. Es waren kleine, dreißig bis fünfzig Zentimeter große Kerlchen mit langen, wallenden Bärten; der Älteste, Dodder, hatte ein Holzbein. Aber sie waren anders als die Wichtel aus dem Genre der High Fantasy, wie wir sie in letzter Zeit aus *Harry Potter* oder *Herr der Ringe* und ihren Epigonen kennen. Sie besaßen keine magischen Kräfte. Es waren keine Geschöpfe der Fanstasy-Welt, sondern des Realismus. Bis auf die Tatsache, dass sie sich mit den Tieren ihrer Umgebung unterhalten konnten, lebten sie genau wie wir in der Welt und suchten genau wie wir zu überleben, Nahrung zu finden und es warm zu haben. Aber da war noch etwas: Sie waren eine aussterbende Art. Sie waren die letzten Wichtel, die es noch in England gab.

Ich erinnere mich an das Schaudern, mit dem ich diese Worte zum ersten Mal las. Offenbar hat mich schon mit acht die Vorstellung gefesselt, dass etwas enden und einfach verschwinden kann. Es war klar, dass sie die allmähliche Verstädterung und die Modernisierung der Landwirtschaft, die damals bereits erfolgten, nicht überleben konnten. Sie waren Anachronismen. Die Welt hatte sich von ihnen fort entwickelt: Ihre Zeit war vorbei wie die von Butch Cassidy und Sundance Kid. Umso mutiger also ihr Entschluss, zu einem großen Abenteuer aufzubrechen – einer Suchexpedition, um ihren verlorenen Bruder Cloudberry zu finden, der sich zur Quelle des Folly Brook aufgemacht hatte, einem Fluss in Warwickshire, an dem sie im geräumigen Wurzelwerk einer alten Eiche lebten.

Ich war von ihrer Suche und dem überraschenden Ausgang vollkommen gefesselt, und genauso von dem Folgeband *Down the Bright Stream*, den ich mir im nächsten Jahr zu Weihnachten wünschte. (Im zweiten Buch erreicht die Existenzkrise der Wichtel ihren Höhepunkt; sie erweisen sich als äußerst findig und haben am Ende Erfolg.) Aber ich nahm mehr auf als nur die Story. Schon beim ersten Lesen verinnerlichte ich das Milieu, in dem die Abenteuer angesiedelt waren. Es war vollkommen anders als die Welt im *Herrn der Ringe* mit seinen finsteren Fürsten und Magiern, seinen Festungen und Bergen, den gewaltigen Heeren. Die Wichtel lebten schlicht in Warwickshire, dem Lande Shakespeares, am Folly Brook mit seinen Eisvögeln, Ottern, Pfrillen, seinen rüttelnden Turmfalken – einem kleinen bezaubernden Landstrich mit seiner kleinen bezaubernden äußerst lebendigen Tierwelt; und ich verliebte mich in sie und verliebte mich in die Natur. Mein Blick weitete sich von den Schmetterlingen aus auf die ganze Fülle der Flora und Fauna.

Ich hatte immenses Glück, denn ich entdeckte sie gerade am Ende jener Zeit, in der (zumindest in England) noch natürliche Fülle herrschte. Es war noch einige Jahre hin, bis die intensive Landwirtschaft das Land in den Würgegriff nahm – bis sich die widerwärtige Flut der Organochlor- und Organophosphatpestizide über das Land ergoss und es so verbrannte, wie Säure den menschlichen Körper verbrennt. Damals gab es noch etwas, das man für selbstverständlich hielt, obwohl es ein Wunder war: natürlichen

Überfluss. Auf der Buddleia waren, als ich sie zum ersten Mal sah, *viele* Schmetterlinge gewesen.

Ich sehe meine Kindheit nicht durch eine rosarote Brille. Meine Erinnerungen sind klar. Die Fülle bildete irgendwie den Kern der Anziehung. Ich glaube nicht, dass ein einzelner Admiral mich gleichermaßen beeindruckt hätte, obwohl er ein Wunder der Schöpfung ist. Damals gab es viel von allem Möglichen. In den Gärten der Vorstädte drängelten sich die Drosseln. Über jede Weide hoppelten Hasen. An den Flüssen schlüpften im Frühling ganze Schwärme von Maifliegen. Lerchen füllten die Luft und Mohnblumen die Felder, und so wie Schmetterlinge die Sommertage füllten, tummelten sich in der Dunkelheit die Nachtfalter. Manchmal waren die Nachtfalter so zahlreich, dass sie sich im Scheinwerferlicht eines Autos ballten wie Schneeflocken in einem Schneesturm. Es war ein wahres Faltergestöber, und wenn man nach der Fahrt die Windschutzscheibe putzte, schrubbte man den erstaunlichen Reichtum des Lebens vom Glas.

Dieser Welt, der Welt des Faltergestöbers schwor ich als Kind meine Treue.

∾

Das 21. Jahrhundert aber wird für die Welt der Natur, mit der ich seit meiner Jugend so verbunden bin, verheerend sein.

Ich bin ein Babyboomer, ein Mitglied der Generation, die nach dem Zweiten Weltkrieg im wohlhabenden Westen geboren wurde, jener Generation, die während des Ausbruchs der neuen Freiheit in den 1960ern erwachsen wurde und schlicht kraft ihrer Jugend die Herrschaft über den Kosmos geerbt zu haben meinte. Vielleicht stimmte das sogar. Ihre frühen Jahre waren so berauschend, dass meine Generation bis heute durch sie definiert wird; wir waren so durch Rock 'n Roll geprägt wie unsere Eltern und Großeltern durch die beiden Weltkriege. Doch nun, da wir uns dem Ende unserer Zeit nähern, offenbart sich mehr und mehr, dass man uns anders nennen muss: Wir waren die Generation, die im Lauf unseres langen Lebens zusah, wie der Schatten sich über die Erde legte.

Das will ich erläutern. Unsere Welt steht einer unerhörten Bedrohung gegenüber, von der frühere Generationen nichts ahnten: dem ungeheuren Wachstum der Menschheit. Wenn wir in vergangenen Jahrhunderten über das menschliche Geschick nachdachten, waren wir auf die Entwicklung der Menschheit fokussiert, den erstaunlichen Weg vom steinernen Faustkeil zum Mond, über Bildung, Medizin und Rechtsstaatlichkeit. Wir waren so vom packenden Fortgang des Unterfangens berauscht, dass uns sein schieres Ausmaß entging. Wir waren die sorglosen Betrachter des berühmten Seerosenteichs, in dem sich die Zahl der Seerosen, für das Auge zunächst fast unmerklich, täglich verdoppelt. Bis der Teich halb zugewachsen ist, mögen fünfzig Tage vergehen, aber was wir noch immer nicht begriffen haben, ist, dass es danach nur einen einzigen Tag dauert, bis er vollkommen überwuchert ist.

Diese Stufe exponentiellen Wachstums hat uns alle überrascht. Nachdem die Menschheit sich viele Jahrtausende und zahllose Epochen hindurch gemächlich vermehrt hatte, hat sich die Weltbevölkerung in nur vier Jahrzehnten, innerhalb einer einzigen – meiner eigenen – Lebensspanne, zwischen meiner Jugend und meinen mittleren Jahren, von 1960 bis 2000 von drei auf sechs Milliarden verdoppelt. Im Jahrzehnt darauf kam eine weitere Milliarde hinzu, und in den nächsten vier Jahrzehnten wird sie noch einmal um drei Milliarden wachsen. Und es sind nicht nur die Zahlen explodiert, vornehmlich in den ärmeren Ländern. In den reicheren, beständig reicher werdenden Ländern explodierte auch der Konsum, und die Babyboomers, die Generation, die es so gut hatte wie noch keine je zuvor, genoss ihn in vollen Zügen. In demselben Zeitraum, in dem sich die Bevölkerung verdoppelte, wuchs die Weltwirtschaft um das Sechsfache. Rückblickend erscheint dies als die folgenreichste historische Entwicklung der zweiten Hälfte des 20. Jahrhunderts, bedeutender noch als der Ausbau und die Ausbreitung der Nuklearwaffen oder der Rückzug aus Kolonialreichen oder der arabisch-israelische Konflikt oder das Scheitern des Sozialismus.

Wann haben Menschen, Geschöpfe der Gattung *homo*, erstmals begonnen, die Welt in messbarem Umfang zu verändern? Zweifellos vor circa sechzigtausend Jahren, als der Anatomie und dem

Verhalten nach moderne Menschen der Art *homo sapiens* aus Afrika aufbrachen und sich über Asien nach Australasien, dann nach Europa und schließlich von Sibirien über die Beringstraße nach Nord- und Südamerika ausbreiteten. Durch den Besitz der Sprache waren sie – waren wir – den früheren Arten der Gattung Mensch, die sich lange Zeit zuvor von Afrika aus über die Erde verbreitet hatten (*homo erectus* in Asien und die Neandertaler in Europa, die vermutlich noch keine voll entwickelte Sprache besaßen), hoch überlegen und vernichteten sie wahrscheinlich weitgehend. Und mit den riesenhaften Tieren, die sich im Laufe von Jahrmillionen auf der ganzen Welt als höchste Form der bis heute vorhandenen Säuge- und Beuteltierfauna herausgebildet hatten, verfuhren sie ähnlich. Auf diese verschwundenen Kolosse verwenden wir wenig Fantasie. Aber wir sollten es tun. Es war ein unvergleichliches Massaker. Am Ende des Pleistozän, der langen Ära der Kaltzeiten, waren auf allen Kontinenten ganze Großtierarten von den Jägern und Sammlern ausgerottet worden – die australische Megafauna mit dem zwei Tonnen schweren Diprotodon, einem Verwandten der Wombats, die südamerikanische Megafauna mit ihren gigantischen Faultieren, deren Fossilien Darwin entdeckte, und die eurasische Megafauna mit ihrem Riesenhirsch, dessen mehr als drei Meter hohes und breites Geweih so überraschend wirkt, dass man vor Staunen nach Luft schnappt, wenn man ihm im Biowissenschaftlichen Institut der Universität Durham plötzlich gegenübersteht.

Niemand weiß natürlich, was sich wirklich zugetragen hat, und manche Paläontologen glauben, dass klimatische Veränderungen schuld sein könnten, aber die überzeugendsten Argumentationen verweisen darauf, dass die Menschen sie ausgerottet haben: dass wir es waren. Wir haben schon vor zwanzig-, dreißig-, vierzigtausend Jahren, als unsere Bevölkerung sehr klein war, unsere Umwelt verändert und in großem Maßstab zerstört. Wie muss es sich da auswirken, dass nicht nur die Technologie zum Eingreifen in die Umwelt im Zuge unseres Aufstiegs vom Faustkeil zur Kettensäge, vom Schulterblatt eines Hirsches zum Bulldozer, vom Angelhaken zum kilometerlangen Treibnetz und vom Wurfspeer zur automatischen Waffe fortgeschritten ist, sondern auch unsere Zahl inzwischen so angewachsen ist, dass man sie nur als ungeheuerlich bezeichnen kann? Es ist unglaublich: Wir demolieren die Erde so, wie Einbrecher zuweilen mutwillig ein Haus demolieren. Wir leben in einem seltsamen, schrecklichen Moment der Geschichte. Wir verwüsten die Biosphäre, die dünne, den Planeten umhüllende Haut des Lebens, ohne die wir nicht existieren können, zersetzen die Atmosphäre über uns und die Ozeane unter uns und den Boden in der Mitte samt allem, was darauf wächst, indem wir ihn aufbrechen, verstreuen, durchlöchern, verbrennen, ausdünnen, darauf scheißen. Schon jetzt sind mehr als die Hälfte der Regenwälder verschwunden, Pestizide haben die Wildblumen und die Insekten auf landwirtschaftlichen Flächen und in Flüssen dezimiert, die Meeresböden sind angegriffen und die meisten Fischbestände sind in Gefahr, die Versauerung der Meere nimmt ständig zu, Korallenriffe sind von vielen Seiten bedroht, jedes Jahr werden 40 Milliarden Tonnen klimagefährlicher Kohlenstoff in die Atmosphäre geblasen, und bereits ein Fünftel aller Wirbeltiere – Säugetiere, Vögel, Fische, Reptilien und Amphibien – sind vom Aussterben bedroht. Die Tendenz steigt, viele stehen unmittelbar vor dem Aus. 1988 wurde das Vietnamesische Nashorn entdeckt, als eines der aufregenden Geheimnisse des indochinesischen Dschungels, in den man wegen des Krieges so lange nicht vorgedrungen war; 2010 war es ausgestorben. Es wurde wegen seines Horns getötet, das in der traditionellen chinesischen Medizin irrtümlich als Heilmittel für Krebs und andere Leiden gilt. Den Dodo kannten wir dreimal so lange. Die Nachtigall, der meistbesungene Vogel der Welt, ist in England von 1970 bis 2010 um 90 Prozent geschwunden. Der Blauflossen-Thunfisch des Mittelmeers, ein köstlich anzusehender Fisch, leider auch von köstlichem Geschmack, ist durch den Appetit von Sushi-Essern ernsthaft in Gefahr. Alle sieben Meeresschildkrötenarten sind bedroht, drei davon kurz vor dem Aussterben; auch Amphibien sterben massenweise aus, viele davon fast unbemerkt. Während die Goldkröte im Nebelwald von Costa Rica durch ihr Verschwinden Aufsehen erregte, verschwand der Panama-Stummelfußfrosch eher unbemerkt. Die Verluste geschehen weltweit, und das entscheidende Merkmal der natürlichen

Umwelt im 21. Jahrhundert heißt nicht mehr Schönheit, Fülle oder Reichtum oder gar Lebenskraft, sondern Verletzbarkeit.

Man kann es nicht genug betonen: Diese Verluste werden nicht durch Naturereignisse wie Tsunamis oder Vulkanausbrüche verursacht. Sie sind das Werk von Menschen – von uns –, und solange wir immer mehr werden und unsere Bedürfnisse wachsen, wird auch die Zerstörung zunehmen. Die unmittelbaren Ursachen lassen sich leicht aufzählen – es sind Habitatvernichtung, Umweltverschmutzung, Raubbau, Überjagung, die Verwüstung durch invasive Arten und immer mehr der Klimawandel –, doch die primäre Ursache der ungeheuren Vernichtung bleibt der *homo sapiens*: Eine einzige der Millionen Lebensformen unserer Erde ist, nun da ihre Zahl so explodiert ist, dass der Planet sie nicht mehr tragen kann, unbeirrt auf dem Weg, ihn zu zerstören.

Durch einen seltsamen historischen Zufall wurde uns gerade zu Beginn der Bevölkerungsexplosion, die so gravierende Folgen haben sollte, eine neue Ansicht der Erde beschert. Wir können den Moment genau datieren, es war der Heiligabend 1968. Der sie uns schenkte, war William Anders, ein amerikanischer Astronaut an Bord der Apollo 8, des ersten bemannten Raumschiffs, das die Umlaufbahn der Erde verließ und den Mond umkreiste. Als er und seine Kollegen Frank Borman und Jim Lovell im Raumschiff hinter der dunklen Seite des Mondes hervorkamen, tauchte vor ihren Augen etwas Erstaunliches auf: eine wunderschöne blaue Kugel umgeben von der Schwärze des Alls. Die Aufnahme, die Anders davon machte, ist als *Earthrise*, Erdaufgang, bekannt geworden und stellt zweifellos einen der bedeutendsten historischen Momente menschlicher Kultur dar, denn es war das erste Mal, dass wir uns aus der Ferne sahen. Und die von dunkler Leere umgebene Erde wirkte nicht nur unglaublich schön, sondern zugleich auch unglaublich fragil. Vor allem eines konnten wir deutlich erkennen: Sie war endlich. Auf der Erdoberfläche ist dies nicht augenscheinlich; Land oder Meer erstrecken sich bis zum Horizont, und es folgt immer etwas dahinter. Hinter jedem Horizont, den wir überschreiten, wartet der nächste. Doch als wir den Planeten aus dem Weltraum erblickten, sahen wir nicht nur das echte Wunder seiner schimmernden blauen

Schönheit, sondern auch seine Begrenztheit. Als die Astronauten der Apollo 8 die Erde aufgehen sahen, war sie nicht sehr groß – kaum größer als ein Daumennagel – und auf alle Fälle vollkommen isoliert. Es gab nur die eine. Keine Alternative, zu der wir uns aus dem Staub machen konnten, nur endlose Schwärze. Dank *Earthrise* begreifen wir es jetzt intuitiv, in unseren Seelen: Was wir zerstören, ist unsere Heimat.

&

Der Wunsch, etwas dagegen zu tun und Mittel und Wege zu finden, die Welle globaler Zerstörung durch den Menschen aufzuhalten, stellt uns vor eine der größten moralischen und intellektuellen Herausforderungen des letzten Vierteljahrhunderts. Der Druck ist groß, und das Problem wird erst von relativ wenigen wirklich wahrgenommen. Diese wenigen sind zumeist Umwelt- oder Naturschützer. Es gibt sie in jedem Land, und sie sind häufig laut, sodass sie einflussreich klingen, doch ihre Zahl weltweit ist klein. Gewöhnliche Leute sind in der Regel gleichgültig, weil sie die Konsequenzen noch nicht spüren und weil es für Menschen natürlich ist, sich auf die eigenen, oft eher harmlosen Sorgen zu konzentrieren, statt zu begreifen, dass die bevorstehenden Probleme aus ihrer individuellen Lebensführung resultieren, nur multipliziert mit sieben Milliarden.

Eine weitere Schwierigkeit besteht darin, dass unser derzeitiges Glaubenssystem – nennen wir es den liberalen säkularen Humanismus – nicht in der Lage ist, sich adäquat mit der Zerstörung der menschlichen Heimat durch eigenes Handeln auseinanderzusetzen. Dieser seit dem Zweiten Weltkrieg herrschende Glaube kennt ein einziges, durchaus ehrenwertes Ziel: die Steigerung menschlichen Wohlergehens. Er strebt danach, die Menschen überall von Hunger, Angst und Krankheit zu befreien und ihnen soweit möglich zu einem glücklichen, erfüllten Leben zu verhelfen. Das ist ein hehres, bewunderungswürdiges Ziel. Doch ihm fehlt etwas Grundsätzliches, die Einsicht, dass Menschen nicht notwendigerweise gut sind. Und an der Tatsache, dass die Spezies Mensch vom Wesen her schwierig und *homo sapiens* möglicherweise das Problemkind der Erde sein könnte, wird überhaupt nicht erst gerührt.

Das zu behaupten würde viele Leute empören, denn Hunger, Armut und Krankheit sind schlimm genug, ohne dass man sich obendrein mit der Möglichkeit befasst, dem Menschen an sich könne ein Makel anhaften. Für die Griechen jedoch, die Begründer unserer Kultur, bildete ebendieser Gedanke das Herz ihrer Moral. Es gab ein immerwährendes Problem mit dem Menschen. Er war herrlich, beinahe gottgleich und strebte stets nach Höherem; doch wirklich oben waren nur die Götter, und wenn der Mensch zu weit emporstrebte, wie es oft geschah, dann löschten sie ihn aus. Die Götter verkörperten die Grenzen des Menschen. Wir denken natürlich gleich an Ikarus, aber es gibt tiefgründigere Lektionen zu lernen. In *König Ödipus* von Sophokles war weder die Ermordung des Vaters noch die Hochzeit mit der Mutter das Schlimmste, was Ödipus auf sich lädt; das waren Begleitumstände seines Schicksals. Das Schlimmste war, dass er alles zu *wissen* glaubte. Er hatte das Rätsel der Sphinx gelöst und war zweifellos klug. Die Götter zeigten ihm, dass er es nicht war (und er stach sich, als er seine wahre Situation erkannte, zur Strafe für seine Blindheit die Augen aus).

Im modernen Konsens, dem liberalen säkularen Humanismus, kommt diese spirituelle Sicht des Menschen als eines Wesens mit Beschränkungen, das nicht alles tun kann, was es will, und potenziell problematisch ist – denn was ist eine Spezies, die ihre eigene Heimstatt zerstört, sonst? –, nicht vor. Es ist nirgends eine Spur davon zu finden. Das Thema anzusprechen ist absolut verpönt. Denn mit dem Sterben der Religion und dem Verschwinden der Spiritualität sind wir zu unserem eigenen moralischen Maßstab geworden: Im Zentrum unserer Vorstellungen von Gut und Böse steht das menschliche Leiden und wie es nach Möglichkeit zu vermeiden wäre. Das ist heute so tief in uns verwurzelt, so sehr Instinkt geworden, dass es in die Sprache eingegangen ist. Humanität ist eine unserer wertvollsten Tugenden, dass jemand human sei, fast unser höchstes Lob. Menschenrechte sind in aller Munde. Unsere Moral ist ganz und gar anthropozentrisch, objektiv gut ist das, was für uns selbst am besten ist. Wo demnach menschliche Interessen mit anderen Interessen kollidieren, wird jenen meist kurzer Prozess gemacht, selbst wenn sie das Wohl des Planeten betreffen, der unsere einzige Lebensgrundlage bildet.

Ein effektiver Umweltschutz wird in den letzten Jahrzehnten vor allem dadurch behindert, dass Fortschritt so überwältigend notwendig erscheint. Natur- und Umweltaktivisten, die sich um die natürlichen Systeme der Erde sorgen, werden von Fortschrittsgläubigen oft verächtlich als spießige Vogelbeobachter abgetan. Es fällt ihnen schwer, sich gegen den lauten Schlachtruf derjenigen Gehör zu verschaffen, die den Regenwald mit seinem fantastischen Artenreichtum abholzen und in nährstoffarme, alsbald ausgelaugte Anbauflächen verwandeln: *Es muss nun mal sein!*

Überzeugender Widerspruch gegen die blindwütige Zerstörung der natürlichen Umwelt und das simplistische Mantra von den menschlichen Bedürfnissen fällt schwer. Bisher hat es zwei ernsthafte Lösungsansätze gegeben. Der erste, das Konzept (oder das Projekt) nachhaltiger Entwicklung, ist inzwischen gescheitert.

Es wurde von der ehemaligen norwegischen Premierministerin Gro Harlem Brundtland entworfen und 1987 im Bericht der Weltkommission für Umwelt und Entwicklung der Vereinten Nationen unter dem Titel »Unsere gemeinsame Zukunft« veröffentlicht. Sein Ziel ist eine Entwicklung, die das Wachstum der Menschheit und die Linderung von Armut ermöglicht, ohne die natürlichen Ressourcen zu vernichten. Bisweilen als »Green Growth« bezeichnet, ist nachhaltige Entwicklung offiziell »eine Entwicklung, die die Bedürfnisse der Gegenwart befriedigt, ohne zu riskieren, dass künftige Generationen ihre eigenen Bedürfnisse nicht befriedigen können.« Ein hehrer Vorsatz, der bei gründlichem Durchdenken und ernsthaftem Bemühen nicht einmal unrealistisch ist; allerdings zeigt die Theorie sowohl das Problem als auch die potenziellen Lösungen auf. Ihre Schwäche liegt in der Umsetzung. Denn nachhaltige Entwicklung ist auf den guten Willen der Menschen und Regierungen angewiesen und auf deren Bereitschaft, ihr Verhalten zu ändern. Und der Theorie fehlt außerdem – ganz wie dem liberalen säkularen Humanismus – die Einsicht, dass Menschen nicht per se gut sind und sich nicht freiwillig ändern, wenn es gegen ihre egoistischen Motive geht. Da kann man genauso gut von Katzen verlangen, dass sie keine Vögel mehr jagen.

Zugleich wäre es mehr als ungerecht, die Arbeit unzähliger engagierter Menschen zu leugnen; und das Bemühen um nachhaltige Entwicklung hat auch einiges bewirkt. Es ist gelungen, Regierungen und Unternehmen davon zu überzeugen, die Umwelt bei ihren Planungen zu berücksichtigen. Das ist neu. Nicht gelungen ist es hingegen, die Stoßrichtung oder das Tempo der Zerstörung unserer natürlichen Umwelt zu verändern. Man hatte es für möglich gehalten, als 1992 mehr als hundert Regierungschefs beim Weltgipfel in Rio de Janeiro den Beschluss fassten, nachhaltige Entwicklung als normatives, internationales Leitprinzip der Staatengemeinschaft, der Weltwirtschaft, der Weltzivilgesellschaft und der Politik anzuerkennen, in der Agenda 21 zu verankern und weltweit durchzusetzen. Es war ein Moment großer Hoffnung und Selbstgefälligkeit, so als wäre das Problem durch seine detaillierte Beschreibung bereits gelöst. Ich erinnere mich deutlich daran. Ich war dort. Doch auf der Folgekonferenz zwei Jahrzehnte später, Rio+20, war nicht mehr zu übersehen, wie wenig nachhaltige Entwicklung dazu beigetragen hatte, die Welt zu retten.

Bis 2012 hatte sich wenig bis nichts verbessert: Die Erdbevölkerung war um 1,5 Milliarden gewachsen, die jährlichen klimaschädlichen Kohlendioxidemissionen hatten um 36 Prozent zugenommen, Tendenz steigend, weitere gut 250 Tausend Hektar Primärwald waren gerodet, die Luftverschmutzung war vor allem in den Entwicklungsländern sprunghaft angestiegen, und das Artensterben hatte unbekannte Ausmaße erreicht. Auch wenn es hier und dort Erfolge gegeben hatte, hatten sie die Hauptrichtung der Zerstörung nicht verändert. Mit 45 000 Delegierten, Beobachtern und Journalisten, darunter 130 Regierungschefs, war Rio+20 zwar die größte Versammlung, die je von der UN abgehalten worden war, aber am Ende stand nur ein schwaches Bekenntnis zu nachhaltiger Entwicklung als Leitbegriff, und es war, kaum dass sie vorbei war, vergessen.

Der zweite Lösungsversuch hingegen ist noch nicht gescheitert und findet momentan weltweit Resonanz.

Sir Arthur Tansley ist heute weniger bekannt als die Wissenschaftler Ernest Rutherford, John Logie Baird und Alexander Fleming, die zu gleicher Zeit mit ihm zwischen den beiden Weltkriegen an ihren Erfindungen arbeiteten. Dabei haben wir mit dem von ihm entwickelten Begriff des *Ökosystems* etwas, das sich als ebenso einflussreich erwiesen hat wie Rutherfords Nuklearphysik, Bairds Fernseher und Flemings Penizillin.

Es hatte lange gedauert, bis Naturwissenschaftler, die Dinge so gerne klassifizieren, zu der Einsicht gelangten, dass einzelne Pflanzen- und Tierarten nicht isoliert voneinander existieren, sondern in enger Gemeinschaft mit anderen lebenden Organismen, die allesamt nicht bloß miteinander, sondern auch mit ihrer Umgebung interagieren. So kam es erst Anfang des 20. Jahrhunderts zur Einführung der wissenschaftlichen Fachrichtung Ökologie. Der Botaniker Tansley hatte einen Lehrstuhl in Oxford inne und war einer der ersten großen Ökologen. Sein Begriff Ökosystem (eingeführt in einer Streitschrift von 1935 über Fragen ökologischer Terminologie) machte die Vorstellung von einem lebendigen Komplex aus Tieren und Pflanzen, der mit den unbelebten Elementen der Umwelt wie Boden oder Klima eine Funktionseinheit bildet, auch für Laien verständlich.

Diese Einheiten konnten so groß sein wie ein See oder so klein wie eine Pfütze, sie konnten ein Wald sein oder ein einzelner Baum, doch es war klar, dass es sie gab und dass sie wirklich funktionierende Systeme bildeten. Und als Biologen sie in den Sechzigern, Siebzigern und Achtzigern intensiver zu erforschen begannen, wuchs die Einsicht, dass sie eine bedeutende Rolle dabei spielten, wie Wasser, Nährstoffe, Sedimente und Kohlenstoff durch Landschaften strömten, von Lebewesen in den Boden, in die Meere, die Atmosphäre und wieder zurück.

Auf diese Weise verbreitete sich allmählich die noch relevantere Erkenntnis, dass Ökosysteme und die dazugehörige Tierwelt etwas für *uns* tun, und zwar Dinge, die lebenswichtig sind. Sie leisten Dienste, die uns vielleicht immer selbstverständlich schienen, aber ohne die wir nicht existieren können. Das wohl offensichtlichste Beispiel ist die Bestäubung von Nutzpflanzen durch Bienen und andere Insekten. Ohne sie würde weltweit ein Großteil der Landwirtschaft kollabieren. In den 1990ern begannen Wissenschaftler mehr und mehr solcher Dienste aufzuführen, darunter die Regulierung des Klimas, die Zusammensetzung der Atmosphäre, Frischwasserversorgung, Überschwemmungs- und Erosionsschutz, der Erhalt von fruchtbaren Böden und von Fischbeständen, die Entgiftung von Schadstoffen, Schädlingsbekämpfung, Abfallentsorgung, der Kreislauf von Nährstoffen und überdies die Versorgung mit einem unermesslich großen Pool an Genen, aus denen wir potenziell lebensrettende Medikamente und andere Produkte gewinnen können.

Das alles und mehr haben wir von der Natur genommen, ohne einen Gedanken daran zu verschwenden. Wir haben es jahrtausendelang getan, weil es alles kostenlos war und darum unmerklich geschah. Die Erforschung der wahren Leistungen des Ökosystems und mehr noch unserer absoluten Abhängigkeit von ihnen hat unser Verständnis der natürlichen Umwelt von Grund auf verändert. Und dass diese neue Sicht entstand, als viele dieser Leistungen zum ersten Mal in der Geschichte gefährdet oder tatsächlich bereits beeinträchtigt waren, verlieh ihr eine besondere Bedeutung.

Nehmen wir die schwindenden Regenwälder. Sie konnten von ihren Zerstörern nicht mehr als bloße Vergnügungsparks für spießige Vogelbeobachter abgetan werden, denn wir begriffen jetzt, dass sie nicht nur Brennholz und Wasser und Nahrung schenkten, sondern auch halfen, unser Klima zu regulieren, und in einer Zeit, in der die Atmosphäre durch menschliche CO_2-Emissionen auf katastrophale Weise bedroht war, gigantische Mengen CO_2 einlagerten. Die Wälder zu opfern sei Selbstmord, beteuerten immer mehr Wissenschaftler und politische Entscheidungsträger. (Und in ihrer Pflanzenvielfalt könnte sich eine unentdeckte Substanz finden, die deinem Kind das Leben rettet wie das Madagaskar-Immergrün, aus dem wir Vincristin gewonnen haben, ein Heilmittel für Leukämie bei Kindern.)

Unsere vollkommene Abhängigkeit von der Natur: Sie war der bestmögliche Schutz der Natur, weit effektiver vielleicht als die hoffnungsvollen Frömmeleien der Befürworter nachhaltiger Entwicklung. Das erkannten Natur- und Umweltschützer rasch und bauten die Wissenschaft der *ecosystem services* (zu Deutsch Ökosystemdienstleistung, ökosystemare Dienstleistung oder schlicht Ökosystemleistung, abgekürzt ESS bzw. ÖSD) zu einer eigenen Disziplin aus. Die 1997 erschienene Essaysammlung mit dem Titel *Nature's Services: Societal Dependence on Natural Ecosystems*, herausgegeben von der Biologin Gretchen Daily, die an der Stanford University lehrt, gilt als ihr erster formeller Auftritt. Weltweite Aufmerksamkeit erlangte sie durch die Studie *Millennium Ecosystems Assessment* der UN von 2005, eine Untersuchung von 24 Unterstützungssystemen der Natur für das menschliche Leben auf der Erde, deren Ergebnis lautete, dass mindestens 15 von ihnen ernsthaft beschädigt waren. Doch unsere Abhängigkeit von ihnen, mag sie noch so lebenswichtig sein, ist nicht der einzige Aspekt der Ökosystemleistungen, der die Fantasie der Menschen bewegt. Auf viele wirkt ein anderer Aspekt der Natur animierend: Mit ihr ist Geld zu verdienen.

Überall auf der Erde ist etwas noch nie Dagewesenes im Gang: Alles wird mit einem Preis versehen. Die Preisschilder werden auf dem ganzen Planeten verteilt, jeweils für ein Stück Natur. Es geschieht genauso wie im Supermarkt. Aber es sind nicht die Preise, die man auf einer Bohnenbüchse oder einer Cornflakespackung findet, sie sind von ganz anderer Größenordnung und tragen Aufschriften wie Bestäubung 131 Milliarden Dollar, Korallenriffe 375 Milliarden Dollar, Regenwälder 5 Billionen Dollar.

Die neu entstandene wissenschaftliche Disziplin Umweltwirtschaft hat uns befähigt, Ökosystemleistungen einen Wert beizumessen, einen realitätsmächtigen Finanzwert, und das hat noch mehr Leute wachgerüttelt als das Wissen, dass wir vollkommen von ihnen abhängen. Nehmen wir zum Beispiel Mangroven, jene Salzwassergehölze, die so viele Küsten in den Tropen säumen, und stellen wir uns vor, dass die Verwaltung einer Küstenzone X, hinter der eine rasch wachsende Stadt liegt, beschließt, ihre Mangrovensümpfe abzuholzen, weil das seichte Wasser, in dem die Bäume wachsen, sich ideal zur Garnelenzucht eignen würde. Und stellen wir als Schätzung auf, die Betriebe könnten, wenn sie einmal aufgebaut wären, Garnelen im Wert von 2 Millionen Dollar in fünf Jahren exportieren. Aber Mangroven sind nicht einfach ausladende Bäume, die knöcheltief im Wasser stehen. Sie gewähren einen wichtigen natürlichen Schutz gegen Stürme und Hochwasser. Sagen wir, es kommt nach der Abholzung der Mangroven zu einer Sturmflut, vielleicht einem Tsunami, der mühelos über die Aquakulturen hinwegrauscht, die Küstengebiete und die Stadt überschwemmt und katastrophale Verwüstungen anrichtet, sodass der Verwaltung von X keine andere Wahl bleibt, als eine lange Sperrmauer zu errichten. Was wird die Mauer kosten? Sagen wir 200 Millionen Dollar in fünf Jahren. Die Mangroven haben es umsonst gemacht. Also wird ihr Ersatzwert auf 200 Millionen Dollar beziffert.

Und man hat Mangrovenwälder im Wert von 200 Millionen Dollar abgeholzt, um Aquakulturen für Garnelenzucht im Wert von 2 Millionen Dollar aufzubauen?

Berechnungen dieser Art bringen die Leute zum Nachdenken. Es sind Summenspiele, die Kettensägen aufhalten, wo *Bitte, tut das nicht!* auf taube Ohren trifft.

Umweltökonomen und eine Vielzahl von Umweltschützern haben sie übernommen. In ihren Köpfen geistert die größte Berechnung von allen herum, angestellt von einem Team unter der Leitung von Robert Costanza, damals noch an der University of Maryland, das sich zum Ziel gesetzt hatte, sämtliche primären Natursysteme des Planeten mit einem finanziellen Wert zu belegen. Der am 15. Mai 1997 in der Zeitschrift *Nature* erschienene Artikel von Costanza et al. bezifferte den zentralen Wert der siebzehn bedeutendsten Ökosystemdienste auf geschätzte 33 Billionen Dollar pro Jahr – eine 33 mit zwölf Nullen – zu einer Zeit, als das Bruttoweltprodukt (sämtliche Waren und Dienstleistungen der Welt) gerade einmal 18 Billionen Dollar betrug. Da stand er nun schwarz auf weiß: der Wert der Natur für die menschliche Gesellschaft. Größer als alles andere zusammen. Beinahe doppelt so groß.

Es ist gut nachzuvollziehen, warum viele derjenigen, denen daran liegt, die natürliche Umwelt vor der Zerstörung kommender Jahrzehnte zu schützen, nun die Lösung in der Ökonomie sehen. Sie ist viel leichter mit der nüchternen Realität der menschlichen Natur zu vereinbaren als nachhaltige Entwicklung. Wie hat es Adam Smith einst so trefflich formuliert? »Nicht von dem Wohlwollen des Fleischers, Brauers oder Bäckers erwarten wir unsere Mahlzeit, sondern von ihrer Bedachtnahme auf ihr eigenes Interesse.« Während die nachhaltige Entwicklung – leider – in erster Linie an die menschliche Güte appelliert, wendet sich das Konzept der Ökosystemleistungen direkt an ihr Eigeninteresse. »Follow the money«, wie Deep Throat Bob Woodward empfahl.

Die Regierungen der reichen Welt haben genau das getan. Sie initiierten das Projekt TEEB, eine globale Untersuchung des ökonomischen Wertes von Ökosystemen und biologischer Vielfalt, die 2010 überzeugend darlegte, dass die Rettung der Fauna auf der Erde aus der sie bedrohenden Krise weit weniger kosten würde als ihr Verschwinden (weil es unermesslich viel teurer wäre, die von ihnen erbrachten Dienste zu ersetzen). Ein Statement dieser Art lässt Finanzminister – in vielen Regierungen die eigentlichen Leute am Hebel der Macht – überall aufhorchen.

Doch ebenso, wie ich nicht der Einzige sein kann, für den etwas verloren ging, als Neil Armstrong seinen dicken fetten Stiefel auf den Mond setzte, obwohl mir der Mut und die technologische Triumph imponierte (warum? Weil es mit dem Mysterium aus war), kann ich auch nicht der Einzige sein, den diese Entwicklungen, seien sie auch zur Rettung des Planeten noch so hilfreich, mit einer tiefen Unruhe erfüllen.

Vielen Menschen ist die Kommerzialisierung der Natur unangenehm, um nicht zu sagen unheimlich: Flüsse, Berge und Wälder mit Preisen zu versehen ist kein nobles Unterfangen. Die Elemente der natürlichen Umwelt als Ware zu behandeln ebnet den Weg dazu, mit ihnen zu handeln, zu spekulieren und sie schließlich von multinationalen Konzernen aufkaufen und verwalten zu lassen. Der Jargon der Finanzwelt beginnt sich an sie zu heften, und schon sind sie nicht mehr etwas, das Freude bringt, sondern Naturkapital und grüne Infrastruktur.

Doch es ist nicht nur das. Noch schwerer wiegt, dass der Wert, mit dem die Natur durch die Kommerzialisierung bemessen wird, in hohem Maße selektiv ist. Mit einem Wert versehen werden nur Dienste, deren Nutzen für uns unmittelbar messbar ist. So führt zum Beispiel eine neuere Studie aus den USA vier Ökosystemdienste für ihr Land auf: »Entmistung (jährlich $ 380 Millionen), Nutzpflanzenbestäubung ($ 33,7 Milliarden), Schädlingsbekämpfung ($ 4,49 Milliarden) und Tierernährung ($ 49,46 Milliarden). Diese Werte berechnen sich nach Bemühungen der menschlichen Gesellschaft, künstlichen Ersatz zu schaffen. Aber was keinen messbaren, nutzbringenden Wert für uns hat, wird nirgends aufgeführt und ist es folglich nicht wert, geschützt zu werden.

Denn welchen Wert messen wir bei diesem neuen aufregenden Unterfangen den Schmetterlingen zu, jenen Lebewesen, die, als ich sieben war, meine Seele für sie einnahmen? Oder welchen Wert messen wir dem Gesang der Vögel zu, der noch weit mehr Gemüter für sich einnimmt? Sollen sie einfach abgeschrieben werden, wenn die große Zerstörung der Natur immer weiter fortschreitet? Und das Sprießen der Frühblüher und der Herbstpilze, die Entfaltung der Farne und die Forellenwanderung – besitzen auch die keinen Wert, und soll es für die Tierwelt von nun an nur noch einen Wert geben, jenen der Buchhalter?

Wir stehen an einem seltsamen Moment der Geschichte, an dem die Natur so tödlich bedroht ist wie nie zuvor und jene, die sie lieben, laut danach rufen, dass man sie schützen, dass man sie retten muss. Und nun, da eine neue Form des Schutzes geboten ist – die weit realistischer und nüchterner daherkommt als frühere und von daher bessere Chancen haben müsste, zum Erfolg zu führen –, zeigt sich, dass sie ebenfalls mit entscheidenden verhängnisvollen Fehlern behaftet ist.

Was sollen wir tun?

❦

In einem berühmten Vorwort zu einem seiner Kurzromane schrieb Joseph Conrad, dass die Werke von Wissenschaftlern und Intellektuellen zwar vermutlich unmittelbarer, künstlerische Werke jedoch nachhaltiger wirken würden, weil sie tiefer gingen: Fakten mögen mächtiger sein, aber sie nisten sich nicht so ein wie Bilder.

Meiner Ansicht nach wird es Zeit für eine andere Form des Eintretens für die Natur. Wir sollten uns weder auf die Forderung beschränken, sich ihr gegenüber vernünftig und verantwortlich zu verhalten – wie die Nachhaltigkeitsbefürworter –, noch allein auf ihren gigantischen Nutzen und monetären Wert setzen – nach dem Ökosystemleistungskonzept –, sondern einen dritten, ganz anderen Weg aufzeigen, indem wir darauf schauen, was sie für unseren Geist und unsere Seele bedeutet: auf die Liebe zur Natur. Und auf das Glück und die Freude, die von ihr ausgeht.

Die Freude an der Natur wird selbstverständlich bereits seit Jahrhunderten gefeiert. Aber als schlüssiges Argument für den Schutz der natürlichen Umwelt ist sie bisher noch nicht eingesetzt worden. Zum einen wohl deswegen, weil die tödliche Bedrohung noch keine Jahrhunderte alt, sondern erst zu meinen Lebzeiten entstanden ist, und zum anderen, weil das Glück, das uns die Natur beschert, sich nicht in eine generelle Formel fassen, nicht quantifizieren lässt. Der Wert der von der Natur geleisteten Dienste zur Befriedigung unserer physischen Bedürfnisse lässt sich generalisieren oder monetarisieren, weil wir alle einen mehr oder weniger ähnlichen Bedarf an Nahrung und Unterkunft haben. Unsere Sehnsüchte nach Trost und Einsicht und Wonne hingegen sind unendlich verschieden. Ihr Wert wechselt nicht durch zu berechnende Zahlen, sondern die persönlichen Erlebnisse Einzelner. Darum lässt sich – Gottseidank – nicht sagen, dass der Gesang der Vögel sich wie die Korallenriffe auf einen ökonomischen Wert von jährlich 374 Milliarden Dollar bemisst, aber jeder Einzelne von uns kann ihn, in einem bestimmten Moment und an einem bestimmten Ort, als das Liebste und Teuerste empfinden, was es gibt. So wie Shelley es von seiner Lerche, Keats von seiner Nachtigall und Philip Larkin von seiner Singdrossel im kühlen Frühlingsgarten geschrieben hat; aber wir müssen es immer aufs Neue sagen, immer wieder neu. Wir dürfen uns nicht auf alte Gedichte verlassen, sondern müssen selbst das Lob dieser Werte singen, sie angesichts des kommenden Jahrhunderts der Zerstörung lauthals besingen, damit alle hören, weshalb die Natur nicht sterben darf.

Da man nur aus eigener Erfahrung überzeugend argumentieren kann, werde ich von meinen persönlichen Erlebnissen berichten. Ich werde der Frage nachgehen, warum wir Menschen die natürliche Umwelt, der wir entstammen, lieben können, während der Otter seinen Fluss nicht zu lieben scheint. Und ich werde dem nachgehen, wie die Natur uns Glück beschert, indem ich Begegnungen schildere, die mich berührt haben und die Sie vielleicht ähnlich berühren könnten. Mein Ansinnen dabei ist nicht nur, sie zu feiern, sondern mich bewusst und engagiert für ihren Schutz einzusetzen. Schutz durch Freude, wenn Sie so wollen. Denn die Natur war niemals schutzbedürftiger als jetzt, da die menschliche Gesellschaft mit der Abrissbirne auf den Planeten eindrischt.

2

Eine Wildnis nebenan

Die Natur kann in uns vielerlei Emotionen auslösen, nicht zu vergessen auch Ängste und Hass. Sie ist nicht immer freundlich. Sie kann gefährlich sein. Sie kann töten. Und sie kann äußerst negative Gefühle hervorrufen (bei manchen Menschen etwa Abscheu gegen wildlebende Wölfe, die bei anderen Ehrfurcht wecken). Doch wenn wir von der desinteressierten Gleichgültigkeit der Natur gegenüber absehen, die man heute vor allem bei jungen bildschirm- und elektronikaffinen Leuten antrifft, sind die Gefühle, die sie weckt, vornehmlich positiv. Es gibt den Genuss an vertrauten Landschaften; die starke Freude an Neuem und Schönem, wie sie durch Begegnungen mit seltenen Tieren ausgelöst wird; das besonders mächtige Gefühl des Staunens, das selbst äußerst pragmatische Menschen auf fromme Gedanken zu bringen vermag. Doch mir geht es um etwas, das mich über die Jahre mehr und mehr beschäftigt hat, das mächtigste aller Gefühle.

Es ist außergewöhnlich. Aber es ist nicht so unüblich, wie man annehmen könnte, wenn man bedenkt, wie einzigartig es ist, und ich kenne viele, die es erlebt haben. Ich will es beschreiben: Es kann passieren, dass wir unversehens von einer Liebe zur natürlichen Umgebung erfasst werden, deren Intensität uns überrascht und die vielleicht nicht vollends zu begreifen ist. Und mir scheint, das einzige Wort, das dieses Gefühl richtig trifft, heißt *Glück*. Wenn ich von dem Glück spreche, das wir in der Natur finden können, ist es dies, was ich meine.

Ich verstehe es als unvermittelte Ahnung davon, dass der Natur als Ganzem etwas Außergewöhnliches, Einzigartiges innewohnt, das über unser alltägliches Erleben hinausweist und mehr ist als die Summe ihrer Teile, so wunderbar Paradiesvögel und Korallenriffe, Sibirische Tiger und Hyazinthenwälder auch sein mögen. Es ist eine Empfindung, die man als spirituell bezeichnen könnte, obwohl sie offenbar auch den entschiedensten Atheisten bekannt ist. Sie kann uns überall überkommen, angesichts einer ganzen Landschaft oder eines einzelnen Organismus; sie kann von den verschiedensten Aspekten der Natur ausgelöst werden – ihrer Fülle etwa, oder dem Frieden, den sie zu schenken vermag. Ein häufiger Auslöser sind auch die wechselnden Jahreszeiten, die großen, rhythmisch wiederkehrenden Veränderungen im Leben auf der Erde, und darunter vor allem das Gefühl der Wiedergeburt im Frühling. Je wilder die natürliche Umgebung ist, desto leichter kann es einen treffen. Ich glaube nicht, dass man es aus zweiter Hand erleben kann, durch Tierfilme zum Beispiel, auch wenn sie noch so inspirierend wirken können.

Mir kommt es vor, als würde selten darüber gesprochen, vielleicht weil es nur undeutlich verstanden, vielleicht weil es kaum artikuliert wird. Und ich gebe gern zu, dass der Begriff Glück es nicht unbedingt leichter macht, das Gefühl zu verstehen, nicht zuletzt, weil wir mit dem Wort Glück heutzutage in vielen Kontexten nur schwer warm werden. Die Vorstellung wirkt in einer Zeit, die sich durch Hohn und Spott auszeichnet und deren bevorzugte Haltung die Ironie ist, seltsam deplatziert. Glück verrät rückhaltlosen Enthusiasmus, der als uncool gelten könnte. Meine Vermutung wäre, dass es vielen meiner Landsleute als altmodisch und schwächlich erscheint, ähnlich dem Patriotismus. Es riecht nach Romantik. Aber es ist da. Dass es aus der Mode ist, kann seiner Existenz nichts anhaben.

Traditionell verstanden bedeutet Glück intensive Freude, eine ganz besondere, herausgehobene Freude, die von anderer Art ist als Spaß, Begeisterung oder gar Wonne und Verzückung, Worte, die heute höchstens noch scherzhafte Verwendung finden, in Kochbüchern und dergleichen (*neue Kartoffeln, gestampft mit kaltgepresstem Olivenöl - eine Wonne!*). Trotzdem lebt es in unserem Wortschatz in seiner ursprünglichen Bedeutung weiter, als eine Art Freude mit dem Beigeschmack des Erhabenen oder gar Spirituellen.

Wir verwenden es eher nicht zur Beschreibung unserer Gefühle beim Genuss einer besonders gelungenen Schweinspastete, sondern für das Gefühl von Eltern, die ein vermisstes Kind wohlbehalten wiederfinden, oder das Gefühl von Liebenden, deren Liebe zu jemandem lange unerwidert blieb und auf einmal erwidert wird. Es ist, meine ich, kein Wort für ichbezogene Freude (sodass wir es wohl kaum für drogeninduzierte Euphorie verwenden würden, und sei sie noch so groß); es schaut nach außen, auf einen anderen Menschen, eine andere Bestimmung, eine andere Macht. Es bezeichnet eine Freude, die ernst zu nehmen ist.

Und es erscheint mir als der passende Begriff für die unvermittelte, leidenschaftliche Freude, die die Natur bisweilen in uns auslösen kann und bei der es sich womöglich um das Ernstzunehmendste überhaupt handelt.

Das Gefühl ist nicht exklusiv; es ist nicht nur wenigen vorbehalten, die besonders aufgeklärt oder privilegiert sind, sondern jedem von uns zugänglich. Mir selbst ist es ganz zufällig zum ersten Mal im Alter von fünfzehn Jahren begegnet.

≈

Die Erinnerung klingt noch immer nach. Der Zufall lag darin, dass ich in der Nähe unseres Hauses einen Landstrich entdeckte, der mir bis dahin unbekannt gewesen und darum etwas ganz Neues für mich war. Was mich dahin führte, war meine Liebe zu Vögeln. Denn hatten mich anfangs die Schmetterlinge bezaubert – die seither eine besondere Stellung in meinem Leben einnehmen –, so waren es, als mein Blick sich gegen Ende der Kindheit weitete, die Vögel, und ich wurde wie zahllose andere kleine Jungs im England der 1950er Mitglied der Royal Society for the Protection of Birds.

Meine Kindheit war vermutlich in vielem typisch für die fünfziger Jahre, auch wenn im Hintergrund alles Mögliche nicht so war, wie es sein sollte. Norah, meine Mutter, die nach ihrem ersten Zusammenbruch 1954 nur teilweise genesen war, machte 1956 und 1958 erneut schwere psychische Krisen durch. Sie folgten jeweils auf innerfamiliären Stress – ich erinnere mich an Tassen mit heißem Tee, die an die Wand geschmissen wurden – und erforderten beide wochenlange Klinikaufenthalte, während derer, weil mein Vater auf See war, erneut Mary und Gordon für John und mich sorgten und dazu vorübergehend mit in unser neues Haus einzogen. Es lag ebenfalls in Bebington, an einer Sackgasse namens Norbury Close, etwa eine Meile von Sunny Bank entfernt.

Heute ist mir klar, wie großartig es von Mary und Gordon war, sich unserer so anzunehmen. Doch John hielt es noch schwerer aus als beim ersten Mal. Er konnte Norahs Verschwinden nicht ertragen. Er wurde vor Kummer buchstäblich hysterisch und begann auf der Straße zu schreien. Er schrie, als er erfuhr, dass sie fortmusste, und als sie fort war. Er klagte schreiend, dass Jesus ihn nicht liebte, und die Kinder in der Umgebung fingen an, ihn den Verrückten zu nennen – einmal habe ich tatsächlich gehört, wie ein Mädchen, das mit einem zweiten auf Rollschuhen an unserer Gartenpforte vorbeifuhr, zum anderen sagte:»Das ist das Haus, in dem der Verrückte wohnt.«

Ich verhielt mich erneut teilnahmslos. Aber inzwischen war dabei eine zweite Komponente im Spiel. Zu dem psychologischen Mechanismus, der meine Gefühle lähmte, gesellte sich etwas Unangenehmes: die Scham. Ich begann, als ich älter wurde, John peinlich zu finden. Anstatt mich zu bemühen, seine Verzweiflung zu lindern und ihn ein wenig zu trösten, empfand ich ihn als beschämende Last, die mich zentnerschwer drückte. Auch für meine Mutter begann ich mich zu schämen, wenn ihr seltsames Verhalten mich verstörte; und bis heute bin ich zerrissen zwischen Reue darüber, wie ich mich von ihnen abgewandt habe, statt zu helfen, und Wut darüber, dass ich mich deswegen schuldig fühle. Als ich es lange, nachdem beide gestorben waren, im Rahmen einer Therapie zu verstehen suchte, brach es plötzlich aus mir heraus, dass sie der Verrücktenclub gewesen waren, von dem ich ausgeschlossen blieb, weil ich normal sein wollte. *Warum war das verkehrt gewesen?*

Ich kehrte also der akuten Not meiner Mutter und meines Bruders den Rücken zu. Ich schaute entschlossen weg, tat, als wäre alles in Ordnung, wandte mich der Normalität zu und kümmerte mich um mein eigenes Leben. Die Natur wurde zum wichtigen Thema, und in der Natur die Vögel. Vor sechzig Jahren begeisterten sich viele Schuljungen in Großbritannien, wie es wohl schon seit vielen Jahrhunderten Sitte war, für Vögel und ihre Eier, die damals noch eifrig gesammelt wurden (obwohl ein Gesetz es 1954 verboten hatte). Auch ich sammelte sie schändlicherweise, und ich erinnere mich gut an ein Gespräch unter Neunjährigen über die Entdeckung eines Ringeltaubengeleges. Heute wäre das unvorstellbar. Viele Jungen sammelten auch Schmetterlinge und sogar Nachtfalter – kleine knochige Knirpse, die sich mit Breitflügeligen Bandeulen, Jakobskrautbären und Hornkleewidderchen auskannten (während Wildblumen für Mädchen waren) –, doch Vögel gehörten noch mehr zu dem, was wir inzwischen Jugendkultur nennen, vielleicht ähnlich wie Computerspiele heute. Da überall noch natürlicher Reichtum herrschte, gab es Vögel in Hülle und Fülle. Selbst auf dem Rasen und in der Weißdornhecke, die unseren Garten im Norbury Close nach hinten begrenzte, tummelten sich täglich Hausspatzen und Feldsperlinge, Heckenbraunellen und Stare, Blaumeisen und Kohlmeisen, Amseln und Singdrosseln, Rotkehlchen und Zaunkönige, sodass es ganz natürlich war, sich für sie zu interessieren. Doch ich vermute, eine echte Begeisterung braucht einen konkreten Anstoß, und in meinem Fall waren es Teekarten.

Teekarten waren die kleinen Verwandten von Zigarettenkarten, jenen Bildern von berühmten Sportlern, Schauspielern und dergleichen, die Tabakhersteller ab dem späten 19. Jahrhundert ihren Packungen beilegten. Es gab sie als Sammelsätze zu 25 oder 50 Stück, und weil sie so beliebt waren, wurden mit den Jahren unzählige Sätze aufgelegt, mit allen möglichen Motiven von Autos über Kathedralen und Fische zu den Nationalflaggen der Welt. Die Idee weitete sich von Zigaretten auf andere häufig gekaufte Waren aus, in Großbritannien zum Beispiel auf Tee. In der Nachkriegszeit legten alle großen Teehändler des Landes ihren Packungen solche Gratiskarten bei, und der aktivste war der spätere Marktführer Brooks Bond mit seinen PG Tips Teebeuteln.

Die Kärtchen von Brooks Bond waren sehr beliebt, weil die Firma nicht nur viele unterschiedliche Sätze auflegte, sondern dazu auch hübsche, preiswerte Alben mit informativen Texten verkaufte. Wir kauften zu Hause PG Tips, und die Karten aus dem Satz, der mein Interesse weckte, begannen 1958 aus den Packungen zu purzeln, als ich elf war. Es waren handgemalte Vogelabbildungen von einem Künstler namens C. F. Tunnicliffe, und der Funke sprang gleich bei der ersten über: dem Schwarzkehlchen. Es war überwältigend schön. Die Farben, die Lebendigkeit, die Ausstrahlung waren fantastisch. Der Vogel saß hellwach auf der Spitze eines blühenden Ginsterzweigs und zeigte seinen schwarzen Kopf über dem weißen Kragen und einer wunderschönen feurig orangen Brust. Er war so ganz anders – nicht nur als die Vögel auf dem Rasen im Norbury Close, die zwar hübsch, aber zumeist ein wenig farblos waren, sondern auch als die Arten, die im *Observer's Book of Birds* zu sehen waren.

Das Buch verwirrte und enttäuschte mich, insbesondere da ich sein Pendant, das *Observer's Book of Butterflies*, in jüngeren Jahren so geliebt hatte. Beide waren frühe Bände einer langen Reihe aus dem Hause Frederick Warne & Co, das der Welt auch *Peter Hase* von Beatrix Potter geschenkt hatte. (Die *Vögel* waren zuerst erschienen, 1937, die *Schmetterlinge* als Band drei 1938, dazwischen die *Wildblumen* als Band zwei.) Es waren hübsche, preiswerte Taschenbücher über Natur und Sport, Hobbys und Kultur, die britische Kinder und Erwachsene drei Generationen lang erfreuten, bis die Reihe 1982 mit dem 98. Band, *The Observer's Book of Opera*, endete.

Das Vogelbuch war ein gutes kleines Hand- und Bestimmungsbuch. Die Texte von S. Vere Benson, die 1923 die Bird Lovers League gegründet hatte, waren informativ; das Problem waren die Abbildungen, die allesamt gemalt waren. Einige waren ausgezeichnet, während andere seltsam und wenig realistisch wirkten (und alle waren ohne Quellenangabe). Warum das so war, verstand ich erst, als ich die Serie wie andere bibliophile Naturliebhaber systematisch zu sammeln begann und erfuhr, dass der Verlag die Rechte vieler Naturillustrationen bis zurück in viktorianische Zeiten innegehabt und diese für die *Observer*-Bücher wiederverwendet hatte.

Die Abbildungen für das Vogelbuch stammten aus einer berühmten Sammlung von mehr als vierhundert Vogelbildern, die zwischen 1885 und 1887 in sieben Bänden unter dem Titel *Coloured Figures of the Birds of the British Isles* erschienen und bis heute sehr gesucht sind. Der Herausgeber, Lord Lilford, war über lange

40

Jahre Präsident der British Ornithological Union (und ist derjenige, der die Eule der Minerva, den Steinkauz, auf seinem Anwesen in Northamptonshire eingeführt und damit auf die Britischen Inseln geholt hat). Für *Coloured Figures* beschäftigte er drei Künstler, den Schotten Archibald Thorburn und den Engländer George Edward Lodge, die beide erst 26 waren und durch diese Arbeit berühmt wurden, und den älteren, über vierzigjährigen Niederländer John Gerard Keulemans. Thorburn avancierte später zu einem der größten aller Vogelmaler, häufig genannt in einem Atemzug mit John James Audubon. Auch Lodge ist bis heute hoch angesehen. Der Fall Keulemans ist problematischer. Seine Arbeit gilt heute als »handwerklich«, und ich entdeckte mit der Zeit, dass die Bilder, die mir im *Observer's Book of Birds* mit neun oder zehn nicht recht gefallen wollten, aus seinem Pinsel stammten. Mich bekümmerte damals, dass sie einfach nicht lebensecht waren. Die Schafstelze, in Wirklichkeit ein äußerst zierlicher Vogel, war bei Keulemans ein dicker Klumpen. Die Bachstelze ebenso. Der Vogel jedoch, der mich nachhaltig verwirrte, war der Weidenlaubsänger, der nur ungefähr daumengroß ist. Durch die Darstellung von Keulemans war ich etliche Jahre meiner Kindheit überzeugt, er wäre gute dreißig Zentimeter groß.

Tunnicliffes Weidenlaubsänger hatte nichts Verwirrendes. Er fiel so klein und zart aus der Teepackung wie der echte Vogel. Der Künstler hatte ihn auf einem Kätzchenzweig in der Bewegung eingefangen, bei der unablässigen, ruckartigen Suche nach winzigen Insekten auf Blättern und Zweigwerk. (Und er wurde von oben betrachtet, was ich besonders clever finde.) Da die McCarthys, wie auch der Rest von England, treu ihren PG Tips schlürften, kam Bild um Bild aus den Packungen, und ich sammelte sie begeistert. Sie waren alle eindrucksvoll, nicht nur der Farben wegen, die oft exquisit waren, sondern auch wegen ihres oft sehr eigenwilligen Entwurfs. Da die kleinen Karten nur wenig Platz boten, füllte Tunnicliffe den gesamten Rahmen aus, und seine Motive waren dramatisch. Der Basstölpel tauchte in die Wellen, die Krickente sprang, die Schleiereule stürzte sich auf ihre Beute, der Schilfrohrsänger sang, der Trauerschnäpper breitete ekstatisch die Flügel aus. Manche Bilder – wie

41

der Dompfaff inmitten von Apfelblüten, der von Diestelflaum umgebene Stieglitz oder die Wasserralle, die vorsichtig aus dem Grün neben einem Büschel Sumpfdotterblumen steigt – waren ruhiger, aber von atemberaubender Schönheit. Jedes einzelne war eine bezaubernde Miniatur.

Heute weiß ich natürlich, wer Charles Tunnicliffe war, und teile die Ansicht vieler, dass er unter den Vogelmalern Mitte des 20. Jahrhunderts der beste war und dass sein reich bebildertes Journal über die Tierwelt in der Umgebung seines Hauses in Anglesey, *Shorelands Summer Diary*, ganz gewiss zu den schönsten naturkundlichen Werken überhaupt zählt. Aber als Elfjähriger machte ich mir nicht die geringsten Gedanken über C. F. Tunnicliffe. Mich interessierte nur die Fülle der wundervollen Vögel, die er malte und die ich sammelte. Ich wollte sie richtig sehen, im wirklichen Leben, und machte mich zu Fuß und mit dem Fahrrad, das ich zum elften Geburtstag bekommen hatte, in die Wälder und Felder der Halbinsel Wirral auf.

Birkenhead, wo ich geboren, und sein Vorort Bebington, in dem ich aufgewachsen bin, liegen gegenüber von Liverpool auf einer Halbinsel von knapp 25 Kilometern Länge und 11 Kilometern Breite, die sich zwischen den Flüssen Mersey im Osten und Dee im Westen bis an die Irische See erstreckt und Wirral heißt. Als ich Kind war, hatte sie seit Urzeiten zur Grafschaft Cheshire gehört, deren Hauptstadt Chester am Fuß der Halbinsel in einer Biegung des Dee liegt, gegründet vor fast zweitausend Jahren als Lager der zwanzigsten römischen Legion, Valeria Victrix. Die Römer blieben über 350 Jahre, bis sie die Gegend Anfang des 5. Jahrhunderts zur Zeit des Verfalls ihres Reiches wieder räumten.

Der Name Wirral taucht im Lauf der Geschichte noch mehrmals auf. 937 n. Chr. schlug der erste König von England, Aethelstan, dort die vereinigten Streitkräfte der Wikinger und der Schotten. Die Schlacht bei Brunanburh war die größte der angelsächsischen Welt (noch vor der Schicksalsschlacht von Hastings). Es gilt als gesichert, dass sie in Bromborough ausgetragen wurde, einem Viertel von Bebington. Im 14. Jahrhundert ließ der Autor von *Sir Gawain und der grüne Ritter* seinen Helden durch die Wildnis der Wirral reiten; im 18. Jahrhundert wuchs Emma Hamilton, historisch bekannt als die

Mätresse von Lord Nelson, in Ness auf, einem Dorf auf der Wirral. Und im 19. Jahrhundert setzten die größten Veränderungen auf der Halbinsel ein, als das östliche Ufer am Mersey industrialisiert wurde und Birkenhead, das 1800 noch ein kleines Dorf mit einem verfallenen Kloster gewesen war, zu einem bedeutenden Ort für den Schiffsbau anwuchs, der um 1900 110 000 (und ein halbes Jahrhundert später, als ich geboren wurde, 140 000) Einwohner hatte.

Entwicklung prägte den Charakter der Wirral, wie ich sie kannte. Sie hatte von ihrer Geografie her zwei grundverschiedene Seiten, weil die beiden Flüsse ganz unterschiedlich sind. Im Osten verengt sich der Mersey zwischen Liverpool und Birkenhead zu einem Flaschenhals mit sehr tiefem Wasser – weshalb Liverpool zu einem der führenden Häfen der Welt geworden ist. Im Westen hingegen öffnet sich der Dee zu einer weiten Trichtermündung mit Salzwiesen und Schlickwatt. Die Industrialisierung im 19. Jahrhundert hat den Gegensatz noch verstärkt. Die östliche Wirral, meine Seite, wurde städtisch, schmutzig, eng und arm und richtete sich wie selbstverständlich auf das Schiffsgedränge auf dem Mersey und auf Liverpool mit seinem berühmten Stadtbild, seinen Docks, Fabriken und langen Häuserreihen hin aus. Die westliche Seite, die über den Dee und seine Mündung auf die Berge von Wales blickt, blieb ländlich, unverdorben, begehrt und wohlhabend, von hübschen Sandsteindörfern wie Burton, Parkgate und Caldy durchsetzt. Der Unterschied hält sich weiter, ein symbolträchtiges Beispiel sozialgeografischer Segregation, und es überrascht mich immer wieder, dass noch niemand einen waschechten Wirral-Roman geschrieben hat, über Terry zum Beispiel, den Arbeitersohn von der Merseyseite, der sich in Tamsin, das Oberschichtskind von der Seite am Dee verliebt. Vielleicht ist er mir entgangen. Ich allerdings wurde als Teenager tatsächlich von der einen Seite zur anderen gelockt, wenn auch weder aus sozialen noch aus romantischen Gründen.

Mich führte die Begeisterung für Vögel dorthin. Das Mündungsgebiet des Dee ist ein Paradies für Vogelbeobachter, eine weite, wässerige Ebene von 15 Kilometern Länge, an der Mündung fast 10 Kilometer breit, auf der sich insbesondere im Winter unzählige Wasservögel tummeln, sowohl Wattvögel als auch Wildgeflügel.

Angespornt von Tunnicliffe und seinen Teekarten begann ich zu Fuß und mit dem Fahrrad die Waldbaumläufer und Girlitze von Stornton Woods zu entdecken, die Goldammern und Hänflinge, die Rebhühner und Fasane in den Feldern dahinter, und die Grauschnäpper in den Dorfgärten der Wirral, bis mir im Gespräch mit ähnlich gesinnten Jungs aufging, dass es am Dee noch größere, wildere und interessantere Vögel gab und ich unbedingt dorthin musste. Dafür brauchte ich allerdings das Markenzeichen aller Jungs meiner Generation, die Vögel beobachten wollten: ein Fernglas. Und das war damals teuer. 1960 wünschte ich mir zu Weihnachten statt üblicher Geschenke einen Beitrag dazu. Ich bekam zwei Pfund und legte sie beiseite. Im Juni 1961 gab es weitere zwei Pfund zu meinem vierzehnten Geburtstag; ein drittes Mal den gleichen Betrag zum nächsten Weihnachten und zum darauffolgenden Geburtstag schließlich drei Pfund, sodass ich für acht Pfund und zehn Schillinge endlich ein Fernglas der Klasse 8x32 erstehen konnte, von einer namenlosen Firma zwar, aber ganz ordentlicher Qualität. Im Sommer 1962, mit fünfzehn Jahren, zog ich damit ins Mündungsgebiet des Dee und fand dort eine Wildnis vor.

Die Vorstellung, dass von Menschen unberührte, wild belassene Landstriche für uns einen Wert besitzen und es sich lohnen könnte, sie zu schützen, anstatt sie lediglich als Brachland oder Schlimmeres zu betrachten, ist historisch gesehen relativ neu. Aber das gilt natürlich genauso für wilde Flecken überhaupt. In den fünfzigtausend Generationen unserer Entwicklung vom Pleistozän bis zu den Eiszeiten, in denen wir als Jäger und Sammler einen organischen Teil der natürlichen Umwelt bildeten, herrschte schlicht überall Wildnis. Doch als vor zwölftausend Jahren das letzte Eis schmolz, begann die größte aller menschlichen Revolutionen. Wir erfanden die Landwirtschaft. Der Anbau von Feldfrüchten und die Haltung von Vieh ermöglichten zum ersten Mal dauerhafte Siedlungen. Es entstanden Dörfer, dann größere Ortschaften und Städte und damit alles, was wir als Zivilisation bezeichnen. Doch vor allem wandelte

44

sich grundlegend unser Verhältnis zur Natur. Aus einer Partner-schaft – mehr oder weniger, denn auch als Jäger und Sammler konn-ten wir schon anstrengend sein – wurde eine Form der Herrschaft und Unterwerfung. Wir haben den größten Teil der fünfhundert Generationen seither, das Zeitalter des Holozän, damit zugebracht, den Boden urbar zu machen, den Wald zu roden, und laut unser gottgegebenes Recht dazu verkündet, wobei »gottgegeben« ganz wörtlich gemeint ist. Das Alte Testament verkündete die Vorherr-schaft der Bauern über die Natur und ihr Anrecht darauf, mit ihr zu verfahren, wie sie wollten, ganz unverblümt in den berühmten Zei-len des 1. Buch Mose: »Und Gott segnete sie und sprach zu ihnen: Seid fruchtbar und mehret euch und füllet die Erde und machet sie euch untertan und herrschet über die Fische im Meer und über die Vögel unter dem Himmel und über alles Getier, das auf Erden kriecht.« Darum begegneten wir unberührter Natur und Wildnis, jenen Stellen, die wir uns noch nicht unterworfen hatten, lange Zeit mit nahezu universeller Abneigung oder sogar Abscheu und Entsetzen. Denn das Ziel allen Strebens bestand darin, die Wälder zu roden und Getreide anzubauen. Der Wald war der Feind, dort wohnten gefährliche wilde Tiere und manchmal gefährliche wilde Menschen, genau wie auch in Wüsten und Gebirgen. Zivilisierte Menschen schauten auf die Städte. Was gab es in der Wildnis außer einem Mangel an allem, was das Leben lebenswert machte? Sie wur-de äonenlang gehasst und gefürchtet und verachtet.

Als Anfang des 18. Jahrhunderts eine Bewegung einsetzte, die eine Änderung dieser Einstellung bewirkte, war sie primär ästhetisch ausgerichtet und entfaltete dennoch eine breite Wirkung. Sie begann damit, dass englische Gentlemen sich zu großen Rundreisen durch Europa aufmachten und bei der atemberaubenden Überquerung der Alpen Geschmack am Erleben von Gefahr entdeckten. Durch sie wurde der einflussreiche Begriff des Erhabenen zur Würdigung der ehrfurchtgebietenden Seite der Natur eingeführt – der nicht ganz das Gleiche meinte wie der Begriff Schönheit, aber die Bewunderung der Natur ähnlich in den Blick rückte. Er wurde von Künstlern und Lite-raten verbreitet, und in der zweiten Hälfte des 18. Jahrhunderts kam mit dem Ideal des Pittoresken eine zweite, etwas zahmere Mode in der Kunst hinzu, die den Blick auf die Natur und die Wildnis ins Positive wendete. Durch beider Einfluss – und den Ausbau von Straßen und öffentlichem Fernverkehr – wurden in den letzten Jahrzehnten des Jahrhunderts immer zahlreicher werdende Touristen in Großbritanniens ehemals verachtete wilde Landschaften gelockt – an den River Wye in Wales etwa und ins nordenglische Seengebiet. Auf dem europäischen Festland hatte Jean-Jacques Rousseau ein Loblied der Alpen gesungen und sich über das ursprüngliche Gutsein der Natur und des Menschen ausgelassen; all diese Gedankenflüsse mündeten in den anschwellenden Strom der Romantik, sodass William Wordsworth, als er Anfang des 19. Jahrhunderts seine Freundschaft mit der Natur besang, viele Gleichgesinnte folgten.

So fand die Natur endlich ihre Fürsprecher; ihr Blick allerdings galt nicht der Wildnis oder vollkommen unberührter, nicht durch Menschen gestalteter Natur. Wordsworths Lake District war zwar gebirgig und ehrfurchtgebietend, aber zu großen Teilen von Bauern bewirtschaftet und von Menschen bewohnt. Wildnis herrschte dort nicht. Die Freunde wirklicher Wildnis traten erst fünfzig Jahre später auf den Plan, in Amerika.

Das war nur natürlich. In der neu entdeckten Welt der USA gab es vollkommen unberührtes Land in kolossalem Umfang – vor allem in der Mitte und dem Westen des Kontinents, die aus Sicht der Neuankömmlinge unbesiedelt waren. Wildnis war der prägende Landschaftseindruck. Doch trotz seiner Größe war das Land bald tödlich bedroht. Im 19. Jahrhundert stürzte sich die junge Nation kopfüber in die schnellste und gewaltigste Unterwerfung der Natur, die es auf der Welt je gegeben hatte. In nur wenigen Jahrzehnten wurden auf dem gesamten Kontinent die Wälder abgeholzt und der Boden urbar gemacht. Und den Amerikanern erschien die westliche Expansion der Frontier, die ständige Verschiebung der Grenzen nach Westen, als so heldenhaft, dass sie und die mit ihr verbundenen Eigenschaften des Individualismus, der Autarkie und der Unabhängigkeit zum Symbol für ihren Nationalcharakter wurden. Jahr um Jahr rückten die Pioniere weiter nach Westen vor und bauten ihre Blockhütten; das unberührte Grasland kam unter den Pflug; die Ureinwohner wurden von ihrem angestammten

Land vertrieben; Rinder traten an die Stelle der Büffelherden und der Bären, Luchse und Wölfe, und das alles unter dem Beifall der Staatsbürger.

Und dennoch ... Schon bald nach Beginn dieses Prozesses kamen Zweifel daran auf, ob es klug sei, die einzigartigen wilden Landschaften, die im Westen entdeckt wurden und von denen so viele weit imposanter waren als alles in Europa, so gewaltsam zu zähmen und zu zerstören. Junge amerikanische Naturschriftsteller meldeten sich zu Wort, allen voran die beiden Transzendentalisten Ralph Waldo Emerson und Henry David Thoreau, die unverdorbene Natur als Tor zu geistiger Wahrheit sahen. Thoreau war vielleicht der Erste, der sich ausdrücklich des Wilden und der Wildnis annahm. Seine beeindruckenden Ansichten über das Wilde sind nicht in *Walden* dargelegt, seinem weltbekannten Bericht über die zwei Jahre, die er in einer Hütte im Wald lebte, sondern in *Walking*, einem Essay über das Gehen, der erst 1862 posthum veröffentlicht wurde. Er enthält die berühmte Zeile »In der Wildheit liegt die Erhaltung der Welt«. Thoreau sah den Menschen als Teil der Natur. Er empfand wilde Orte nicht nur als wichtig für das menschliche Wohlergehen, sondern auch als Quellen primitiver Kraft; dass Romulus und Remus, die Gründer Roms, von einer Wölfin gesäugt wurden, schrieb er, sei keine bedeutungslose Fabel.

Seine positive Haltung zur Wildnis wurde von einem der bemerkenswertesten Amerikaner des 19. Jahrhunderts aufgegriffen, dem Anwalt, Diplomaten, Politiker und Universalgelehrten George Perkins Marsh, der unter anderem Gesandter der USA im Osmanischen Reich und Italien war und als der erste amerikanische Umweltschützer gilt. 1864 brachte er ein Buch heraus, in dem er als Erster überhaupt die *ökologischen* Folgen dessen zusammenträgt, was die Genesis uns aufgetragen hat. Die Folgen der Unterwerfung der Erde. In den USA wird es häufig mit Darwins *Ursprung der Arten* verglichen, das nur fünf Jahre zuvor erschienen war, und das ist insofern berechtigt, als er zwar nicht wie Darwin alle vorherigen Vorstellungen von der Menschheit über den Haufen wirft, aber eine andere seit ewigen Zeiten herrschende Auffassung der Menschen über die Welt infrage stellt.

Dieser Auffassung nach zog das, was man der Erde antat, keine Konsequenzen nach sich. Sie folgte zwangsläufig aus der Erklärung in der Bibel, dass die Ressourcen der Erde von Gott zu unserem Nutzen geschaffen und darum sozusagen unerschöpflich seien. Mit der christlichen Weltsicht ist sie unauflösbar verwoben. Es ist kaum zu sagen, wie fundamental Marshs *Man and Nature, Or Physical Geography as Modified by Human Action* in das Denken der damals so christlich geprägten Welt eingriff. Er beschrieb darin, wie die frühen Kulturen am Mittelmeer verfallen mussten, weil sie durch die Entwaldung ihre Wasservorräte vernichtet hatten. Er stützte seine Argumentation auf eigene Reiseerfahrungen und große Belesenheit – *Man and Nature* ist eine sehr dichte Lektüre – und belegte konsequent seine These, dass die USA durch ihre überstürzte Landnahme und mithin die Wiederholung der Fehler dieser früheren Gesellschaften Gefahr lief, sich selbst zugrunde zu richten.

Er war der Erste, der diese Einsichten äußerte, die uns heute so geläufig sind. Und er ging noch weiter. Durch seine Gelehrsamkeit fühlte er sich befähigt, den unheilvollen Einfluss der Gattung Mensch auf die Natur als Ganzes in den Blick zu nehmen, und fand dafür Worte, die so einprägsam sind wie die von Adam Smith über das Eigeninteresse des Fleischers, des Brauers und des Bäckers. »Der Mensch ist überall ein störendes Element«, schrieb Marsh. »Wo immer er den Fuß hinsetzt, werden die Harmonien der Natur zum Missklang.«

Damit benannte er den wahren Wert der Wildnis. In der von Menschen unberührten Landschaft waren die Harmonien der Natur, das Gleichgewicht und die Schönheit der natürlichen Umwelt erhalten. Dies war ein weit profunderes Maß für ihren Wert als die Tatsache, dass sie einen Gentleman das Fürchten zu lehren vermochte, und es spielte fortan als Begründung für die Liebe zur Wildnis eine bestimmende Rolle im amerikanischen Denken über die Natur. Die Verbreitung dieses Gedankens übernahm jedoch nicht Marsh, sondern John Muir, der in Schottland geborene Schriftsteller, der 1849 mit elf Jahren nach Amerika kam. Muir wuchs auf der Farm seines Vaters im damals noch wilden Wisconsin auf. Nach einem Unfall, der ihn fast das Augenlicht gekostet hätte, ging ihm auf, dass er sein Leben in der Wildnis verbringen wollte. Er zog 1868 nach Kalifornien, wo er vierzig Jahre lang die Wildnis der Sierra Nevada erforschte und einer stetig wachsenden Leserschaft ihre metaphysischen Werte nahebrachte. Für ihre Bedeutung fand er schwärmerische Worte, bisweilen fast mystische Begriffe. Ungestörte Natur, schrieb er, sei »ein Fenster, das sich zum Himmel öffnet, ein Spiegel, der den Schöpfer zeigt.«

℘

Gegen Ende des 19. Jahrhunderts fand der Wert der Wildnis, wenn auch noch nirgend anderswo, in Amerika breite Anerkennung, und das lange so abschätzig gebrauchte Wort wurde erstmals positiv besetzt. Thoreau, Marsh und Muir hatten in vollkommen wilder Natur etwas entdeckt, das Geist und Seele des Menschen ansprach, und ihre Sichtweise wurde immer mehr geteilt. Muir wurde landesweit berühmt, nicht bloß für seine Schriften, sondern auch für seinen Aktivismus als Mitbegründer des Yosemite National Park und Gründungspräsident des ersten Umweltschutzverbandes der USA, des Sierra Clubs. Als er 1914 starb, war die Liebe zur Wildnis unauslöschlich im amerikanischen Denken verankert und fand im neuen Jahrhundert stetig neue Fürsprecher, nicht zuletzt in dem Forstwissenschaftler und Schriftsteller Aldo Leopold, der sich für eine neue »Land-Ethik« und ökologische Verantwortlichkeit einsetzte. Ein Höhepunkt wurde 1964 erreicht, als Präsident Johnson den »Wilderness Act« unterschrieb, ein Gesetz, das ein System zur Erhaltung der nationalen Wildnisgebiete etablierte, einen weltweit einzigartigen Plan zum Schutz großer, von Menschen unberührter Landstriche.

Doch das war Amerika. Dort konnte man seine Wildnis lieben, weil man eine hatte. In Großbritannien, wo wir unsere Landschaft und ihre sanfte Schönheit lieben und zu schützen streben, haben wir ein Land, das seit unvordenklichen Zeiten landwirtschaftlich genutzt wird. Als Wildnis lässt sich kaum etwas bezeichnen, zumindest nicht in der Südhälfte, den englischen Lowlands. Sir Gawain mag auf seiner Suche nach dem geheimnisvollen grünen Ritter durch die »Wildnis von Wirral« geritten sein, aber die Artussage wurde vor sechshundert Jahren verfasst, und zu meiner Zeit hatte sich Gawains gottlose Wildnis in eine Industriestadt und ihre Vororte verwandelt: in Sunny Bank und Norbury Close. Sie war längst gezähmt. Jedenfalls die östliche Seite.

Die Seite am Mersey.

Wo ich aufwuchs.

Die westliche Seite am Ufer des Dee war etwas ganz anderes. Ich spreche nicht von dem hübschen Ackerland mit seinen von Eichen durchsetzten Hecken und rotbraunen Sandsteinmauern und den freundlichen Dörfern Caldy, Parkgate und Burton, sondern von dem Land um die Mündung. Wenn sich nach dem Einbiegen auf die Parkgate Promenade zum Beispiel vor dir auf einmal meilenweit leeres Marschland ausbreitet, das sich bis an die Berge von Wales und bis zur irischen See hinaus erstreckt, hältst du unwillkürlich inne, weil sich ganz unvermittelt ein Gefühl von Weite und unermesslicher, unberührter Natur einstellt.

Als ich in jenem Sommer an den Dee hinauslief, das neue Fernglas stolz um den Hals und noch ganz erfüllt von Tunnicliffes brillanten Bildern, verhieß die Gegend mir schlicht die Möglichkeit, Vögel zu sehen. Es war die ornithologisch interessante Seite der Wirral. Die südliche Hälfte bestand aus Salzwiesen; die nördliche an der Mündung zum Meer war eine Gezeitenzone mit Wattflächen und Sandbänken, die täglich trockenfiel und wieder überflutet wurde. Ich erkundete zunächst die Salzwiesen, die näher an meinem Wohnort lagen. Dort fand ich Kiebitze und Turmfalken, Feldlerchen und Wiesenpiper, Reiher und Rohrammern, aber es wurde mir bald klar, dass an der Mündung in der Umgebung von West Kirby und Hoylake noch viel mehr zu holen war, weil dort scharenweise Wildenten und Watvögel wie Sandregenpfeifer, Austernfischer, Brachvögel im Watt und auf dem Sand nach Nahrung suchten und schliefen, aber stets bei eintretender Flut vertrieben wurden und deshalb sehr gut zu beobachten waren.

Es gab sie zu Tausenden. Der Dee strömte über von Leben. Und je mehr ich hinsah, desto mehr wuchs in mir das bis heute anhaltende Gefühl, dass die Vögel, die dort leben, wo Land und Meer aufeinandertreffen, zu den faszinierendsten aller Geschöpfe Gottes zählen. Langbeinig, feinnervig, anmutig, verkörpern sie einerseits Eleganz und andererseits Wildheit: Sie kommen nicht in den Garten, setzen sich nicht auf den Zaun, hüpfen nicht über den Rasen und singen nicht nach dem Abendessen; sie sind unzähmbar und halten sich an ihre eigenen wilden Orte.

Im Kern ihrer Existenz und unserer Gefühle für sie liegt ein Paradoxon. Sie sind ein Geschenk für uns aus Schlamm. Schlamm finden wir abstoßend, fast so schlimm wie Kot. Aber die Gezeitenzonen am Meeresrand bieten die üppigsten Lebensräume für Wirbellose. Auf nur einem Quadratmeter können Tausende kleiner Mollusken, Schalentiere, Meeresschnecken und Würmer leben. Und Watvögel sind durch ihre Evolution untrennbar mit ihnen verbunden. Sie finden dort alle ihre jeweilige Nahrung und teilen sie untereinander auf. Der Fachbegriff dafür heißt ökologische Spezialisierung: Unterschiedliche Watvogelarten entnehmen unterschiedliche Wirbellose an unterschiedlichen Orten, der wesentliche Differenzierungsfaktor ist die Schnabellänge. Kurzschnabelige Arten wie die Regenpfeifer fressen Organismen an der Oberfläche; Arten mit mittellangen Schnäbeln wie die Rotschenkel suchen im Schlamm nach kleinen Bauchfüßern; Austernfischer mit ihren längeren Schnäbeln bohren tiefer nach Muscheln; und die Brachvögel mit ihren langen, abwärts gekrümmten Schnäbeln, den längsten von allen, graben noch weiter unten nach Watt- und Seeringelwürmern. Und sie alle vereint etwas Menschenunmögliches: Sie bewegen sich stets mit Anmut über Schlamm und Matsch und Dreck.

Und sie haben noch etwas, das freie Geister anzieht, denn sie sind Weltreisende. Viele Watvogelarten wie etwa die Schnepfenvögel und die Regenpfeifer ziehen im Frühjahr bis in die Hocharktis. Sie kommen aus der ganzen Welt, nicht nur aus Europa, sondern auch aus Asien, Australien, Süd- und Nordamerika, um in der nördlichsten Tundra zu landen, wo es in den kurzen Sommern eine Fülle von Insekten, lange Tage zur Nahrungssuche, wenig Feinde und darum beste Bedingungen für die Aufzucht ihrer Jungen gibt. Zum Winter kehren sie zurück in die mittleren Breiten oder fliegen weiter nach Süden, in die Tropen oder bis weit auf die südliche

Halbkugel. Am Ende des Sommers fielen sie in großen Mengen auf den Wattflächen am Dee ein. Ich sah zum ersten Mal Vögel, die in der Arktis gebrütet hatten, mit ihrem Wintergefieder: Sanderlinge, Kiebitzregenpfeifer, Grünschenkel, Steinwälzer, Sichelstrandläufer, Alpenstrandläufer und vor allem mittelgroße Wasserläufer, die in riesigen Schwärmen aus zigtausend Vögeln kamen und die ich, da sie sich beim ersten Mal als dunkle, ständig die Form verändernde Wolke aus der Ferne näherten, für eine ungeheure Rauchwolke hielt, sodass ich mich fragte, wie groß das Feuer dazu wohl sei.

Mit der Zeit jedoch wuchs meine Aufmerksamkeit auch für anderes als die Vögel. Ich begann den Ort, das Mündungsgebiet selbst, bewusst zur Kenntnis zu nehmen. Das konnte nicht ausbleiben, wenn man dort Zeit verbrachte. Es war ein Reich für sich. Wild und ungezähmt wie die Watvögel, obwohl es gerade mal zehn Kilometer von unserem Haus im Vorort einer großen Industriestadt entfernt lag. Das Imposanteste waren seine Ausmaße, insbesondere für einen Jungen, der in seinem Vorortleben höchstens offene Flächen in der Größe von Fußballfeldern und städtischen Parks kannte, mit ihren Musikpavillons und Gittern, Mülleimern und Verbotsschildern für Hunde. Auch das Mündungsgebiet war allseits begrenzt, aber es hatte eine Größe von ca. 13 000 Hektar oder 10 000 Fußballplätzen und bestand nur aus Salzwiesen, Sandbänken und Watt ohne jegliche von Menschenhand errichteten Bauwerke.

Neben der Weite gab es noch etwas, das zu seinem Reiz beitrug. Es grenzte direkt an Wales. Auf der anderen Seite des Dee lag Flintshire – in einem anderen, gebirgigen Land mit eigener Sprache und Geschichte (das zum flachen Cheshire einen starken Kontrast bildete)–, das für mich von jeher und bis heute große Anziehungskraft besaß. Die Hänge und Gipfel über den Dee hinweg zu sehen hatte fast etwas Berauschendes. Man hatte überall im Mündungsgebiet einen Blick auf die Flintshire Hills und hinter ihnen auf die Gipfel der Clwydian Range, der nördlichsten Bergkette von Wales. Und von West Kirby und Hoylake an der Mündung selbst konnte man an manchen Tagen bis nach Snowdonia sehen, mit dem Carneddau, Carnedd Llewellyn und Carnedd Dafydd als schattenhaften Gipfeln im Dunst eines fernen Landes.

Richtig zu würdigen lernte ich das Ganze im September, als ich das südliche Ende zu erkunden begann, an der Sandsteinnase von Burton Point. Nicht weit davon in Shotton lagen die großen Stahlwerke John Summer & Sons, die seltsamerweise das Landschaftsbild kaum störten, umgeben von einer Reihe künstlicher Seen, die für ihre Vogelwelt berühmt waren. Ich schrieb an die Fabrik und bekam einen Vogelausweis, der mir den Zugang zu den Seen erlaubte, und mein Weg dahin führte mich über Burton Point, wo ich mein Fahrrad zwischen den Felsen versteckte und zu Fuß über einen anderthalb Kilometer langen Uferdamm weiterging.

An einer Seite des Damms war ein Schießstand der Armee, auf der anderen die Mündung des Dee. Ich stand am Fuß des Gebiets und konnte es in seiner ganzen Weite überblicken, mit den Bergen von Wales zur Linken, der Wirral zur Rechten, dazwischen bis zum Horizont die gigantische, scheinbar endlose Weite der Flussmündung – dahinter in 15 Kilometern Entfernung das Meer, und über mir der weite, freie Himmel. Es war ein vollkommen einsamer Fleck (mir ist dort nie eine andere Menschenseele begegnet). Ich hatte mich aufgemacht, um Vögel zu beobachten, und war zufällig auf eine Wildnis gestoßen, wie man sie im englischen Flachland nicht besser finden konnte. Der Anblick erschien mir als etwas sehr Besonderes und rührte etwas Tiefes in mir an. Und am intensivsten wirkte die Musik.

Es war die Musik der Watvögel. Ich kannte und liebte inzwischen ihre Rufe. Am häufigsten erklang das kräftige *Piep!* der Austernfischer, das immer etwas Ängstliches hatte. Ich mochte auch das dreifache *Tju-tju-tju* der Grünschenkel, und noch lieber die beiden unterschiedlichen Rufe der Brachvögel mit ihrem langgezogenen *A-Liii* und dem anschließenden gleichsam melancholischen Triller, der klingt, als sängen sie *Chrürüi*.

Die geflöteten Rufe der Brachvögel lassen kaum jemanden unberührt. Es ist ein Geräusch, das, vor allem im Frühling, die Landschaft verändert, und für mich hatten die Vögel zudem noch einen besonderen Zauber, da ich als kleiner Junge *Der silberne Vogel* gelesen hatte, eine Umdichtung des Märchens vom Rumpelstilzchen von Eleanor Farjeon, die in Norfolk spielt und bei mir den bleibenden Eindruck hinterließ, dass Brachvögel etwas Einmaliges seien. Doch am meisten bewegte mich noch ein anderer Vogel.

Es war ein Schnepfenvogel, der Rotschenkel; und er hatte einen Ruf, den das damals von allen Vogelbeobachtern benutzte Bestimmungsbuch ausnahmsweise vollkommen akkurat beschrieb. Die Übertragung von Vogelklängen in menschliche Geräusche ist gewöhnlich ein heikles Unterfangen, aber im *Field Guide to the Birds of Britain and Europe* von Roger T. Peterson, Guy Mountfort und P.A.D. Hollum waren die Töne, die der Rotschenkel macht, ziemlich gut getroffen, als ein melodiöses, abfallendes, verschliffenes *Tlju-hu-hu*. Den Ruf in Vokale und Konsonanten zerlegt vor mir zu sehen, fand ich lustig. *Tlju-hu-hu* hätte ein Verb aus einer exotischen Sprache sein können. Aber es vermittelte recht gut den jodelnden, wehmütigen Ruf, den die Vögel ausstießen, wenn sie sich in die Luft erhoben. Der Wind trug ihn meilenweit über die Wiesen, und er war es, der mich seit einem Erlebnis im Oktober immer am meisten von allen berührte.

Im Oktober 1962 gab es gleich eine Reihe von Ereignissen, die mein Leben langfristig beeinflussten. Es war die Zeit der Kubakrise, der gefährlichsten nuklearen Bedrohung durch den Kalten Krieg, während der ich im Bad auf dem Fußboden lag und Rosenkränze betete, wie andere Zigaretten rauchten, und zu Gott flehte, er möge uns retten – den Schrecken jener Tage kann sich keiner vorstellen, der damals noch nicht am Leben war; in Rom eröffnete Papst Johannes XXIII. das Zweite Vatikanische Konzil und leitete eine Erneuerung des strengen Glaubens ein, mit dem ich aufgewachsen war, was auch bei mir zu einem Umdenken führte; und auf der anderen Seite des Mersey brachte eine lokale Band mit dem Namen *The Beatles* ihre erste Platte *Love Me Do* heraus, die im Dezember Platz 17 der nationalen Charts erreichte – worüber ich mich auf dem Weihnachtsmarkt der Schule eifrig mit anderen unterhielt.

Man könnte sagen, es war der Monat, in dem die Sixties anfingen. Im Oktober 1962 begannen sich knarrend die Tore der Veränderung zu öffnen. Mein entscheidendes Erlebnis von damals hat nur für mich selbst Bedeutung, aber es klingt bis heute in mir nach. Der Tag begann damit, dass ich meine erste Schellente sah. Ich war nach

Burton Point geradelt und ging über den Damm zu den Seen von Shotton. Auf halber Strecke begab ich mich hinunter auf die Salzwiese, um nicht als Silhouette sichtbar zu sein, wenn ich die Seen erreichte. Als ich den Damm heimlich wieder erklomm und hinüberspähte, wurde ich reich belohnt: Keine fünfzig Meter von mir entfernt schwamm auf dem Wasser eine Schellente, ein prächtiger Wasservogel aus Skandinavien, den ich noch nie gesehen hatte, aber mithilfe des *Field Guide* sofort erkannte.

Ich brachte vermutlich ungefähr eine Stunde an den Seen zu und machte mich dann auf den Rückweg. Das Wetter war recht ungewöhnlich für England: sonnig, mit einer steifen Brise. Zu meiner Linken dehnte sich friedlich der Dee im goldenen Oktoberlicht, und ich begann leise Geräusche zu hören. *Tlju-hu-hu.* Die Vögel riefen von weither aus den Sümpfen, wo ich sie nicht sehen konnte. Ihre Stimmen wurden vom Nordwestwind herbeigetragen, der über die ganze Länge der Mündung auf mich zu wehte. Ich blieb stehen, ließ meinen Blick über die Weite schweifen und setzte mich dann auf die Böschung, um zu lauschen. Wieder drangen Rufe an mein Ohr, und plötzlich schien das ätherische wehmütige Flöten alles in sich zu bündeln – die ganze Schönheit der unberührten Flussmündung und den weiten Himmel und die fernen Berge, ihre ganze Lebensfülle, und mir ging zum ersten Mal auf, woher sie rührte: unmittelbar aus dem Herzen der wilden Natur.

Was immer es gewesen war, was den Geist von Thoreau und seinen Nachfolgern ergriffen hatte, als sie im 19. Jahrhundert die unberührten Landschaften von Amerika betrachteten, es ergriff mich in jenem Moment an der Mündung des Dee. Ich sah einen Teil der Erde, wie ich ihn noch nie zuvor gesehen hatte. Oder ich sah ihn vielleicht mit einem anderen Teil von mir.

Vorher hätte ich, wenn man mich fragte, gesagt, die Mündung sei breit. Sie sei lang. Sie sei flach. Sie sei grün. Und manchmal sei sie nass.

Seither würde ich etwas anderes sagen: Sie ist wunderbar.

Ich liebte sie so intensiv, wie ich je etwas geliebt hatte. Während ich dort so an der Böschung saß, in der Sonne und dem Wind, mit den wilden Rufen im Ohr, blickte ich in die Welt der Natur, und was ich empfand, war Glück.

3

Das Band und die Verluste

Es haben schon so viele große Denker die erbarmungslose, weltweite Zerstörung der Natur angeprangert, so viele Experten versucht, Ökonomie und Ökologie zu vereinbaren; es sind schon so viele Tausend detaillierte Strategien ausgearbeitet und zur Anwendung gebracht, es ist Jahr um Jahr um Jahr schon so viel Mühe und Idealismus auf das Problem verwendet worden, dass sich sofort die Frage stellt: Wieso sollte ausgerechnet die Tatsache, dass ein Teenager eines Herbstnachmittags vor einem halben Jahrhundert auf eine Flussmündung blickte und sich auf einmal glücklich fühlte, die Basis für einen besseren Schutz der Natur sein?

Wir sehen uns, insbesondere seit dem Rückgang des Christentums im Westen und dessen Ersatz durch unseren derzeitigen Glauben, den liberalen säkularen Humanismus, als ganz und gar rationale Wesen und sind stolz darauf, dass wir Problemen mit dem Verstand begegnen und auf diese Weise selbstverständlich eine Lösung finden. Wir glauben daran, dass es immer, jedes Mal, so geht. Rationalität ist unserer Denkweise millionenfach eingeprägt. Aber die Welt spielt nicht immer mit (wie alle wissen, die das Chaos zweier Weltkriege durchlebt haben). Und es gibt eine andere Art des Umgangs mit den tödlichen Bedrohungen, denen unser Planet heute gegenübersteht: Wir können anstatt darüber nachzudenken, was wir tun, darüber nachdenken, wer wir sind.

Die meisten von uns meinen es vermutlich zu wissen. Wir verschwenden keinen Gedanken daran. Doch in den letzten dreißig Jahren ist ein neues, noch keineswegs weit verbreitetes Verständnis davon erwacht, was es heißt, ein Mensch zu sein. Es gründet sich auf eine schlichte, aber schlagende Einsicht: Die fünfzigtausend Generationen, in denen wir uns zu Jägern und Sammlern entwickelt haben, sind bis heute bedeutender für unsere psychische Beschaffenheit als die fünfhundert Generationen, die seit dem Beginn von Ackerbau und Viehzucht und damit zugleich der Zivilisation vergangen sind. Wir haben die Kultur der Bauern, der beherrschten Natur und die der sesshaften Bevölkerung mit ihrem geordneten Leben, ihrem Geld, ihrer Architektur und Gesetzen. Ja, das ist natürlich so, aber tief im Innern, wo die Instinkte wohnen, in den tiefsten Gründen unserer Psyche – so die neue Vision – bleiben wir Kinder des Pleistozän, der Millionen Jahre der Eiszeiten, in denen die natürliche Umwelt noch nicht unterworfen war und wir uns als Teil der Natur entwickelten. Das Erbe in uns ist nicht verloren und in vieler Hinsicht bestimmend.

Diese Einsicht stammt aus der Evolutionsbiologie, deren Fokus sich in den letzten Jahrzehnten verschoben hat. Statt mithilfe von Darwins Theorie der natürlichen Selektion zu eruieren, wie der Pfau zu seinem prächtigen Schwanz und der Papagei zu seinem gefährlichen Schnabel gekommen ist, wendet sie sich nun der Frage zu, wie sich der heutige Mensch entwickelt hat. Speziell in der relativ jungen Fachrichtung Evolutionspsychologie wird erforscht, wie sich der menschliche Verstand an die Probleme angepasst hat, die sich den Jägern und Sammlern des Pleistozän alltäglich stellten, während sie Tausende von Generationen hindurch nach und nach Eigenschaften und instinktive Reaktionen entwickelten, die uns bis heute geblieben sind. Die Aufzählungen der Eigenschaften, die in uns offenbar psychologisch »vorprogrammiert« sind, sind lang und faszinierend – von unserer Vorliebe für Süßes zu unserer Angst vor Schlangen und Spinnen, vom kindlichen Spaß am Versteckspielen über die Lust am Bäumeklettern, von unserer Fähigkeit, Gegenstände zielgenau zu werfen (die kein anderes Lebewesen besitzt), über unsere Freude an körperlicher Verschönerung, von der Anziehung, die Frauen mit schmaler Taille auf Männer ausüben (weil sie nicht schwanger und darum für eine Paarung verfügbar zu sein scheinen) über die Attraktion von Männern mit höherem Rang für Frauen (weil sie die Frauen besser verteidigen können) bis hin zu unserer Vorliebe für bestimmte Landschaftsformen.

Und dort wird es noch faszinierender. Umfragen haben gezeigt, dass Menschen, denen man unterschiedliche Bilder vorlegt, mit überwältigender Mehrheit eine bestimmte Landschaftsform bevorzugen, und zwar offenes, von Bäumen durchsetztes Grasland mit Ausblick bis zum Horizont, wenn möglich auch Wasser sowie Tier- und Vogelleben. Dass diese Landschaft den tropischen afrikanischen Savannen ähnelt, in denen die Entwicklung des *Homo sapiens* stattfand, bis er sich über den Rest der Welt ausbreitete, hat zu der sogenannten Savannenhypothese geführt. Die Begründung lautet schlicht: Wir haben vor vielen tausend Jahren möglicherweise deshalb eine so feste Bindung zu bestimmten Landschaften entwickelt, die sich in unsere Gene eingeschrieben und dort bis heute gehalten hat, weil sie unser Überleben sicherte. Die Jäger und Sammler des Pleistozän waren ständig unterwegs – Gordon Orians, der Verfasser der Savannenhypothese, beschrieb ihr Dasein als »lebenslange Campingfahrt«. Bei jedem Ortswechsel waren Gefahren gegen Chancen, Raubtiervorkommen (und die Begegnung mit feindlichen Menschen) gegen mögliche neue Nahrungsquellen und Zufluchtsorte abzuwägen. Daher kommt es, dass vieles in der Natur, das einst zu unserem Überleben beitrug – Bäume mit tief herabhängenden Ästen, wellige Landschaftsformen mit Aussichtspunkten, Großwild –, in uns noch immer instinktive, positive Reaktionen hervorruft. Verallgemeinernd könnte man sagen, wir besäßen, tief in unseren Genen verankert, eine starke, intuitive Bindung zur natürlichen Umwelt.

Die Vorstellung, wir seien Teil der Natur und die Natur sei Teil von uns, ist keineswegs neu. Viele vorindustrielle Gesellschaften wie etwa die Ureinwohner Amerikas und Australiens sahen die Welt auf diese Weise. Und viele andere Menschen haben es so empfunden und immer wieder zum Ausdruck gebracht. In den Mainstream jedoch hat das Empfinden der Einheit mit der Biosphäre keinen Eingang gefunden. Es spielt bei den Entscheidungsträgern der modernen Welt und den Abermillionen, die sich nach ihnen richten, keine Rolle, sondern wird in anthropologische oder spirituelle Nischen abgedrängt. Dabei ist der Gedanke unserer Bindung an die, unserer Einheit mit der natürlichen Umwelt, wie ihn die Evolutionspsychologie formuliert – die Bindung der fünfzigtausend Generationen, wenn Sie so wollen –, etwas ganz Zentrales, denn wenn er zutrifft, was ich glaube, enthält er nicht bloß eine geistige, sondern zugleich auch eine empirische Wahrheit. Er spricht eine Tatsache an.

Doch was bedeutet das für uns? Auch wenn die Bindung mächtig ist – könnte es nicht sein, das es sich dabei lediglich um ein Kuriosum handelt, ein redundantes evolutionäres Überbleibsel wie die Brustwarzen des Mannes? Im Gegenteil. Wie neuere Forschungen zeigen, scheint die Bindung zunehmend an Bedeutung für unser physiologisches und psychologisches Wohlergehen zu gewinnen. Populär wurden die Untersuchungen über das Zusammenspiel zwischen der Natur und menschlichem, körperlichem wie geistigem Wohlergehen durch einen Artikel in der Zeitschrift *Science*, der im April 1984 erschien und durch seine Überschrift weltweit die Leser aufrüttelte. Sie lautete: »Die Aussicht durch ein Fenster kann die Regeneration nach einem chirurgischen Eingriff beeinflussen.« Roger Ulrich, der Autor des Artikels, ist ein amerikanischer Architekt und Spezialist für Klinik-Architektur. Er stellte nach neunjährigen Untersuchungen fest, dass die Patienten eines Krankenhauses in Pennsylvania, die sich einer Gallenblasenoperation unterzogen hatten, wesentlich rascher gesundeten, wenn ihr Blick vom Bett aus dem Fenster auf etwas Natürliches fiel. Einige Fenster des Klinikflügels gingen auf eine Baumgruppe hinaus, andere auf eine braune Backsteinmauer, und wie Ulrich feststellte, wurden die Glücklichen, die auf die Bäume hinaussahen, schneller gesund, blieben weniger lange im Krankenhaus, wurden von den Schwestern besser eingeschätzt, brauchten weniger Schmerzmittel und erlitten weniger postoperative Komplikationen als jene, die nur auf die Wand blickten. Verbindung zur Natur, selbst wenn sie nur durch die Augen hergestellt wurde, hatte eine messbare empirische Wirkung auf den körperlichen und geistigen Zustand der Menschen. In der Folge wurde zu dem Thema breit geforscht. Ein Bericht über die bis 2005 erschienenen Arbeiten vermerkte, dass die Natur für die Gesundheit und das Wohlergehen der Menschen eine lebenswichtige Rolle spiele und dies bei allen Planungen im öffentlichen Gesundheitswesen zu berücksichtigen sei. Immer mehr Studien deuten darauf hin, dass die Menschen sich auch nach fünfhundert Generationen noch nicht an ein Leben in der Stadt angepasst haben und natürliche Umgebungen instinktiv den städtischen vorziehen.

Ich würde sogar noch weitergehen. Für mein Gefühl bildet diese Bindung den Kern des Menschlichen. Die Natur, in der wir entstanden sind, ist nicht bloß ein neutraler Hintergrund, sondern bleibt auf der tiefsten seelischen Ebene unsere Heimat, die in uns alle typischen Emotionen wachruft: leidenschaftliche Gefühle der Zugehörigkeit, Sehnsucht und Liebe. Zu Beginn schrieb ich, die Vorstellung, wir könnten im Gegensatz zu den anderen Geschöpfen, neben denen wir uns entwickelt haben und die lediglich ihre Gefahren und Chancen wahrnehmen, die natürliche Umwelt *lieben*, sei mir lange als etwas Außerordentliches erschienen – doch das Band der fünfzigtausend Generationen macht sie für mich erklärlich. An der Oberfläche, im täglichen Leben, ist das Band kaum zu spüren, da es nicht nur durch die fünfhundert Generationen der Kultur überlagert ist, die auf die Unterwerfung der Natur durch die Ackerbauern folgten, sondern auch für diejenigen von uns, die in Städten und zunehmend hyperaktiven Zeiten leben – seit 2007 ist das mehr als die Hälfte der Menschheit –, unter einer undurchdringlichen Masse mentalen städtischen Mülls begraben ist. Doch tief im Inneren bleibt es vorhanden: Es kann sein, dass wir die natürliche Welt verlassen haben, aber die natürliche Welt hat uns nicht verlassen.

Sie kann sich ganz unvermittelt melden. Und einen vollkommen überraschen. Manchmal weiß man nicht recht, was einem geschieht und warum man es so stark empfindet:

Und ich spürte
freudig erregend eine Gegenwart, erfüllt
Von hohem Denken; ein erhabenes Ahnen
Von etwas, das, viel tiefer noch verwoben,
Im Leuchten untergehnder Sonnen wohnt,
Im Rund des Ozeans, in lebendiger Luft,
Im Blau des Himmels, in der Menschen Sinn;
Eine Bewegung und ein Geist, der jedes
Denkende Ding und jedes, das gedacht wird,
Treibt, und durchströmt sie alle.

Man muss nicht William Wordsworth sein und nicht auf Tintern Abbey hinunterblicken, um dieses Glücksgefühl zu erleben; es kann uns alle überkommen. Viele Menschen spüren es angesichts der Schönheit der Natur, ihrer Wunder, ihrer Fülle, des Friedens, der von ihr ausgehen kann. Auch das Gefühl von Wiedergeburt im Frühling kann es auslösen. Mir ergeht es nicht anders. Ich habe die Natur und das von ihr ausgelöste Glück seit jenem Nachmittag am Dee vor einem halben Jahrhundert noch oft gespürt und bin mit dem Älterwerden mehr und mehr zu einer Überzeugung gelangt: Für mich ist dieses Glück - diese starke, manchmal so unversehens erwachende Liebe zur Natur – der beste Beweis für die Fortdauer unserer inneren Verbindung zu ihr.

Darum will ich von meinen Begegnungen mit diesem Glück berichten, das auch Sie vermutlich aus ihrem Leben kennen: um Zeugnis abzulegen und zu zeigen, dass sie existiert. Ich bin kein Wissenschaftler, weder Evolutionsbiologe noch Psychologe; ich will nichts beweisen, nicht logisch argumentieren, sondern schlicht sagen: Das habe ich erlebt, vielleicht kann es zum Verständnis beitragen. Denn wenn es nicht unsere fortdauernde Zugehörigkeit zur Natur ist, die hinter diesen starken Gefühlen steckt, was dann? Und ich tue es mit der Hoffnung, dass dieses neue, kaum vierzig Jahre alte Gefühl dafür, was uns als Menschen ausmacht, dazu dienen könnte, unser Bewusstsein zu wecken.

Denn der wichtigste der vielen wichtigen Aspekte dieses neuen Verständnisses ist der Zusammenhang, in dem es steht: Diese neue Sicht der Natur, ihrer wahren Bedeutung und ihres Wertes, ist gerade zu der Zeit entstanden, in der wir dabei sind, sie zu vernichten. Ähnlich wie *Earthrise*, das Foto aus dem All, uns zum ersten Mal die Schönheit und Fragilität, die Einzigartigkeit und Einsamkeit unseres Planeten zeigte, zeigen uns nun die Erkenntnisse der Psychologie und der Evolutionsbiologie zum ersten Mal, wie untrennbar wir Menschen durch unsere Seelen mit ihm verbunden sind und dass wir, wenn wir ihn zerstören, nicht nur unsere Heimat zerstören – was schlimm genug wäre –, sondern auch einen elementaren Teil unserer selbst, den zu verlieren wir uns nicht leisten können.

Und dadurch bietet sich nun endlich eine neue Möglichkeit, die Natur zu schützen. Umfassender, solider, dauerhafter als der blauäugige Idealismus der Befürworter nachhaltiger Entwicklung und die nüchterne Berechnung von Ökosystemleistungen. Sie könnte der Ausgangspunkt für eine neue Überzeugung und Argument dafür sein, die Natur in dem schrecklichen Jahrhundert, das auf uns zukommt, zu schützen. Die natürliche Umwelt ist nicht von uns getrennt, sie ist ein Teil von uns. Sie gehört genauso zu uns wie unser Sprachvermögen; wir sind noch immer mit ihr verwachsen, mag es auch schwerfallen, das im Tumult des modernen Stadtlebens zu spüren. Trotzdem lässt sich die Einheit, unsere Einheit mit der Natur entdecken: in dem Glück, das die Natur in uns zu entzünden und befeuern vermag – auch in dem Fünfzehnjährigen mit seinem Billigfernglas, der den vom Wind herbeigetragenen Rufen der Watvögel lauscht.

❧

Furchtbar ist hingegen das richtige Wort, um das Jahrhundert zu beschreiben, das der Natur bevorsteht oder vielmehr bereits begonnen hat. Die Zerstörung und die Verluste sind schon jetzt so kolossal, ihr Fortschreiten so rasant, dass ein neues Problem entsteht. Es wird schwierig, sie angemessen zu beschreiben, der Bedeutung jedes einzelnen Verlustes gerecht zu werden, ihnen anders als mit Verallgemeinerungen beizukommen. Ständig werden Statistiken angeführt. Ich mache es in diesem Buch selbst. *Jedes fünfte Wirbeltier ist vom Aussterben bedroht* ... Vielleicht lohnt es sich, darüber nachzudenken, dass etwas Entscheidendes verloren geht, wenn die Sprache, in der man Umweltverluste thematisiert, täglich theoretischer, abstrakter und wissenschaftlicher wird.

Ein gutes Beispiel dafür sind zwei neue Metaphern zur Beschreibung des Geschehens. Zum einen die vom sechsten großen Artensterben. Man spricht in der Wissenschaft von fünf solchen katastrophalen Ereignissen im Verlauf der Erdgeschichte, bei denen es, beginnend mit dem Ende des Ordoviziums vor 440 Millionen Jahren, jeweils zu einem Massensterben der Arten kam. Einige dieser Ereignisse wurden möglicherweise durch drastische Klimaveränderungen verursacht; andere durch Asteroide oder Kometen, wie etwa den, der vor 65 Millionen Jahren am Ende der Kreidezeit dort einschlug, wo heute die Halbinsel von Yucatan liegt, und die Vernichtung der Dinosaurier einleitete. Doch verschwindet zur Zeit so rapide eine solche Vielzahl von Arten, dass viele Biologen vom nächsten Massensterben vergleichbaren Ausmaßes sprechen, dem sechsten großen Artensterben – mit dem Unterschied, dass es diesmal von uns selbst verursacht ist.

Die zweite Metapher ist der geologischen Zeitenrechnung entlehnt. Sie belegt die Epoche, in der wir leben, mit einem neuen (und bisher inoffiziellen) Etikett namens Anthropozän. Offiziell leben wir noch immer im Holozän (nach dem Altgriechischen für »völlig neu«), das nach dem Ende der letzten Eiszeit und mit dem Beginn von Ackerbau und Viehzucht einsetzte, dem Beginn der Zivilisation. Mittlerweile jedoch ist der Einfluss des Menschen auf den Planeten und vor allem die Atmosphäre, deren Zusammensetzung wir so rasch und mit potenziell so katastrophalen Folgen verändern, so übermächtig geworden, dass immer mehr Wissenschaftler die Ansicht teilen, die Gegenwart zeichne sich durch ganz eigene Charakteristika aus und solle einen entsprechenden Namen erhalten. Willkommen also im Anthropozän, der Epoche, in der die Menschen den Planeten veränderten.

Diese großen Begriffe sind sehr suggestiv. Ausdrucksstarke Bilder wie die des Anthropozän und des sechsten großen Aussterbens führen uns das wahre Ausmaß der Zwangslage, in der sich die Erde befindet, und die ruinösen Folgen der von uns ausgelösten Prozesse vor Augen. Sie sind von außerordentlichem Wert. Täglich wird über sie geredet. Sie generieren eine ganze Wissenschaftsindustrie. Doch sie vermitteln nicht zwangsläufig, wie unmittelbar und bitter uns die Umweltverluste treffen, denn das tun sie: Jeder einzelne tut irgendwo weh. Wenn der Verlust an Natur zu einer Art Aufsatzthema wird, verliert er seine Unmittelbarkeit. Und uns geraten die Traurigkeit und der Schrecken, die Schärfe und die Bitterkeit, die gravierende Verletzung, die jeder dieser Verluste in Wirklichkeit darstellt, aus dem Blick. Bevor ich also den Königsweg des Glücks beschreite, werde ich mich noch einmal, auf andere Weise, dem Verlust zuwenden – diesmal in spezifischer Form und zwar anhand von drei Beispielen aus meinem eigenen Erleben. Das erste folgt direkt meiner Jugendzeit am Dee.

~

Wir, Nial Moores und ich, stehen an der Landspitze und schauen auf die Ebene, die trockene Ebene, über die ein Laster fährt. Bis vor Kurzem war sie eine lebendige Flussmündung, täglich von der Flut überspült, mit Watvogelschwärmen, zu groß, um sie genau zu zählen: zwanzig- oder fünfzigtausend, manche Schwärme des Großen Knutt sogar neunzigtausend stark.

»Im Fernglas waren sie dunkle Striche draußen im Watt«, sagt Nial. »Und wenn die Flut kam, flogen sie auf. Sie erhoben sich über den Horizont und kamen in Wellen auf das Ufer zu. Welle um Welle. Riesige Vogelwolken.«

Ich lasse meinen Blick über die gesamte Weite der Mündung schweifen. Sie ist jetzt tot, eine konturlose, mit braunem Gras bewachsene Ebene, die sich wie eine leere Tanzfläche zum Horizont erstreckt, wo sie im Dunst verschwindet. Es fällt mir schwer einzuschätzen, wie groß sie ist. Oder vielmehr war. Ich schaue nach links, ich schaue nach rechts, überall nur braune Fläche. »Tja«, sagt Nial, »da wirkt der Dee auf einmal ganz klein, hm?«

Im Gras zwitschern ein paar Seidensänger, kleine grasmückenähnliche Singvögel, und in der Ferne kreist einsam ein Graureiher. Mehr nicht. Das ist alles, was von einer der lebendigsten Gegenden der Welt bleibt, wo man einst vier- bis fünfhunderttausend Watvögel zählte, wo sich einige der spannendsten Lebewesen des Planeten, mehrere Brachvogelarten, Strandläufer, Große Knutts, Pfuhlschnepfen, Kiebitzregenpfeifer, Seeregenpfeifer, Mongolenregenpfeifer, Kurzfußwasserläufer, Löffelstrandläufer in traumhaften Mengen versammelten. Jetzt ist die einfarbige Monotonie der Grasfläche nur von vereinzelten Betonplatten und rostigen Eisenresten unterbrochen. Der Laster in der Ferne wirbelt Staub auf. »Weißt du, wie man so was nennt«, fragt Nial. »Eine Totschaft.«

Das Saemangeum in Südkorea: die größte bisher dagewesene Zerstörung einer Flussmündung. Die Gegend umfasste die Doppelmündung der beiden Flüsse Dongjin und Mangyeong in der Provinz Jeollabuk-do, zu Deutsch Nord Jeolla, gut 200 Kilometer südlich der Hauptstadt Seoul. Mit ihren 40 000 Hektar war sie dreimal so groß wie das Mündungsgebiet des Dee. Ihre 29 000 Hektar Wattgelände boten übers Jahr verteilt so vielen Watvögeln einen Lebensraum, dass sie bei Weitem das wichtigste Küstenvogelgebiet von Korea – vielleicht von ganz Asien – war. Es war phänomenal. Es war eines der Wunder der Vogelwelt. Jetzt ist es weg. Von einem gigantischen Prestigeprojekt ausgelöscht: dem Bau des längsten Uferdamms der Welt. Ein komplettes Ökosystem unwiederbringlich verloren. Während ich hier stehe und mir ansehe, was daraus geworden ist, spüre ich, wie in mir ein ungewohntes Gefühl aufsteigt und erkenne darin erstaunt blanke Wut.

Der britische Ornithologe und asiatische Umweltaktivist Nial Moores hatte die wahren Reichtümer des Saemangeum 1998 entdeckt, als er für eine Reihe koreanischer Umweltgruppen die erste vollständige Zählung der Wasser- und Watvögel in den Feuchtgebieten Südkoreas durchführte. Es war echtes Neuland, da die Küste (weil Südkorea sich offiziell noch immer im Krieg mit dem Norden befand) zuvor zu einem großen Teil militärisches Sperrgebiet gewesen war. Auf seinen Fahrten durch das Land übernachtete er bei Bauern, ernährte sich von Reis und Algen und Kimchi und erkundete, weil es keine Karten gab, mit einem einheimischen Aktivisten und einem Taxifahrer Wege ans Wasser. Dabei entdeckte er 19 Gebiete, die wegen der Zahl der dort lebenden Küstenvögel von internationaler Bedeutung waren. Im Saemangeum entdeckte er ein Eldorado. »Es war schnell deutlich, dass die Zahl der Vögel überwältigend war. Bei den Salinen von Okgu an der Nordseite der Mündung fanden wir einen absolut fantastischen Rastplatz. Es waren zwischen fünfzig- und hunderttausend Vögel da. Einfach fantastisch.«

Doch das Saemangeum war bereits gefährdet. Südkorea hatte in den 1980er Jahren beschlossen, zwei Drittel des Wattenmeeres an der Westküste des Landes trockenzulegen, um dort Landwirtschaft und Industrie anzusiedeln. 1991 wurde die Doppelmündung zum größten Landgewinnungsprojekt bestimmt. Ein mehr als dreißig Kilometer langer Damm von der Nord- bis zur Südspitze, der die Gezeiten vom Watt fernhielt und das Leben darin abtötete, sollte den Prozess beschleunigen. Auf den Beschluss folgte ein bitterer, fünfzehn Jahre währender Krieg zwischen der südkoreanischen Regierung und den Umweltschützern des Landes. Die Umweltschützer verloren. Und die darauf vollzogene Vernichtung dieses unvergleichlichen Lebensraums zählt gewiss zu den ungeheuerlichsten Beispielen von Umweltvandalismus, die die moderne Welt zu bieten hat. Doch auch wenn man es nur schwer glauben kann, ist es nur der Bruchteil einer weit größeren Katastrophe – der fortdauernden Tragödie des Gelben Meeres.

Sie findet noch wenig Beachtung in der Welt, obwohl es vermutlich selbst in unserem schrecklichen 21. Jahrhundert kaum eine zweite Lebensraumvernichtung gleichen Ausmaßes geben wird. Ein Blick auf die Karte von Ostasien zeigt zwischen China und der koreanischen Halbinsel eine Art riesige Bucht. Das knapp tausend Kilometer lange, gut 600 Kilometer breite Gewässer war einst eine sanft abschüssige Ebene, die durch den steigenden Meeresspiegel am Ende der letzten Eiszeit von Wasser überspült wurde. Der Name Gelbes Meer rührt daher, dass es vom gelblich braunen Schlamm des Huang He verfärbt ist, des zweitlängsten chinesischen Flusses, der große Mengen abgetragenen Löss mitführt. Der seichte Meeresrand, der eingespülte Schlamm und ein außerordentlich großer Tidenhub machen das Gelbe Meer zu einem einzigartigen Lebensraum für Tiere, der allerdings erst in jüngster Zeit wahrgenommen wird.

Die Küste ist von einem ungewöhnlich ausgedehnten Wattenmeer gesäumt, dessen Schlickflächen bei Ebbe vielerorts kilometerbreit sind. Und genau wie am Dee leben in diesem schwarzen Watt besonders viele wirbellose Tiere, unzählige Mollusken und Meereswürmer, kleine Krabben und Schalentiere. Für Küsten-, für Watvögel sind sie von unschätzbarer, lebensspendender Bedeutung, und in der Tat bilden die Wattflächen am Gelben Meer die wichtigsten Rastplätze auf einer der großen Vogelzugrouten der Welt.

Diese Routen, neuerdings auch Flyways genannt, zeigen die Wege, die Zugvögel und vor allem Watvögel auf ihren jährlichen Reisen aus dem winterlich warmen Süden in die insektenreichen Sommer der Arktis zurücklegen –»von den Tropen in die Tundra« – und retour. BirdLife International, ein weltweiter Zusammenschluss von Vogelschutzverbänden, zählt acht Hauptstrecken, die sich wie breite Streifen vertikal um den Globus ziehen. Die Mündung des Dee zum Beispiel liegt mitten auf dem East Atlantic Flyway, der wichtigsten Route für die Millionen Zugvögel, die südlich der Sahara in Afrika überwintern und im Frühling an der Atlantikküste entlang oder über das Mittelmeer zu ihren Brutplätzen in Europa und weiter nördlich ziehen.

Auch das Gelbe Meer liegt mitten auf einem Flyway, in diesem Fall dem East Asia/Australasia Flyway, kurz EAAF, der draußen in der Natur etwas Uraltes, ein ewiges Wunder ist, so groß wie das Wetter, und der zugleich erst heute von uns richtig verstanden und kartiert wird. Hier sammeln sich alljährlich im Frühling sämtliche Zugvögel unter den Wat- und Küstenvögeln der östlichen Hälfte von Asien und sämtliche ziehenden Stelz- und Watvögel Australiens und Neuseelands auf ihrem langen Weg zu ihren Brutplätzen in der Tundra und an den Küsten Sibiriens. Stellen Sie es sich auf der Landkarte vor, mit China in der Mitte: zwei große Ströme, einer von links unten, einer von rechts unten, die sich auf halbem Weg in Richtung Norden treffen und sich dann für den Rest der Strecke zu einem einzigen Strom vereinigen. Im Ganzen sollen es 50 Millionen Vögel sein.

Die beiden Ströme treffen am Gelben Meer zusammen, denn dort befindet sich der wichtigste Rastplatz der Reise. Ausgedehntes Wattenmeer, das bei Ebbe trockenfällt, sodass die Vögel Nahrung finden und Kraft tanken können, gibt es nur an wenigen Stellen der Erde, und die großen Gebiete am Gelben Meer sind genauso wichtig für den Watvogel, der in Burma, wie für den, der in Neuseeland überwintert hat. Diese Vögel legen im Frühjahr mehr als 8000 km zu ihren Brutplätzen in Sibirien zurück und brauchen das Watt im Gelben Meer für die Nahrungsaufnahme unterwegs. Es ist der Dreh- und Angelpunkt des ganzen Flyways, ein Lebensraum, auf den 50 Millionen Watvögel, darunter einige der seltensten Arten der Welt, vollständig angewiesen sind. Und es wird in rasender Geschwindigkeit vernichtet.

Schuld daran ist die Landgewinnung. Und so drastisch das Beispiel Saemangeum auf der koreanischen Seite des Gelben Meeres erscheinen mag, lässt sich das wahre Ausmaß des Geschehens erst richtig ermessen, wenn man nach China blickt, mit seiner weitaus längeren Gelbmeerküste. Das moderne China wird die Entwicklungen des 21. Jahrhunderts auf vielerlei Weise maßgeblich mitbestimmen, und die größte Bedrohung, die von ihm ausgeht, ist sein erschreckender Umgang mit der Natur. Nirgendwo auf der Welt wird die Zerstörung der Natur unerbittlicher und gründlicher betrieben als in der Volksrepublik, die vermutlich in Kürze zur größten Wirtschaftsmacht der Welt aufsteigen wird. Das seit 1978 unter Deng Xiaoping eingetretene Wachstum hat einerseits Hunderte Millionen Menschen von Armut befreit und andererseits zur gewaltigsten Umweltzerstörung, -schändung und -verschmutzung geführt, die die Erde je erlebt hat. In Städten wie Shanghai kann man den Reichtum und den Dreck nebeneinander sehen. Der Blick vom Bund, der eleganten Uferpromenade, über den Huangpu hinweg auf die Wolkenkratzer des Finanzdistrikts Pudong ist so beeindruckend wie der erste Blick auf Manhattan (mir hat es den Atem geraubt). Aber in den Huangpu möchte man nicht einmal den kleinen Zeh stecken. Im März 2013 etwa fischten die Behörden mehr als 14 000 tote Schweine heraus, die einfach hineingekippt worden waren. Auch die Luft von Shanghai möchte man nicht ständig atmen: Im Dezember 2013 war die Luft so verschmutzt, dass man vor Smog kaum die Silhouette von Pudong am anderen Ufer erkennen konnte und die Stadt teilweise lahmgelegt war.

Eine Wachstumsexplosion wie in China hat die Geschichte noch nicht erlebt. Die Ausmaße lassen sich nur schwer begreifen: In den ersten 25 Jahren dieses Jahrhunderts wird die Hälfte aller Neubauten der Welt in China entstehen, und 50 000 von ihnen werden Wolkenkratzer sein – das ist New York mal zehn. Ähnlich unfassbar ist der Preis, den die Umwelt dafür zahlt und der für die Außenwelt vor gut einem Jahrzehnt offenkundig wurde. Ein Schlüsselmoment war 2007, als die CO2-Emissionen Chinas die der USA überholten und das Land offiziell zum Umweltverschmutzer Nummer eins wurde. Inzwischen sind die Fakten wohldokumentiert, und die Zahlen sind schockierend. 2006 leiteten die stark industrialisierten Provinzen Guangsong und Fujian fast 8,3 Milliarden Tonnen ungeklärtes Abwasser ins Meer, 60 Prozent mehr als 2001; bis 2020 wird der städtische Müll voraussichtlich ein Volumen von 400 Millionen Tonnen erreichen, so viel wie das der gesamten Welt im Jahr 1997; und so weiter. Doch vielleicht kann ein einziges Beispiel für alle stehen – das des Baiji, des legendären Flussdelfins, ein Schatz der Tierwelt und die »Göttin des Jangtse«: Er ist 2006 durch die extreme Industrialisierung und Verschmutzung des Stroms ausgestorben.

Sorgen bereiten dabei nicht allein die Folgen des überhasteten Wachstums im eigenen Land, sondern auch die Folgen jenseits der Grenzen. China ist mittlerweile nicht nur der größte Holzimporteur der Welt, sondern auch der größte Importeur von illegal geschlagenem Holz und »exportiert« somit Entwaldung. Sein unersättlicher Bedarf an Holz macht es zum Hauptverantwortlichen für die Zerstörung von Regenwald in aller Welt. Sein Bedarf an Elfenbein, insbesondere nach der Teilnahme an der internationalen Elfenbeinauktion von 2008, steht hinter dem erneuten Anstieg der Elefantenwilderei in Afrika. Sein Bedarf an den für die traditionelle chinesische Medizin gebrauchten und zudem wegen ihres Fleisches und ihrer Schuppen geschätzten Schuppen- oder Tannenzapfentieren hat dazu geführt, das jetzt alle acht Pangolinarten vom Aussterben bedroht sind. Sein Bedarf an Tigerknochen für medizinische Zwecke bedroht die letzten überlebenden wilden Tiger, und sein Bedarf an Haifischflossen ist verantwortlich für die unaufhaltsame Dezimierung der Haie weltweit (einer Schätzung zufolge werden jährlich 73 Millionen Haie für Haifischsuppe getötet, weil sich diese bei der rasch wachsenden chinesischen Mittelschicht als Statussymbol so großer Beliebtheit erfreut). Doch die weitreichendste Folge von allen könnte aus dem entstehen, was das Land mit dem Gelben Meer anstellt, der lebenswichtigen Zwischenstation auf der Flugstrecke der ziehenden Wat- und Wasservögel aus 22 Ländern.

Denn Chinas unanfechtbares Wachstumsgebot und die Tatsache, dass 600 Millionen seiner Bürger, fast ein Zehntel der Weltbevölkerung, in den Einzugsgebieten von Flüssen leben, die ins Gelbe Meer münden, machen es schier unwiderstehlich, die Wattgebiete an der Küste trockenzulegen, und das wird mit zunehmendem Tempo umgesetzt. Es ist natürlich möglich zu sagen, Landgewinnung dieser Art habe es schon immer gegeben, aber wie ein Bericht der Internationalen Union zur Bewahrung der Natur und natürlicher Ressourcen (IUCN) von 2012 verdeutlicht, sind hier die Geschwindigkeit und die Größenordnung, in der es geschieht, das Problem. Seit 1980 hat China über 51 Prozent seiner Küstenfeuchtgebiete (darunter auch Mangroven und Seegrasfelder) trockengelegt, während es in Südkorea 60 Prozent sind. Von den Schlüsselgebieten für die Küstenvögel auf dem Flyway sind im Gelben Meer bereits insgesamt 35 Prozent verschwunden, und der Rest wird bald folgen. Es gilt als wahrscheinlich, dass es für jedes größere Wattgebiet dort einen Entwicklungsplan gibt.

Die Situation wird von der Weltöffentlichkeit kaum wahrgenommen, doch die involvierten Umweltschützer sehen sie als kommende, sich immer deutlicher abzeichnende Katastrophe. Die Zahl der Vögel nimmt ab: »Dass die Wasservogelarten im Jahr um fünf bis neun Prozent schwinden«, berichtet die IUCN, »ist für die Ökosysteme des Planeten ein besonders gravierender Verlust.« Und für die Zugvögelroute allgemein lautet die Voraussage: »Auf dem EAAF wird in naher Zukunft mit großer Wahrscheinlichkeit ein Artensterben eintreten, das in der Folge auch das Aus für einige essentielle, wertvolle ökologische Dienstleistungen bedeuten wird.« Die Zukunft von 50 Millionen Watvögeln und, auch das muss gesagt werden, Küstenfischereien, von denen Tausende Menschen abhängen, hängt am seidenen Faden.

Wenn es gelänge, die Welt zu alarmieren, bevor es zu spät ist, gäbe es vielleicht noch einen Hoffnungsschimmer für sie: Der East Asia/Australasia Flyway hat eine Vorzeigespezies aufzuweisen. Der Löffelstrandläufer ist nicht nur einer der charmantesten Vögel, den es gibt – er hat auch einen verbreiterten, unter den Strandläufern einzigartigen Schnabel, der ihm einen leicht komischen Anstrich verleiht, sodass er ähnlich niedlich wirkt wie ein Papageientaucher, während sein kupferrotes Prachtkleid außerordentlich hübsch ist.

Als einer der seltensten Watvögel steht er seit Langem ganz oben auf der Wunschliste vieler Vogelbeobachter (so auch bei Nial Moores, der unter anderem seinetwegen nach Asien kam). Da er ausschließlich auf den russischen Halbinseln Kamtschatka und Tschukotka brütet und 8000 Kilometer entfernt an den Küsten von Burma und Bangladesch überwintert, ist er wie die anderen Watvögel auf dem Flyway darauf angewiesen, am Gelben Meer Rast zu machen. Er war nie besonders zahlreich, und zur Jahrtausendwende war deutlich, dass sein Bestand alarmierend zurückgegangen war. Als man 2008 weniger als 200 Brutpaare zählte, kam er auf die Liste der vom Aussterben bedrohten Arten.

Der »Spoonie«, wie er auf Englisch liebevoll genannt wird, schien vor dem Aus zu stehen. Da entschloss sich ein internationaler Zusammenschluss von Ornithologen zu einem verzweifelten letzten Rettungsversuch: Sie nahmen sich vor, eine halbe Weltreise von ihren natürlichen Brutgebieten entfernt einen Brutbestand in Gefangenschaft aufzubauen, bei Slimbridge in Gloucester, in einem von dem Maler und Naturschützer Peter Scott gegründeten Vogel- und Tierreservat in den Feuchtgebieten an der Mündung des Severn, dem führenden Zentrum für die Aufzucht und Erhaltung gefährdeter Wasservögel. 2011 wurde der Versuch umgesetzt. Man entnahm Eier aus wilden Nestern auf der Tschukotka, ließ sie vor Ort in Brutkästen reifen und beförderte die Küken anschließend unter großen Schwierigkeiten erfolgreich nach Gloucestershire. Es war eine wunderbare Tiergeschichte, voll Tatenlust und Hoffnung und allerlei Konflikten (da eine Aufzucht in Gefangenschaft nicht nur auf Zustimmung trifft) um ein Geschöpf, das man sich nicht bezaubernder und fotogener vorstellen kann, und wie viele andere Umweltjournalisten schrieb auch ich darüber. Als ich durch meine Recherchen jedoch Einblick in die größeren Zusammenhänge bekam, begann mir das apokalyptische Ausmaß der Bedrohung für die Millionen Zugvögel durch die Zerstörung der Wattflächen des Gelben Meeres aufzugehen. Und so stieß ich auf dieses exorbitanteste Beispiel aller großräumigen Landgewinnungsprojekte an der Küste des Saemangeum.

Ich hatte noch nie davon gehört. Von dem langen Kampf zur Rettung des Gebiets hatte ich nichts mitbekommen. Doch die Geschichte von dem gigantischen Damm, der in der Natur so gewaltigen Schaden angerichtet hatte, fesselte mich. Ich sah mir die Gegend auf Google Maps an und klickte auf das Satellitenbild. Plötzlich hatte ich sie vor mir, die riesige Sperrmauer, aus dem All gesehen ein helles, dünnes Band aus Beton im Meer, und dahinter die Weiten der sterbenden Flussmündung mit ihren austrocknenden Wattflächen, die nicht mehr von der Flut überspült wurden, in der keine Muscheln und andere ehemals zuvor millionenfach vorhandene Wirbellose mehr lebten, auf denen sich nicht mehr zahllose Watvögel mit ihren wilden Rufen tummelten. Die Größe des Bauwerks war ungeheuer. Es hatte unvergleichlichen Schaden angerichtet. Und für mich war es das Inbild dessen, was ich schon immer für den Dee befürchtet hatte.

Ich weiß mein Glück zu schätzen. Sich als junger Mensch in einen Ort zu verlieben ist ganz sicher einer der größten Glücksfälle, die es im Leben gibt, fast so ein Geschenk, wie in eine heile Familie hineingeboren zu werden. Es lädt das Leben elektrisch auf und vermittelt ein Sinngefühl, das weiterträgt: Das Dasein kann fortan nicht mehr als fad, langweilig oder bedeutungsleer erscheinen. Wo dieser Ort liegt und wie er beschaffen ist, woran sich die Liebe entzündet, ist gleich, es ist fast immer Schönheit im Spiel, ein frühes Erleben von etwas Kostbarem, ein frühes Erleben von Glück oder Freude. So war es auch bei mir mit fünfzehn, bei der Begegnung mit meinem Stück Wildnis.

Denn nachdem ich einmal begonnen hatte, es zu lieben – im Oktober 1962, als der Weltuntergang drohte, der freundliche alte Papst frischen Wind in die Kirche brachte und die Beatles zu ihrem schwindelerregenden Aufstieg ansetzten –, liebte ich es von Herzen; ich liebte es wie einen Verwandten, einen Onkel vielleicht, den man erst als Teenager kennenlernt und als außergewöhnlich nett und klug und herzlich und weise empfindet: Es gab auf einmal etwas Neues, eine unerwartete, wohltuende Präsenz in meinem Leben. Ich klopfte oft bei diesem Onkel an die Tür; ich fuhr für den Rest meiner Jugend häufig an den Dee und seine wildbelassenen Sümpfe und machte es immer allein. Meine Gefühle waren zu privat, um sie mit anderen zu teilen. Ich hielt die Wildnis an der Mündung gleichsam geheim, obwohl sie natürlich für jeden zugänglich war. Vielleicht lag es an der Art des Gefühls, das sie in mir weckte, vielleicht war es das, was ich geheim hielt, weil es eigentlich nur in dramatischen Landschaften ferner Länder zu finden ist, während es mir einfach ein paar Kilometer von meiner Haustür zuteil geworden war. Ich habe es hier in Anlehnung an die Amerikaner des 19. Jahrhunderts zu formulieren versucht, auch wenn ich mir damit eine gewisse temporale Freiheit erlaubt habe – denn es dauerte noch Jahre, bis ich Thoreau und seine Nachfolger las. Bald nach dem Beginn meiner tiefen Beziehung zum Dee jedoch fand ich bei Gerard Manley Hopkins einen passenden Ausdruck dafür, was mir die Mündung bedeutete. Er war viktorianischer Jesuit gewesen, in dessen erst posthum veröffentlichten Gedichten wie oben erwähnt schon meine Mutter Trost gefunden hatte und der zwischen einer überströmenden Freude an der Natur und quälenden Schuldgefühlen gegenüber Gott zerrissen war. Ich liebte alles, was er geschrieben hatte, vor allem die berühmten Gedichte wie »Frühling und Herbst«, »Der Turmfalke« und »Gescheckte Schönheit«, doch eines Tages stieß ich auf eine weniger bekannte Strophe, die mich sofort ansprang und mir seither stets im Bewusstsein ist:

Was wär' die Welt, einmal beraubt
Des Nassen und Wilden? Laßt sie nicht enden,
Ach laßt sie nicht enden, Wildes und Nass;
Lang leb die Wildnis, das wuchernde Gras.

Da war mein Dee, in klingenden Versen. Mögen sie bleiben, Wildnis und Nass ... Ich hegte damals keinen Zweifel, dass es so sein würde. Denn man meint doch, dass ähnlich, wie wir die prägenden Erlebnisse unserer Jugend, die in unseren Köpfen semi-mythischen Charakter annehmen, ein Leben lang behalten, auch die Orte und Umstände ihrer Entstehung so bleiben, wie sie waren. Aber mit den Jahren schwand diese Sicherheit, und ich begann Angst um das geliebte Feuchtgebiet zu haben. Ich begann zu fürchten, es könne zerstört werden.

Dafür gab es zwei Gründe. Zum einen wurden konkrete Pläne geschmiedet. 1971 wurde in einer großen Projektstudie untersucht, ob es sich lohne, quer über die Mündung des Dee eine Autobahn von Merseyside nach Nordwales zu bauen, wozu man die Mündung eindeichen und dahinter zwei große künstliche Seen anlegen wollte. Es war eine Zeit, in der Bauingenieure sich dafür begeisterten, alle möglichen Mündungen in Großbritannien mit Sperrmauern zu versehen und trockenzulegen. Sie hatten es auf einige der größten abgesehen: Morecambe Bay, Wash und Severn, und auch für den Dee wurden in den folgenden Jahren mehrere Pläne für eine Sperrmauer aufgelegt, die für die unberührte Wildnis allesamt das Ende bedeutet hätten. Das Ende der Salzwiesen und der Watvogelrufe im Wind; das Ende von allem. Künstliche Seen, Agrarflächen, Wohngebiete oder Gewerbeflächen. Ich konnte es mir leicht vorstellen. Warum nicht? Denn der zweite Grund für meine Angst war eine Einsicht, die mir mit der Zeit dämmerte: Im Grunde waren Mündungen allen egal. Ich hatte mich in eine Anomalie verliebt. Für die meisten Leute waren Flussmündungen weder dies noch das; sie waren die armen Verwandten unter den Landschaftsformen, ohne Platz in der Populärkultur.

Oder finden Sie nicht?

Kennen Sie etwa ein einziges Mündungslied? Über Berge und Flüsse, über Wälder und Wiesen und Seen gibt es Lieder in Hülle und Fülle. Aber über Mündungen? Nein. Für sie würde nie jemand die Stimme erheben. Auf sie würde niemals jemand ein Klagelied dichten, wenn sie nicht mehr wären. Man betrachtete sie lediglich als Zwischending, nicht Land, nicht Wasser, und ihre Reize waren unsichtbar. Sie wurden instinktiv ignoriert.

Darum quälte mich fast lebenslang das Gefühl, dass die Landschaft, in die ich mich als Jugendlicher verliebt hatte, keinen Bestand haben, dass eine so besondere Gegend kaum überleben konnte, dass man die Mündung früher oder später mit einer Sperrmauer verschließen würde wie mit einem riesigen Knebel und dass es dann aus wäre mit ihr. Als ich zum Beispiel meine Frau Jo 1991 zum

ersten Mal an den Dee mitnahm und mit ihr von den Sandstein-
felsen des Thurstaston Hill über die Wiesen und das Watt schaute,
erzählte ich ihr, wie erstaunt ich sei, ihr das noch zeigen zu können.
Und von daher ist es für mich ein Grund zu großer Freude, dass die
Wildnis, die ich vor so vielen Jahren zufällig entdeckte, nicht zerstört worden ist – teils weil keine der Vorhaben zur Errichtung einer
Sperrmauer je verwirklicht wurden, teils weil die Autobahn nach
Nordwales zwar gebaut wurde, aber auf einer weiter südlich gelege-
nen Trasse, teils weil die Royal Society for the Protection of Birds
große Abschnitte der Mündung zu kaufen begann, um sie unter
Naturschutz zu stellen, und teils weil eines Tages die Umweltgesetz-
gebung der Europäischen Union für effektiven Schutz sorgte. Mir
lacht jedes Mal, wenn ich auf die Parkgate Promenade einbiege und
das Mündungsgebiet vor mir liegen sehe, das Herz, weil der Dee
allen Bedrohungen, allen Plänen für künstliche Seen und Straßen-
dämme, all meinen Ängsten zum Trotz nach mehr als einem halben
Jahrhundert noch da ist.

Aber das Saemangeum ist nicht mehr da. Das Saemangeum ist
weg. Ausgelöscht. Ausradiert. Ganz und gar. Es verfolgte mich. Ich
kehrte immer zu Google Maps zurück, wie gebannt von dem Satellitenbild: Er wirkte so einfach, der dünne weiße Strich im Meer, der
sich sauber von einem Punkt zum anderen zog, und hatte doch eine
derartige Zerstörung verursacht. Genauso hätte es, wäre Gott ihm
nicht gnädig gewesen, dem Dee ergehen können.

Doch niemand schien sich dran zu stören.
Mit ihm war es aus.
Es war verschwunden.
Es war Geschichte.
Es war nur eine Mündung gewesen.
Wer schreibt Klagegesänge für Flussmündungen?

Schließlich, nachdem ich drei Jahre darüber nachgedacht und
mir von den wenigen Leuten, die davon wussten und sogar schon
dort gewesen waren, ihre Geschichten hatte erzählen lassen, be-
schloss ich, selbst davon Zeugnis abzulegen. Und so kam es, dass ich

Anfang 2014 mit Nial Moores auf der Landspitze bei Simpo stand, einer kleinen Siedlung mitten im Saemangeum zwischen den beiden eingedeichten Flüssen Dongjin und Mangyeong, und ungläubig auf die tote Landschaft hinausschaute.

Nial ist fünfzig und kräftig gebaut. Er ist der Vorsitzende von Birds Korea, einem Naturschutzverband, den er vor einem Jahrzehnt gegründet hat, mit einer Website auf Koreanisch und Englisch. Er spricht fließend Koreanisch und lebt mit einer Koreanerin zusammen; fast scheint er sich selbst in einen Koreaner verwandeln zu wollen, aber nicht ganz. Er ist und bleibt ein typisch britischer »Birder«, dessen Leidenschaft auf seine frühe Kindheit in Southport zurückgeht, von meinem Dee aus hinter Liverpool gelegen, und er kennt den Dee. Mit das Erste, woran er sich erinnert, sind die Rufe der Kurzschnabelgänse, die er mit fünf hörte, wenn sie abends von den Sümpfen hinter Southport zu ihren Schlafplätzen an der Ribble-Mündung flogen. (»Ich dachte anfangs, es wären Engelstrompeten.«) Nach Korea kam er 1998 über Japan, wo er nach seinem Wechsel vom Lehrberuf zum vollberuflichen Naturschützer acht Jahre gelebt, Japanisch gelernt und sich für den Kampf der Umweltschützer zur Rettung der bedrohten japanischen Wattflächen engagiert hatte. Als er später von koreanischen Umweltschützern eingeladen wurde, seine ornithologischen Kenntnisse in ihre Studie über das Saemangeum einzubringen, war er so von den Wundern der Gegend überwältigt, dass er blieb.

Er erzählt mir die Geschichte des Kampfes um die Rettung des Mündungsgebiets, eine entschlossene, bittere Schlacht mit langwierigen Gerichtsprozessen und vielen Demonstrationen, darunter als bewegendste die *samboilbae* genannte Prozession von 2003. Das Wort bedeutet »drei Schritte und eine Verneigung« und bezeichnet eine Wanderung, bei der die Teilnehmer alle drei Schritte niederknien und sich zur Erde neigen, die sie mit Kopf und Ellbogen berühren, und dann wieder aufstehen und weitergehen. Trotz der körperlichen und seelischen Anstrengung, die das bedeutet, führten zwei koreanische buddhistische Mönche und zwei koreanische christliche Pfarrer eine solche Prozession vom Saemangeum nach Seoul. Sie dauerte 65 Tage, bei Hitze und Regen, und wurde in der Hauptstadt von 8000 Menschen begleitet. Doch selbst das blieb ohne Erfolg. 2006 im April wurde die letzte Lücke in der Sperrmauer geschlossen, und das Schicksal des Mündungsgebiets war besiegelt. An der Mauer wurde an dem Tag demonstriert, aber Nial ging anderswo Vögel beobachten: Er konnte den Anblick nicht ertragen.

Er ist zwischen der Liebe zu seiner Wahlheimat und dem Entsetzen darüber hin- und hergerissen, was sie der Natur antut. Inzwischen hat Südkorea drei Viertel seiner Wattflächen zerstört, sagt er und meint, die Landgewinnung sei einfach zum Selbstläufer geworden. »Es ist so traurig. Ich liebe Korea. Ich möchte Teil von Korea sein. Aber dies ... es ist so katastrophal. Es geschieht in so unfassbar großem Maßstab. Ich kann es noch immer nicht ermessen, obwohl ich es mir ständig ansehe.« Ich stimmte ihm zu. Meine Eindrücke von Korea waren unglücklich. Ich mochte die Koreaner, die ich kennenlernte, und mir schmeckten ihre fremden, scharfen Gerichte, aber was ich sah, war ein Land, das durch seine Wachstumsmanie rapide seine Schönheit zerstört. Es war ein China in Klein. Man hatte ein ähnliches Kunststück vollbracht. Man hatte die Menschen von der Armut befreit und das Pro-Kopf-Einkommen, das 1960 ähnlich wie in einigen Ländern Afrikas weniger als hundert Dollar betrug, binnen fünfzig Jahren auf 33 000 Dollar gesteigert, womit das Land zur zwölftgrößten Wirtschaftsmacht der Welt geworden war. Doch der Preis, den die Umwelt dafür zu zahlen hatte, war wie in China erschreckend hoch. Am meisten erschreckte mich die hektische Bautätigkeit. Das Land schien besessen davon zu sein, Dinge zu bauen und immer mehr Infrastruktur zu schaffen. Überall mussten neue Straßen gebaut werden, obwohl es seit Jahren ein funktionierendes Autobahnnetz gab und man sie gar nicht zu brauchen schien. Es mussten nicht nur ständig neue Brücken und Dämme und Industriekomplexe errichtet, sondern auch alle alten abgerissen und neugebaut werden. Es gab nur ganz wenige alte Gebäude; die meisten, die ich zu sehen bekam, erwiesen sich als Nachbauten: neue alte Häuser. Zehn Jahre alte historische Dörfer. »Wenn sie einen hübschen Fluss haben, mit Wiesen an den Ufern, wo die Menschen gern spazieren gehen«, bemerkte ein englischer Bekannter in

Seoul, »können sie nicht die Finger davon lassen. Sie entwickeln die Gegend und verwandeln sie in einen Ökopark. Das ist die koreanische Art.« Für mein Gefühl hatte das Baufieber ein Stadium erreicht, in dem es das Land ruinierte. Seiner geringen Größe wegen schlagen die Eingriffe rascher schwere Wunden als anderswo. Ich habe nur eine Woche dort verbracht und etliche Teile des Landes nicht bereist, aber ich habe in meiner Zeit in Korea keine einzige Landschaft gesehen, die ich als natürlich beschreiben würde.

Das Saemangeum war beispielhaft dafür, was herauskommt, wenn alles durch Wachstumsbesessenheit bestimmt wird: eine tote Landschaft. Wir sahen sie uns von mehreren Stellen und aus unterschiedlichen Blickwinkeln an und staunten jedes Mal über die Größe, das Ausmaß der von Nial aufgezählten Verluste und über die Tatsache, dass die 40 000 gewonnenen Hektar nach acht Jahren noch immer nicht genutzt wurden. Sie waren nichts als eine leere braune, mit sprödem Gras bewachsene Fläche. Keine Industrie, keine Landwirtschaft, keine Wohnsiedlungen. Nichts. Wieso war dieses gigantische Vorhaben so wichtig gewesen, wenn die Behörden acht Jahre nach der Vollendung noch immer nicht wussten, was sie damit anfangen wollten? Es wirkte in erster Linie wie Landgewinnung als Selbstzweck, und dieser Eindruck wurde noch verstärkt, als wir das pompöse Bauwerk besichtigten, das die Ursache von allem war.

Sie war zweifelsohne sehr groß, die Sperrmauer des Saemangeum. Größe, das musste man sagen, war ihre unübersehbare Grundeigenschaft. Vom einen zum anderen Ende fuhr man eine halbe Stunde, ohne anzuhalten, auf der einen Seite das Gelbe Meer und auf der anderen das einst wunderschöne Mündungsgebiet, das sie ausgelöscht hatte. Beim Losfahren war das andere Ende nicht zu sehen. Doch je mehr ich von der Mauer sah, desto mehr spürte ich eine andere Eigenschaft, die ich noch nie im Leben mit einem Werk des Hochbauwesens assoziiert hatte: Es hatte etwas Unechtes.

Erstens war es protzig: Der Damm war nicht nur 33 Kilometer lang, sodass er aus dem All zu sehen war, sondern auch mit Bedacht so konstruiert, dass er die Länge des Abschlussdeichs, der Sperrmauer, die die von den Gezeiten überspülte Zuiderzee der Niederlande in das Süßwasser-Ijsselmeer verwandelt hatte, um 500 Meter übertraf, mit dem erklärten Ziel, Letzterer den Rang abzulaufen und als die längste Sperrmauer der Welt ins Guinness Buch der Rekorde zu kommen. (Es gibt zweifellos auch irgendwo eine Presseerklärung, die damit prahlt, wie viele Tonnen Beton genau verbaut wurden, auch wenn ich sie nicht kenne). Es war, als wäre der Zweck des ganzen Vorhabens die Befriedigung von Eitelkeit gewesen. Seht, was wir können! Längste der Welt! Doch hinzu kam noch etwas Schlimmeres: Das ganze Ding war herausgeputzt, und zwar mit Lügen. Sämtliche Schilder auf der Sperrmauer verbreiteten eine Art gespielte Begeisterung, eine künstliche Munterkeit. Das ging mit den Straßenschildern selbst los, einer seltsamen Kombination aus Sicherheitsbestimmungen und angeblich heimischen asiatischen Volksweisheiten:

Anhalten auf der Straße verboten
Angeln verboten
Seid hundert Jahre glücklich

Diese wurden durch große Werbetafeln mit erbärmlichen, verlogenen Sprüchen ergänzt wie etwa:

Saemangeum – Land der Hoffnung
oder
Saemangeum – Traum der Zukunft
oder
I ♥ Saemangeum

Am widerwärtigsten waren die häufigen Bemühungen, das Projekt als grün darzustellen, im ökologischen Sinne. Das reichte von den Namen der betonierten Parkplätze wie Delfin- oder Sonnenuntergangsbucht bis hin zu Werbeplakaten mit hübschen, lächelnden jungen Familien, die bewundernd die Pläne für ein grünes Saemangeum betrachteten, auf denen Wohnsiedlungen mit Wasserläufen und Flugwesen, die entfernt aussahen wie Watvögel unspezifischer Art, zu sehen waren.

Dies zur Darstellung des Projekts, das einen Lebensraum für Küstenvögel schwerer beschädigt hatte als jedes andere vergleichbare Vorhaben der Geschichte. Dies, um das Ansehen des narzisstischen Bauwerks zu vergolden, das ohne erkennbaren Zweck eine Flussmündung voller Wunder ausgelöscht hatte.

Für mein Gefühl war das alles von Leuten ausgedacht worden, in deren moralischem Kompass erhebliche Lücken klafften.

Es war Öffentlichkeitsarbeit der ärmlichsten Sorte.

Es war ekelerregend.

≈

Nial wollte mir ein Gefühl dafür vermitteln, wie es um das Vogelleben bestellt war, bevor die Sperrmauer es ausgelöscht hatte, sodass ich in meinem Abgesang auf das Saemangeum nun das Verlorengegangene persönlich nachzuempfinden vermag. Er fuhr mit mir in das nächstgelegene Mündungsgebiet Richtung Norden, an den Fluss Geum. An seiner Südseite waren die Wattgebiete dem wachsenden Hafen von Gunsan zum Opfer gefallen, aber an der Nordseite, die in einem anderen Verwaltungsbezirk liegt, dem Bezirk Seocheon, war es dem umweltschutzbewussten Bürgermeister von Seocheon Na So-Yeol gelungen, die verbliebenen Wattflächen gegen die ständigen Offensiven zur Trockenlegung zu verteidigen und zu erhalten. Auf der Fahrt dorthin überquerten wir eine halbvollendete Straße, die direkt auf die Mündung zuführte, so als warteten die Befürworter nur auf den Moment, an dem sie sie fertigstellen und an dem Geldsegen teilhaben konnten, den die nächste Landgewinnung ihnen bescheren würde.

Mit Nial sah ich zu, wie die Flut in die Janggubucht am äußersten Rand der Mündung strömte. Dort gab es einen kleinen Pier aus Beton, wo Küstenfischer große Mengen irgendwelcher Muscheln ausluden und von dem aus man die ganze Bucht überblicken konnte. Einer der ersten Vögel, die wir sahen, war ein Isabellbrachvogel, der größte Watvogel der Welt, dessen abwärtsgebogener Schnabel noch länger ist als der seiner Verwandten, der Großen Brachvögel, deren heiseres, flötendes *Chrürüi* am Dee erklingt und von denen es auch in dieser Bucht einige gab.

Wir beobachteten den Isabellbrachvogel dabei, wie er geschwind eine Krabbe aus dem schwarzen Schlamm fischte, geschickt an einer Seite die Beine ausrupfte, sie im Schnabel wendete, die Beine an der anderen abknipste und sie dann verschlang. Der Vogel brüte in der russischen Arktis und überwintere in Australien, erzählte Nial. Es gebe weltweit nur noch 41 000, sodass er auf der Roten Liste des Weltnaturschutzverbands IUCN zu den gefährdeten Arten zähle. Von den Vogelarten, die in den Wattgebieten von Südkorea Station machten oder brüteten, seien inzwischen acht gefährdet, wobei Kappenmöwe, Reliktmöwe, Schneereiher und Großer Knutt wie der Isabellbrachvogel als gefährdet, Schwarzstirnlöffler und Tüpfelgrünschenkel als stark gefährdet und der Löffelstrandläufer als vom Aussterben bedroht gelte. Sie alle seien vollkommen auf die Wattgebiete am Gelben Meer angewiesen, die so rapide zerstört würden. »Hier ist eine ganze Artengruppe von baldigem Aussterben bedroht«, sagte er, »und kein Mensch redet davon.«

Als das Meer über das äußere Watt näher kroch, begannen Watvogelschwärme in die Bucht hineinzuziehen. An der Flutgrenze landeten ganze Wolken schimmernder Vögel. Der im Zählen geübte Nial schätzte sie auf über 13 000, darunter 500 Kiebitzregenpfeifer, 2000 Große Knutts, 2500 Isabellbrachvögel, 3000 Alpenstrandläufer und mehr als 5000 Pfuhlschnepfen, wobei Letztere gerade auf ihrem Weg von Australien und Neuseeland nach Sibirien dort eingetroffen waren. Die Watvögel mit ihrem wilden Zauber und ihrer widersprüchlichen Natur – ein Geschenk des Schlamms an uns. Des Schlamms, den es jetzt nicht mehr lange geben wird. Angesichts ihrer tödlichen Bedrohung freute ich mich an ihrer schieren Menge, auch wenn sie nur einen Bruchteil derjenigen betrug, die einst im lebendigen Saemangeum, dem Wunder der Küstenvogelwelt, Aufnahme gefunden hatte. Ich trauere um den Tod des Saemangeum; möge die Erinnerung daran weiterleben.

Wir sahen den Vögeln eine Stunde oder länger zu, wie sie in Scharen landeten und wieder aufflogen, unruhig, im Sonnenlicht flirrend; dann setzte die Ebbe ein, und die Schwärme begannen sich mit gigantischem Flüstern zu erheben und zu ihren Futterplätzen an der äußeren Mündung zurückzukehren, als ich auf einmal ein hallendes metallisches Geräusch hörte. Es waren die rhythmischen Schläge eines Hydraulikhammers, einer nahen Pfahlramme, die Pfähle für ein größeres Bauvorhaben in den Boden schlug, vielleicht sogar für die Straße, die auf die Mündung des Geum und ihre Wattflächen zuführte und darauf wartete, dass grünes Licht gegeben wurde. Fast im selben Moment drang mir ein anderes Geräusch ans Ohr: Ein Isabellbrachvogel flötete sein melancholisches Frühlingslied, jenes Lied, das ich ein halbes Jahrhundert zuvor am Dee lieben gelernt hatte: »*Chrürüitüitüitüitüi*«, oder wie Dylan Thomas einst schrieb, »Ho hullaballo«.

Die beiden Geräusche verbanden sich in meinen Ohren zum Ausdruck der ganzen Tragödie des Saemangeum und der Tatsache, dass heute selbst die unvergleichlichsten Quellen des Lebens durch den Fortschritt – das unkontrollierbare, ungeheure Ausmaß des Unternehmens Menschheit – vernichtet werden: Hier flötete der Brachvogel »Frühling«, und der Hammer schlug dazu laut hallend den Takt seines Untergangs.

4

Der große Schwund

Südkorea hat also das Saemangeum zerstört, das Wattenmeer mit einem fast unvorstellbaren Reichtum an Küstenvögeln, und China hat durch die erbarmungslose Verschmutzung und Verschandelung seiner Natur den Baiji ausgerottet, seinen Delfin, seinen Schatz, die Göttin des Jangtse ... Aber mein eigenes Land, Großbritannien, ist keinen Deut besser. Im Laufe meines Lebens hat es die Hälfte seiner Tier- und Pflanzenwelt ausgelöscht.

Umweltexperten haben zwar endlich die historische Bedeutung dieses Vorgangs erkannt, aber er ist noch längst nicht ins Bewusstsein der Öffentlichkeit gedrungen. Wer an die Veränderungen denkt, die Großbritannien im vergangenen halben Jahrhundert durchgemacht hat, denkt vielleicht an den Verlust des britischen Empire, an den Zuwachs an Wohlstand, Toleranz, kultureller Vielfalt und die Ansätze zur Überwindung des rigiden Klassensystems. Doch darauf, dass wir in dieser relativ kurzen Zeit die Hälfte unserer Biodiversität vernichtet haben, würde kaum jemand kommen. Diese Erkenntnis ist noch zu jung. Ein Auslandskorrespondent der *New York Times*, des *Le Monde* oder des *Corriere della Sera*, der ein Porträt Großbritanniens verfassen soll, würde niemals über diese Veränderungen in der Natur berichten. Für mich jedoch haben sie den Charakter meines Heimatlandes genauso tiefgreifend verwandelt wie die Immigration, das Ende respektvoller Umgangsformen oder die Gleichstellung der Geschlechter.

Die wunderbare Tier- und Pflanzenwelt, die Großbritannien zur Zeit meiner Geburt besaß, gibt es nicht mehr. Überall, selbst in den Vorstädten, fand sich damals ein großer Reichtum an Lebensformen, von der Stubenfliege bis zum Haussperling. Es gab eine Fülle von Wildkräutern, eine Fülle von Insekten und eine Vielfalt wunderbarer Lebewesen, wie die Schmetterlinge auf der Buddleia in Sunny Bank. Auf dem Land war das alles natürlich noch tausendfach gesteigert. Diese Überfülle gab dem Leben, unserem ganz alltäglichen Leben, etwas Erquickendes, und wir hielten es für selbstverständlich. Es schien die natürliche Ordnung der Dinge zu sein, wie sie schon seit vielen Jahrhunderten existiert hatte. Das war einer der Gründe, weshalb ich mich in die Natur verliebte, als ich in den fünfziger Jahren als schmächtiges Kerlchen über die Halbinsel Wirral streifte und Vogeleier sammelte, Schmetterlinge fing und Gläser mit Molchen füllte. Letztere lebten und starben dann, Gott möge mir verzeihen, in einer Spülschüssel im Gartenhäuschen. Fauna und Flora waren bei uns auf der Wirral zwar längst nicht so üppig wie etwa in Dorset, doch auch hier war die Natur so reich, dass es nicht schwer war, sie zu lieben. Heutzutage ist dieser Reichtum verschwunden, und die Tier- und Pflanzenwelt, die uns im Alltag umgibt und die wir in ländlichen Gebieten noch finden, ist, von wenigen Ausnahmen abgesehen, karg und dürftig. Man kann zwar immer noch lohnende Entdeckungen machen, aber man muss danach suchen. Die Fülle, die gesegnete, damals unbeachtete Fülle, wurde vernichtet.

Dass ein Land in kaum mehr als einem halben Jahrhundert die Hälfte seiner Tier- und Pflanzenwelt verlieren kann, erscheint unvorstellbar und kaum glaubhaft – hat es so etwas in der Geschichte schon einmal gegeben? Und doch sind die Zahlen eindeutig. Umfangreiche Datensätze belegen die großen Verluste bei mindestens drei großen Gruppen von Arten: Vögeln, Wildblumen und Schmetterlingen. Ihre Bestände wurden in Großbritannien alle stark dezimiert. Die größten Verluste dürften zwischen 1960 und 1990 erfolgt sein, doch der Erforschung ihres Ausmaßes widmet sich die Wissenschaft erst seit etwa Anfang des neuen Jahrtausends. In meiner Generation, den geburtenstarken Nachkriegsjahrgängen, spürten manche Menschen instinktiv, dass in ihrer natürlichen Umgebung tiefgreifende Veränderungen vorgingen, doch war ihr Leben zumeist so ausgefüllt, so privilegiert und so angenehm, dass sie nicht innehielten, um genauer hinzuschauen, und außerdem näherten sie sich, als die Zerstörung in vollem Umfang sichtbar wurde, bereits dem Ruhestand.

Der Motor dieser Zerstörung überraschte die britische Gesellschaft: Es war die Landwirtschaft. Ein wichtiges Merkmal der wilden Tiere und Pflanzen vor allem in den flacheren Landstrichen

Großbritanniens wird häufig übersehen, weil es so selbstverständlich ist: Sie leben auf Agrarland, denn sie können sonst nirgends hin. In tropischen Ländern ist das anders. Selbst in den USA käme niemand auf die Idee, in die Getreideanbaugebiete in Kansas zu reisen, um Ferien in der Natur zu machen; dazu fährt man zum Beispiel in den Yellowstone-Nationalpark. Amerika ist so groß, dass neben ausgedehnten landwirtschaftlichen Gebieten auch Naturreservate Platz haben. Doch im kleinen Großbritannien müssen Natur und Landwirtschaft schon lange auf engstem Raum koexistieren. Und gerade das gab der Landschaft ihren besonderen Reiz. Auf einem Kornfeld wuchsen früher außer dem Getreide auch blutroter Klatschmohn und leuchtend blaue Kornblumen, darüber flatterten gelbe Postillione, und oben am Himmel sangen Feldlerchen. Es war eine Landschaft, die beglückte.

Schon in meiner Kindheit machte man sich Sorgen um die Landschaft. Allerdings war sie damals vor allem durch die Erschließung für Wohnsiedlungen, neue Fabriken und Satellitenstädte bedroht, durch die Bebauung entlang von Straßen und Auswüchse wie Reklametafeln im amerikanischen Stil oder lange Reihen von Hochspannungsmasten, die liebgewonnene Aussichten verstellten. 1947 wurde mit dem *Town and Country Planning Act* ein Gesetz erlassen, das diese Entwicklungen in Schach halten und dafür sorgen sollte, dass die Vorhaben von Einzelpersonen oder Bauunternehmen sich mit den Wünschen der Gesamtgesellschaft vereinbaren ließen. Niemand, wirklich niemand, sah voraus, dass sich die Landwirtschaft selbst als der Zerstörer erweisen würde. Man respektierte die Farmer und betrachtete sie als ewige Hüter von Landschaft und Natur. Folglich waren sie von den Regelungen ausgenommen und in keiner Weise an die Beschränkungen des Gesetzes gebunden. Ein großer Fehler, wie man rückblickend feststellen muss.

Denn nach dem Zweiten Weltkrieg gab es in der britischen Landwirtschaft zwei große Veränderungen. Zum einen wurden ungeheuer leistungsstarke neue Landmaschinen und neue chemische Produkte und Verfahren entwickelt, und zum anderen zwang der wirtschaftliche Druck die Farmer, das alles möglichst effektiv zu nutzen und auch noch den letzten Penny Gewinn aus ihrem Land herauszupressen. Diesen Prozess bezeichnet man als Intensivierung der Landwirtschaft. Angestoßen wurde er durch die Nachkriegsregierung unter Clement Attlee, die die Erfahrung nicht losließ, dass es deutschen U-Booten während des Krieges fast gelungen war, die Versorgung Großbritanniens durch Lebensmittelimporte zu kappen. Der Schluss daraus lautete, dass Großbritannien in Zukunft autark sein und folglich die Lebensmittelproduktion drastisch steigern müsse. Daher bekamen britische Farmer zum ersten Mal eine Preisgarantie für ihre Produkte, und wenn der Marktpreis unter dieses Minimum fiel, erhielten sie Subventionen.

Durch diese Subventionen wurde es profitabel, Randstreifen und alle anderen bisher nicht genutzten Flächen unter den Pflug zu nehmen, unter anderem auch solche, die zu nährstoffarm oder zu feucht gewesen waren, um gute Erträge zu erbringen, möglicherweise aber viele Tier- und Pflanzenarten beherbergten. Zu diesem Zweck wurden großzügige finanzielle Zuschüsse gewährt, wobei auch die Beseitigung von lästigen Hindernissen wie Hecken, Feldgehölzen, Teichen und Gräben, die den großen modernen Maschinen im Weg waren, bezuschusst wurde. All diese Landschaftselemente hatten seit jeher eine Vielfalt an Lebewesen beherbergt. Aber nun begann das große subventionierte Planieren, und im Zuge dessen verschwanden insbesondere Tausende Meilen von teils Jahrhunderte alten Feldhecken. Vor allem in Ostengland wurde der traditionelle Flickenteppich aus kleinen bis mittelgroßen Feldern und abwechslungsreichen Hecken, Wäldchen, Gräben, Teichen und urigen Ecken und Winkeln in eine Prärielandschaft aus Weizen- und Gerstenfeldern umgewandelt, die an Kansas erinnert. Auch die Obstbäume wurden Opfer der Intensivlandwirtschaft - uralte Obstgärten mit knorrigen, flechtenbewachsenen Bäumen, die seit unvordenklichen Zeiten Früchte getragen hatten, wurden zu Hunderten gerodet.

Und natürlich wirkten sich all diese so energisch durch das Agrarministerium geförderten Maßnahmen auf die wildlebenden Tiere und Wildpflanzen aus. Vergrößert wurde der Schaden noch durch zwei neue landwirtschaftliche Methoden, deren Auswirkungen von der breiten Öffentlichkeit bisher kaum verstanden werden: Es sind die Umstellungen von der Frühjahrsaussaat zur Herbstaussaat und von Heu zu Silage. Neue Getreidesorten, die man bereits im Herbst aussäte, waren ertragreicher und konnten bereits im Juli oder August statt erst im September geerntet werden. Vor allem die Vögel wurden dadurch doppelt geschädigt. Die Stoppelfelder, die mit ihren Samen und Körnern vielen Singvögeln im Herbst und Winter reichhaltige Nahrung boten, wurden nun gleich nach der Ernte umgepflügt, sodass zum Beispiel die Finken nichts mehr zu fressen fanden. Im Frühjahr dann stand das im Herbst ausgesäte Getreide schon so hoch, dass andere Vogelarten, wie Feldlerchen und Kiebitze, nicht mehr auf den Feldern nisten konnten.

Dass das Heuen, diese uralte Tätigkeit im Jahreslauf der Farmer, verschwand und dass die Heuwiesen durch künstlich gedüngte Weidelgraswiesen ersetzt wurden, schadete der Natur sogar noch mehr. 1950 hatten auf britischen Farmen noch dreihunderttausend Pferde gearbeitet, doch nur dreißig Jahre später waren sie fast alle durch Maschinen ersetzt worden. Damit war auch der Bedarf an Heu gesunken, denn Rinder kann man auch mit Silofutter, auch Silage oder Gärfutter genannt, ernähren. Hierfür wird frisch gemähtes Gras durch Milchsäuregärung konserviert. Besonders gut dazu geeignet ist das mehrjährige Weidelgras, das allerdings stark gedüngt wird, damit man es bis zu drei- oder sogar viermal im Jahr mähen kann.

In ganz England verdrängten Weidelgraswiesen die Heuwiesen und die uralten Viehweiden, diese botanischen Schatzkammern voll Hahnenfuß, Rotklee, Klappertopf, Labkraut, Wiesenflockenblumen, Knabenkraut, Margeriten, Wundklee und einer Vielfalt von anderen Wildblumen. Ihre Fülle und Farbenpracht waren hinreißend. Man nimmt an, dass 97 Prozent dieser Wildblumen inzwischen verschwunden sind. Das Weidelgras, der sogenannte »grüne Beton«, wurde so stark gedüngt, dass andere Pflanzen neben ihm nicht gedeihen konnten und eingingen. Diesem als »Verbesserung« bezeichneten Prozess fielen nicht nur Wildblumen zum Opfer, sondern auch die verschiedenen Vogelarten, die in traditionellen Wiesen nisteten oder Futter suchten, wie Grauammern, Wachteln, Braunkehlchen und Wachtelkönige. Früher hatten sie Zeit und Raum zum Brüten und zur Aufzucht ihrer Küken gehabt, doch seit man das Gras schon früh mähte, um Silofutter daraus zu machen, wurden diese Vögel samt Nestern, Eiern und Küken von Maschinen zermalmt. So waren sie ebenso dem Untergang geweiht wie die Wildblumen.

Als wären die Rodung der Feldhecken und Obstbäume, das Auffüllen von Teichen, die Beseitigung der herbstlichen Stoppelfelder und der Heuwiesen nicht schon schlimm genug, setzten die Landwirte, während sie von der irregeleiteten Öffentlichkeit weiterhin als traditionelle Hüter der Landschaft betrachtet wurden, dem ganzen mit Giften noch die Krone auf. Sie setzten Gifte gegen Insekten ein und gegen Schnecken, gegen Wildblumen und gegen alles, was nicht zur profitablen Ernte gehörte. Herbizide, Pestizide, Fungizide, Molluskizide – die Farmer drehten die Hähne auf und überschwemmten ihre Äcker mit einer Sintflut aus Giften, die bis heute das Land überspült. Gleich nach dem Krieg begann es mit dem Chlorkohlenwasserstoff DDT (Dichlordiphenyltrichlorethan). Dieses Gift war das erste einer neuen Generation von synthetischen Pestiziden, Verbindungen also, die im Labor hergestellt wurden und nicht aus natürlichen Substanzen bestanden. Kurze Zeit später besprühte man die Felder schon mit noch wirksameren Organochlorverbindungen wie Aldrin und Dieldrin. Das Problem war, dass diese Chemikalien nicht nur Insekten den Tod brachten, sondern, wie sich herausstellte, auch Vögeln, und zwar in erschreckender Zahl. Auch die Fischotter im Süden und Osten Englands fielen den Insektiziden zum Opfer, wahrscheinlich, weil sie sich im Fettgewebe von Aalen anreicherten, einem beliebten Beutetier der Otter. Bis Naturschützern auffiel, dass es in England keine Fischotter mehr gab, sollte es mehrere Jahre dauern, aber die vielen Tausend Vogelleichen waren sofort sichtbar. Vor allem in Amerika führten sie zu einem öffentlichen Aufschrei, ausgelöst von Rachel Carsons Buch *Der stumme Frühling*, in dem sie meisterhaft die agrochemische Industrie und ihre Produkte entlarvt und anklagt. Es erschien 1962 und kann als Beginn der modernen Umweltbewegung betrachtet werden.

Die toten Rotkehlchen auf den Rasenflächen der Vorstädte waren nicht zu übersehen, ganz gleich, wie laut die chemische Industrie in den USA behauptete, Rachel Carson sei eine hysterische

Frau (wobei das Adjektiv und das Substantiv schon die Hälfte der Anklage ausmachten). So wurden DDT, Aldrin, Dieldrin und andere Organochlorverbindungen schließlich sowohl in den USA als auch in Großbritannien verboten. Man ersetzte sie durch neue Generationen von Pestiziden, wie Carbamate, Organophosphate, Pyrethroide und in jüngerer Zeit Neonikotinoide, die die Vögel gemeinhin nicht direkt töteten. Ich schreibe gemeinhin, denn einige dieser Verbindungen, wie das Carbamat Carbofuran, waren weiterhin giftig für Vögel. Carbofuran ist zwar inzwischen ebenfalls verboten, wird von britischen Jagdaufsehern aber weiterhin gern verwendet, um Raubvögel zu vergiften. Ein weiteres Beispiel ist Parathion, bekannter unter dem Namen E 605. Damit wurden Vögel wie die Blutschnabelweber vergiftet, die in Afrika Ernteschäden anrichten. Mit Sicherheit aber töteten alle Pestizide Insekten, und zwar nicht einige ausgesuchte Arten, sondern fast alle, genauso wie die Herbizide fast sämtliches Kraut abtöteten, das heißt die große Mehrheit der Wildblumen, und damit den Vögeln die Nahrungsgrundlage entzogen. Im Lauf der Zeit wurde die Verwendung dieser Gifte zur Routine oder gar zur zweiten Natur, und das ist der Kern des Problems. Der weit verbreitete, alltägliche Einsatz von Giften in der Landwirtschaft trägt die Hauptschuld an der Zerstörung der üppigen Tier- und Pflanzenwelt meines Landes, und ich verfluche ihn. Man kann argumentieren, dass er für die Lebensmittelproduktion unabdingbar ist, doch dem widerspreche ich. Denn diese Gifte sind keinesfalls in der Menge nötig, in der sie verwendet werden. Sie haben der Hälfte aller Lebewesen des Landes, in dem ich aufgewachsen bin, den Tod gebracht.

Bis die Öffentlichkeit auf dieses Geschehen aufmerksam wurde, verging viel Zeit. Erst nach mehr als drei Jahrzehnten begannen die Briten wahrzunehmen, dass die intensive Landwirtschaft die Natur zerstörte. Bis dahin hatten viele Bewohner ländlicher Gemeinden mitansehen müssen, wie geliebte Landschaftselemente vernichtet, ausgeplündert oder bis zur Unkenntlichkeit verändert wurden. Ihre Proteste oder leidenschaftlichen Appelle an die Landwirte wurden verächtlich abgewiesen, und es gab keine Behörde, an die sie sich hätten wenden können: Wir erinnern uns, dass die Landwirtschaft nicht von den gesetzlichen Beschränkungen erfasst wurde und die Landwirte auf ihrem Land tun und lassen konnten, was sie wollten, getreu dem Motto: Macht euch die Erde untertan.

Erst 1980 brach sich die angestaute Wut über dieses Treiben Bahn. Auslöser war das wegweisende Buch *The Theft of the Countryside* (»Der Diebstahl der Landschaft«) von der Umweltaktivistin Marion Shoard. Zum ersten Mal wurde darin detailliert und ausführlich dargelegt, wohin das unbarmherzige Gewinnstreben der britischen Farmer auf Kosten der Landschaft geführt hatte. Obwohl diese Profitgier sich bereits als verhängnisvoll erwiesen hatte, war sie 1973 durch Großbritanniens Beitritt zur Europäischen Wirtschaftsgemeinschaft noch einmal kräftig angeheizt worden. Die groteske Agrarpolitik der EWG setzte die Gesetze von Angebot und Nachfrage außer Kraft. Stattdessen sollte jeder so viele Lebensmittel wie nur möglich produzieren, und die Preise blieben, selbst wenn es keine Nachfrage dafür gab, stabil. Wenn die Verbraucher die Produkte nicht kauften, wurden sie von der Gemeinschaft aufgekauft und in großen Lagerhäusern gebunkert, Millionen von Tonnen. Es gab einen Butterberg und einen Weinsee, und trotzdem hieß es: Produziert weiter, reißt alle Hecken aus, schüttet alle Teiche zu, bringt alle Insekten und Wildblumen um, die euch im Weg sein könnten, verwandelt sämtliche Agrarflächen in sterile Nahrungsmittelfabriken – Brüssel wird euch reich entlohnen.

Marion Shoard war die Erste, deren lautstarkes »Ich klage an!« in Richtung der Farmer gehört wurde. Sie erklärte der bis dahin ahnungslosen Öffentlichkeit, dass ein Farmer, der Zuschüsse beantragte, um ein geliebtes Stück Land zu zerstören, weder eine Prüfung der Angemessenheit noch der Mittel zu befürchten hatte und dass es gleichgültig war, ob die Erzeugnisse, die er anbauen wollte, bereits im Überfluss vorhanden waren oder nicht. Das Geld wurde einfach ausgezahlt, und die Anzahl von Bewilligungen pro Jahr war nicht begrenzt. Die Intensivierung der Landwirtschaft wurde von keiner offiziellen Stelle überwacht – das Agrarministerium scherte sich einfach nicht darum. Es war nur an der Maximierung der Produktion interessiert. Shoard zählte Fall um Fall auf, wie wunderschöne Gegenden, beispielsweise das Graffham Down in Sussex und viele andere, trotz der glühenden Proteste von Einheimischen in Agrarwüsten umgewandelt worden waren. Wenn jemand bei einem Picknick eine Schlüsselblume mit der Wurzel ausgrub, so argumentierte sie, konnte er nach dem *Conservation of Wild Creatures and Wild Plants Act* von 1975 strafrechtlich verfolgt werden. Wenn aber ein Farmer eine ganze Wiese voller Schlüsselblumen umpflügte, konnte niemand etwas dagegen unternehmen.

The Theft of the Countryside war zugleich leidenschaftliche Polemik und Dokumentation und entlarvte den Mythos vom Landwirt als Hüter der Landschaft als Irrglaube. Der Bildhauer Henry Moore schrieb das Vorwort, und das Buch fand weithin Aufmerksamkeit. Allerdings ging es darin vor allem um die Verunstaltung der Landschaft durch die intensive Landwirtschaft und kaum um die bedrohten Lebewesen. Von den 272 Seiten des Buches thematisierten bloße acht ausdrücklich die verschwindende Tierwelt. Das war verständlich, denn verwüstete Landschaften waren deutlich sichtbar, während sich der Rückgang der Tier- und Pflanzenbestände viel schwerer erfassen ließ. Damals ging es um schwindende Zahlen und noch nicht um das Aussterben ganzer Arten. Als üblicher Maßstab für das Verschwinden von Tieren und Pflanzen gilt in der Öffentlichkeit das Artensterben. Es wird national und global beobachtet und kommentiert, und jeder erkennt daran sofort, dass etwas nicht stimmt. In Großbritannien jedoch zählte man weniger die ausgestorbenen Arten als vielmehr die verwüsteten Landschaften. Die Vorgänge in Fauna und Flora verliefen unauffälliger - der große Schwund in sämtlichen Populationen fand im Verborgenen statt.

Jahr für Jahr wurden auf dem mit Bulldozern planierten und von Giften überschwemmten Land einfach alle weniger: die Vögel, die Wildblumen, die Schmetterlinge. Die einzelnen Arten existierten zwar noch, aber die Exemplare wurden rar, und der Schwund schritt unaufhaltsam voran. Wenn ich als Journalist darüber schrieb, bekam ich zahlreiche Leserzuschriften und machte die Erfahrung, dass viele Menschen den Prozess intuitiv wahrnahmen, aber nicht konkret benennen konnten, was geschah. War es wirklich so? Oder bildeten sie es sich bloß ein? Sie hatten ein ungutes Gefühl, aber waren sich nicht sicher. Erst jetzt, fünfunddreißig Jahre später, wissen wir mit Sicherheit, dass es diesen Schwund damals tatsächlich gab. Das haben wir einer Entwicklung zu danken, die in den 1960er Jahren ihren Anfang nahm: Die vielen Naturforscher Großbritanniens, Profis ebenso wie Amateure, starteten eine Reihe von Langzeitbeobachtungen und dokumentierten sie. Sie wurden zuerst für Wildblumen, dann für Vögel und anschließend auch für Schmetterlinge durchgeführt, und mithilfe der gewonnenen Daten ließ sich die rücksichtslose Attacke der Landwirtschaft auf die Biodiversität genau verfolgen. Da die Beobachtungen allerdings erst begannen, als der Vernichtungsprozess längst in Gang war, ging man von bereits geschwächten Beständen aus und nicht von der Situation, die beispielsweise noch 1947 gegeben war. Daher sind die wahren Verluste erheblich höher, als die jetzt vorliegenden Zahlen glauben machen. Trotzdem bezeugen sie unwiderlegbar den dramatischen Rückgang der Tiere und Pflanzen, und zwar nicht durch die landesweite Ausrottung von Arten – das hätte für Schlagzeilen gesorgt und die ganze Nation alarmiert –, sondern durch den Schwund innerhalb der Arten.

Was zum Beispiel die Vögel angeht, so starben seit dem Zweiten Weltkrieg in Großbritannien nur zwei, wenn auch ganz besondere Arten aus: der Neuntöter und der Wendehals. Inzwischen kehren sie zeitweilig zum Brüten zurück. Die Zahl der Vogelarten jedoch, die so stark zurückgegangen sind, dass sie in größeren Gebieten des Landes gar nicht mehr vorkommen, ist deutlich höher. Im Zeitraum von 1967 bis 2011 haben die Turteltauben in Großbritannien um 95 Prozent abgenommen, die Rebhühner um 91 Prozent, die Grauschnäpper um 89 Prozent, die Grauammern um 88 Prozent und die Schafstelzen um 73 Prozent. Allein in England ist der Bestand an Feldsperlingen um 95 Prozent zurückgegangen. Und das sind nur Beispiele. Aus den meisten Landstrichen sind diese Vogelarten vollkommen verschwunden. Bei den Wildblumen sieht es ganz genauso aus. Von den ungefähr 1500 einheimischen Pflanzenarten Großbritanniens starben im Verlauf des 20. Jahrhunderts etwa zwölf aus (die genaue Anzahl variiert je nachdem, wie man einheimisch definiert), darunter solche mit so sprechenden Namen wie Durchwachs-Hasenohr, Lämmersalat, Französisches Filzkraut oder Sommerdrehwurz. Wenn man nur diese Zahlen betrachtet, könnte man meinen, der Schaden halte sich in Grenzen. Doch im Jahr 2000 untersuchte der Naturforscher Peter Marren im Auftrag der Stiftung *Plantlife* die Situation in den einzelnen Grafschaften. Dabei legte er die umfassenden Wildpflanzen-Verzeichnisse der Grafschaften zugrunde, die sogenannten *Floras*, die ein wichtiges Element der britischen Botanik bilden, *The Flora of Cambridgeshire* etwa oder *The Flora of Kent*. Als Marren das Aussterben der Arten auf regionaler statt nationaler Ebene betrachtete, bot sich ihm ein alarmierendes Bild. Großbritannien hatte im Laufe des vergangenen Jahrhunderts zwar »nur« etwa ein Dutzend Arten verloren, doch in Northamptonshire waren es zwischen 1930 und 1995 93 Arten, in Gloucestershire zwischen 1900 und 1986 78 Arten, Lincolnshire hatte im gleichen Zeitraum 77 Arten verloren, Middlesex zwischen 1900 und 1990 76 Arten, Durham zwischen 1900 und 1988 68 Arten, Cambridgeshire zwischen 1900 und 1990 66 Arten und so weiter. Diese Zahlen wurden später zwar von dem Botaniker Kevin Walker überprüft und nach unten korrigiert, aber selbst die überarbeiteten Ergebnisse sind erschreckend. Und mit den Schmetterlingen verhält es sich genauso. In den Jahren nach dem Krieg starben in ganz Großbritannien nur drei Arten aus, der Große Fuchs, der Große Feuerfalter und der Quendel-Ameisenbläuling, wobei die beiden letzteren Arten erfolgreich wiedereingeführt wurden. Doch in vielen Teilen des Landes sind seit Beginn der Schmetterlingszählungen fast drei Viertel der 58 übrigen Arten sehr stark zurückgegangen oder ganz verschwunden. So ging zum Beispiel im Zeitraum zwischen 1970 und 2006 die Verbreitung des Feurigen Perlmutterfalters um 79 Prozent zurück, die des Senfweißlings um 65 Prozent, die des Silberfleck-Perlmutterfalters um 61 Prozent, des Ulmen-Zipfelfalters um 53 Prozent und des Schlüsselblumen-Würfelfalters um 52 Prozent. Da einige dieser Arten ohnehin selten waren, ist ihre Situation nach dem Rückgang prekär. Der Feurige Perlmutterfalter ist jetzt in Großbritannien stark gefährdet, während die anderen vier eben erwähnten, wie andere Arten auch, als gefährdet eingestuft werden.

Überall im Land sanken die Zahlen der Vögel, der Wildblumen und der Schmetterlinge rapide. Mehr als die Hälfte der britischen Tier- und Pflanzenwelt, die am Ende des Zweiten Weltkriegs existierte, ist erwiesenermaßen verschwunden. Das ist das Ausmaß dieses Schwunds, der Zerstörung des einst so üppigen Tier- und Planzenlebens durch die Landwirte. Da ich im gleichen Jahr geboren bin, in dem der *Agriculture Act* erlassen und die Subventionen eingeführt wurden, worauf die Intensivierung der Landwirtschaft folgte, 1947 nämlich verlief dieser Prozess parallel zu meinem eigenen Leben. Ich hatte einfach Glück, dass der natürliche Reichtum an Wildtieren und -pflanzen in meiner Kindheit noch existierte und einen unauslöschlichen Eindruck hinterlassen konnte. Nachfolgenden Generationen bleiben solche Erlebnisse verwehrt. Es ist schlimm genug, dass einzelne Arten schwer zu finden sind. Über den Silberfleck-Perlmutterfalter zum Beispiel, ein Juwel unter den Insekten, hieß es in J.W. Tutts *British Butterflies* von 1896:»Dieser Schmetterling kommt in den Waldgebieten Englands sehr häufig vor, er tummelt sich auf blumenbewachsenen Lichtungen und an den Rändern nahezu aller Wälder jeglicher Größe.« Heutzutage muss man weite Wege auf sich nehmen, um ein Exemplar zu Gesicht zu bekommen. Das gilt auch für die gedrungene, kecke Grauammer, deren Gesang klingt, als würde man ein Schlüsselbund fallenlassen, oder für die Wildblumen in den Kornfeldern, die früher das Getreide mit Farbtupfern schmückten. Kornblume, Wucherblume, Ackerhahnenfuß und Adonisröschen überleben nur noch in wenigen stillen Winkeln. Aber mehr noch als den Verlust einzelner Arten betraure ich den Verlust der Fülle, und ich weiß, dass es anderen Menschen aus meiner Generation genauso geht. Die über Fünfzigjährigen können sich noch daran erinnern, wie im Frühling Kiebitze über den Wiesen riefen und durch die Lüfte tollten, wie Grauammern auf jeder Hecke und jedem Telegrafendraht saßen, wie Schwalben in jedem Hof Kunstflüge vollführten und ganze Wolken von Finken sich auf Stoppelfeldern niederließen. Sie erinnern sich an Brennnesselflächen, auf denen es von Kleinen Füchsen und Pfauenaugen nur so wimmelte, an die bunt getüpfelte Palette der Heuwiesen, an Gräben voll quakender

Frösche und Kröten. Selbst in den Vorstädten waren die Rasenflächen mit Singvögeln gesprenkelt, und die Mehlschwalben in ihrem eleganten marineblauen Federkleid hielten dort ihre Versammlungen ab. Am lebhaftesten aber erinnern sich viele Menschen meiner Generation an das Faltergestöber.

～

Nachtfalter waren nie besonders beliebt. Das gilt vor allem für die zu den Kleinschmetterlingen zählenden Motten. In der Bibel werden Motten an etwa einem Dutzend Stellen erwähnt und ausnahmslos negativ geschildert. Wenn man dem Buch der Bücher Glauben schenkt, sind es kleine braune, dem Rost ähnliche Tierchen, die nichts anderes im Sinn haben, als Kleidung, Bücher und Teppiche der Menschen aufzufressen. Dieses Vorurteil hat sich gehalten: Seit Jahrhunderten werden Motten und Nachtfalter als Insekten angesehen, die des Nachts ihr Unwesen treiben, genauso wie Eulen und Fledermäuse oder Geister, Kobolde und Spitzbuben. Sie gehören genauso zur Familie der Schmetterlinge wie die Tagfalter, doch diese farbenfrohen Verwandten symbolisieren Sonnenschein und werden seit jeher geliebt. Allmählich allerdings verändert sich diese Sichtweise, und Naturliebhaber in Großbritannien begeistern sich mehr und mehr auch für Nachtfalter. Viele dieser Falter sind genauso groß und farbenprächtig wie die Tagschmetterlinge, zum Beispiel der Russische Bär mit seinem Schwarz, Cremeweiß und Orange, der rosa und grüne Mittlere Weinschwärmer oder auch das märchenhafte Blaue Ordensband, diese übergroße, geheimnisvolle Art, deren Hinterflügel eine Farbe zeigen, die bei Nachtfaltern sonst nicht vorkommt: fliederblau. Die Schwierigkeit, sie abends oder nachts zu entdecken, lässt sich mit einer Lichtfalle leicht beheben – einem Kasten, an dem eine starke Lichtquelle angebracht ist. Es gibt verschiedene Ausführungen, aber das Prinzip ist immer das gleiche: Die Nachtfalter werden vom Licht angezogen und fallen in den Kasten hinein, sie beruhigen sich, schlafen ein und können am nächsten Morgen völlig unverletzt wieder freigelassen werden – nachdem man sie ausführlich betrachtet und identifiziert hat. Das mag klingen wie ein Zeitvertreib für totale Nerds, aber davon gibt es immer mehr: Der Stiftung *Butterfly Conservation Trust* zufolge könnte es in Großbritannien mittlerweile zehntausend Nachtfalterenthusiasten geben, die in Sommernächten Lichtfallen im Garten aufstellen. Einer davon bin ich.

Wenn man eine Lichtfalle benutzt, wird einem erstmals klar, dass es nicht die Tagfalter, sondern die Nachtfalter sind, die in der Ordnung der Schmetterlinge, der Lepidoptera oder Schuppenflügler, die Mehrzahl ausmachen. Es gibt auf der Welt geschätzt etwa 200 000 Nachtfalterarten, aber nur etwa 20 000 Tagfalterarten. Tagfalter sind einfach eine Gruppe von Schuppenflüglern, die am Tag fliegt und leuchtende Farben entwickelt hat, damit Falter der gleichen Art sich gegenseitig erkennen. In Großbritannien ist das Ungleichgewicht zwischen Tag- und Nachtfaltern sogar noch größer, denn es gibt lediglich 58 einheimische Tagfalterarten, aber 900 größere und 1600 kleine bis winzige, also insgesamt etwa 2500 Nachtfalterarten. Während es weltweit also zehnmal so viele Nachtschmetterlinge wie Tagschmetterlinge gibt, sind es in Großbritannien fünfzigmal mehr.

Das heißt natürlich, dass im Dunkeln viel mehr Falter umherfliegen als bei Tageslicht, nur dass wir sie nicht sehen. So war es zumindest früher, bis zur Erfindung des Automobils. Das Scheinwerferlicht eines Wagens, der an einem schwülen Sommerabend auf dem Land unterwegs war, ließ die Nachtfalter wie Schneeflocken erscheinen, und je schneller man fuhr, desto dichter wurde das Faltergestöber. Plötzlich wurde sichtbar, wie viele es waren. Sie verklebten die Scheinwerfer und die Windschutzscheibe, bis man nicht mehr weiterfahren konnte und anhalten musste, um erst einmal das Glas zu säubern. Ich weiß, dass auch viele andere Insekten nachts aktiv sind, aber die Falter sollen hier stellvertretend für alle stehen. Von den unzähligen Erscheinungen natürlicher Fülle fiel das Faltergestöber am stärksten auf, weil es erst im Zeitalter des Verbrennungsmotors sichtbar wurde. Heute jedoch, ein bloßes, kurzes Jahrhundert später, ist es nicht mehr existent.

Ich habe in den letzten Jahren häufig Leute darauf angesprochen und bin nicht nur darüber erstaunt, wie viele der über Fünfzig- und erst recht der über Sechzigjährigen sich daran erinnern, sondern auch, wie lebhaft sie auf das Thema reagieren. Es ist, als wäre die Erinnerung in einem Winkel ihres Gedächtnisses verschlossen gewesen, und die Einzigartigkeit dieses Phänomens wäre ihnen erst bewusst geworden, als ihnen aufging, dass etwas, das sie früher für selbstverständlich gehalten hatten, einfach verschwunden war. Einer meiner Gesprächspartner war Peter Melchett, der frühere Direktor von *Greenpeace Großbritannien* und einer der bekanntesten hiesigen Umweltschützer, der inzwischen die strategische Leitung der *Soil Association* innehat, einer Interessenvereinigung für ökologische Landwirtschaft. Als ich das Thema anschnitt, sagte er:»Ich weiß noch, wie ich bei einem Meeting war, Miriam Rothschild war dabei (die gefeierte Naturwissenschaftlerin) und auch Chris Baines, der Fernseh-Naturforscher, der den *Birmingham Wildlife Trust* gegründet hat. Wir sprachen über das Verschwinden der Insekten im Allgemeinen und der Nachtfalter im Besonderen, denn Miriam war eine große Nachtfalter-Expertin. Ich erzählte, wie ich in den fünfziger Jahren mit meinem Dad von Norfolk nach London gefahren war und er während jeder Fahrt zwei- oder dreimal anhalten musste, um Windschutzscheibe und Scheinwerfer abzuwischen, damit er etwas sehen konnte.« Peter Melchett lachte.»Und Chris Baines sagte zu mir: ›Du hattest es ja noch gut, dass du im Auto rumkutschiert wurdest. Ich konnte nicht einmal mit offenem Mund Fahrrad fahren, denn dann hätte ich dauernd Insekten verschluckt.‹«

Ich besuchte Chris Baines, und auch er lachte.»Stimmt«, sagte er,»ich erinnere mich sehr gut daran, dass man die Insekten von der Windschutzscheibe und von den Scheinwerfern abkratzen musste, aber auf dem Fahrrad habe ich sie auch erlebt. Wenn ich zu den Pfadfindern oder zur Probe unseres Kirchenchors radelte, kriegte ich Insekten in die Augen, und sobald ich den Mund öffnete, musste ich Fetzen von Falterflügeln ausspucken, abends waren einfach immer so viele in der Luft.« Er überlegte einen Moment und sagte dann:»Wenn man durch irgendeinen Hohlweg fuhr oder auf einer schmalen Landstraße mit Hecken zu beiden Seiten, fuhr man durch sagenhafte Massen von Insekten. Aber jetzt gibt es das nicht mehr. Es hat aufgehört, als ich zwischen zwanzig und dreißig war.

Genauer kann ich es nicht sagen, aber ich erinnere mich, dass es Ende der 1960er Jahre noch so war, weil ich da in Kent studierte. Danach gab es diese Massen eigentlich nicht mehr. Wir sind oft in Wales auf dem Land und viel in Nordwales unterwegs, und an manchen Abenden sage ich ausdrücklich, dass wir einen Nachtfalter gesehen haben. Es sind buchstäblich nicht mehr als ein oder zwei Nachtfalter pro Fahrt. Die Situation ist völlig anders als früher in meiner Kindheit.«

Ich selbst begann im Jahr 2000 zu realisieren, dass es die Falter nicht mehr gab, und im Rahmen des übergeordneten Themas Insektensterben, dem ich mich widmete, weil es mir so ernst und wichtig schien, schrieb ich erste Artikel darüber. Die Honigbienen und Hummeln wurden weniger, die Käfer verschwanden und auch die Zahl der Eintagsfliegen an den Flüssen nahm rapide ab. Aber dafür interessierte sich niemand. Sobald ich jedoch über das Faltergestöber schrieb, reagierten die Leser. Sie berichteten, wie deutlich sie sich daran erinnerten und dass es diese Unmengen an Nachtfaltern nicht mehr gab. Häufig erinnerten sie sich daran, wie in den Sommerferien, auf der langen Fahrt an die Küste – damals fuhr man noch nicht nach Spanien -, die Windschutzscheibe immer wieder mit Insekten verklebt war. Und dass es dann damit vorbei war. Fachleute erinnern sich ebenso daran wie Laien. Mark Parson, beim *Butterfly Conservation Trust* Experte für Nachtfalter, sagte: »In den letzten zehn Jahren habe ich es vielleicht noch ein- oder zweimal erlebt.«

Das waren natürlich nur einzelne Beobachtungen. Wissenschaftliche Daten über den Rückgang gab es nicht, denn Großbritanniens Naturforscher hatten von Nachtschmetterlingen, anders als von Vögeln, Wildblumen und Tagfaltern, keine Bestandsaufnahmen gemacht. Sie konnten nur persönliche Erinnerungen liefern. Doch dann tauchten plötzlich Zahlen auf.

Sie stammten von einer unerwarteten Quelle, nämlich aus Rothamsted, der landwirtschaftlichen Forschungsstation in Hertfordshire. Seit 1968 hatte Rothamsted mithilfe von Ehrenamtlichen ein landesweites Netz aus Lichtfallen betrieben und die so gewonnenen Daten intern genutzt, um verschiedene Aspekte der

Populationsdynamik von Insekten zu untersuchen. Im Jahr 2001 fiel auf, dass ein bekannter, weit verbreiteter und häufiger Nachtfalter, der wunderschöne Braune Bär, offenbar schlagartig zurückging. Daraufhin begannen die Wissenschaftler in Rothamsted, die langfristigen Populationstrends von 337 Nachtfalterarten zu analysieren, die während der gesamten 35-jährigen Projektdauer in Lichtfallen gefangen worden waren. Die Ergebnisse zeigten, dass sich Großbritanniens Nachtfalterfauna im freien Fall befand. Einen Rückgang in diesem Ausmaß hatte man nicht erwartet, er war sogar noch schwerwiegender als bei Vögeln, Wildblumen und Tagschmetterlingen. Von den 337 untersuchten Arten gingen zwei Drittel zurück, 80 Arten waren schon um 70 Prozent oder mehr reduziert und davon 20 sogar um über 90 Prozent. Im Süden Großbritanniens sanken die Bestände von drei Vierteln der Nachtfalterarten. Man schätzte, dass die Nachtfalter seit 1968 in ländlichen Gebieten insgesamt um 44 Prozent und in urbanen Bereichen um 50 Prozent abgenommen hatten. Für Faltergestöber waren schlicht und einfach nicht mehr genügend Falter da.

Das Verschwinden dieses Wirbelsturms vor den Autoscheinwerfern zeugte von einem völlig unbemerkten, aber katastrophalen Zusammenbruch des Bestands an Wirbellosen, die die Nahrungsgrundlage für so viele andere Arten bilden. Südkorea mag das Saemangeum zerstört und China seine Flussdelfine ausgerottet haben, aber mein eigenes Land hat Zerstörungen angerichtet, die ebenso ungeheuerlich sind. In einem Prozess, der im Jahr meiner Geburt begann, hat es die Hälfte seiner Lebewesen ausgelöscht, ohne dass es von der Allgemeinheit registriert wurde. Mein Schicksal als Nachkriegskind war es, nicht nur der privilegiertesten Generation anzugehören, die jemals auf Erden gelebt hat, sondern gleichzeitig – wenn auch von der Allgemeinheit erst viel später richtig wahrgenommen - mitzuerleben, wie die wunderbare Fülle der Natur zerstört wurde, die es in meiner Kindheit noch gegeben hatte. Diese Fülle, die auf so vielerlei Weise von der Kraft und Energie des Lebens zeugte und sich so eindrucksvoll in Sommernächten vor den Autoscheinwerfern zeigte, sie ist dahin.

Dass die Hälfte unserer Tier- und Pflanzenwelt am Giftcocktail der Landwirte starb, wissen wir. Das Verschwinden einer bestimmten Art, nämlich der Sperlinge in London, bleibt jedoch weiterhin ein Rätsel.

Wie seltsam, dass es ausgerechnet den Londoner Spatz treffen musste! Den urbanen Überlebenskünstler par excellence! Den Vogel, der in Menschennähe lebt, seit vor 12 000 Jahren die ersten Siedlungen errichtet wurden, den Vogel, der sich in der Großstadt zu Hause fühlt. Was hat in einer der größten Städte der Welt, wo die Spatzen immer gut gediehen, ihre Bestände vernichtet? Bis heute, mehr als zwanzig Jahre nach dem großen Sterben, gibt es keine Antwort auf diese Frage.

Das Phänomen ist umso rätselhafter, als in Großstädten wie Paris, New York oder Washington, deren Infrastruktur und Atmosphäre der Londons ganz ähnlich sind, Spatzen weiterhin gedeihen und in ganzen Schwärmen um die Füße der Touristen hüpfen, weil sie hoffen, Brotkrumen oder Stückchen von Eiswaffeln zu ergattern. Aus Großbritanniens Hauptstadt jedoch verschwanden die Vögel in den 1990er Jahren fast vollständig. Im Ökosystem der Londoner Spatzen hat etwas Unerfindliches, Beängstigendes stattgefunden.

Der Haussperling, um den es hier geht, *Passer domesticus*, ist eine der erfolgreichsten Arten der Welt. Natürlich kommt er in ganz Europa und in großen Teilen Asiens und Nordafrikas vor; in Südafrika, Amerika und Australasien wurde er eingeführt. Die Antarktis ist der einzige Kontinent, auf dem es ihn nicht gibt. Im Himalaya hat man in Höhen von über 4000 Metern Brutpaare gefunden, und im Bergwerk Frickley bei Doncaster brüteten Spatzen 1979 in einer Tiefe von über 600 Metern. Sie gehören zu den häufigsten Vögeln der Welt und sind vermutlich die am weitesten verbreitete Vogelart, jedenfalls aber die bekannteste. Seit uralten Zeiten wecken Spatzen eine besondere Zuneigung in uns, die auf ihrer engen Verbundenheit mit Menschen und Ansiedlungen beruht. Wir betrachten sie als bescheiden, aber robust, als frech, aber schlau. Als Shakespeare

Hamlet zu Horatio sagen ließ, »dass selbst über den Fall eines Sperlings eine besondere Vorsehung walte«, verwendete er den Vogel als Synonym für etwas Unbedeutendes. Doch schon mehr als sechzehnhundert Jahre zuvor schrieb Catull sein berühmtes Gedicht über den Tod von Lesbias Sperling, in dem er ironisch alle Götter der Liebe und des Begehrens auffordert, um den geliebten Vogel seiner Liebsten zu trauern. Der Vogel ist unbedeutend, ja, aber er hat Köpfchen. Daher wählte die gefeiertste Sängerin von Paris, winzig und unbezähmbar, das französische Kosewort für den Sperling, *piaf*, als Name.

Der Haussperling braucht seine Überlebenskunst. Als ich den weltweit größten Experten für Sperlinge, Denis Summers-Smith fragte, was ihm an diesen Vögeln am besten gefalle, sagte er: »Ich bewundere ihre Fähigkeit, mit einem Feind zusammenzuleben.« »Wer ist denn der Feind?«, fragte ich überrascht. »Der Mensch«, antwortete er. Ich sagte, für mein Gefühl seien Sperlinge und Menschen immer gut miteinander ausgekommen, doch er belehrte mich eines Besseren. Insbesondere Farmer hätten Sperlinge gehasst, weil sie Getreide fraßen, sagte er, doch die Vögel lebten weiterhin auf Farmhäusern. Sie wurden häufig getötet, aber irgendwie kamen sie durch, eine Generation nach der anderen, indem sie dem Primaten, mit dem sie sich eingelassen hatten, großes Misstrauen entgegenbrachten. Denis erzählte, zuerst habe er sie Ende der 1940er Jahre in seinem Garten in Hampshire beobachtet. »Wenn ich im Garten arbeitete«, sagte er, »würdigten sie mich keines Blickes, aber sobald ich sie ansah, guckten sie mich auch an. Sie wussten genau, was ich gerade tat. Wenn ich meiner Arbeit nachging, beachteten sie mich nicht, aber sobald ich mich ihnen zuwandte, beobachteten sie mich ebenfalls.«

Denis Summers-Smith, 1920 geboren und Ingenieur und Doktor der Physik, hat fast siebzig Jahre lang die siebenundzwanzig Arten der Gattung *Passer* und insbesondere den *Passer domesticus* studiert. Dieses lebenslange Interesse machte ihn in Großbritannien zu dem wohl herausragendsten Amateur-Ornithologen seiner Zeit. Er schrieb fünf Bücher über Sperlinge, darunter das 1963 erschienene Standardwerk *The House Sparrow*. In diesen Büchern erläutert er viele Aspekte des Spatzenlebens, die mit seinem Verschwinden aus London zu tun haben könnten, beispielsweise, dass Sperlinge sehr sesshafte und sehr gesellige Vögel sind. Tatsächlich sind sie die sesshaftesten Singvögel überhaupt, denn sie verbringen ihr Leben normalerweise innerhalb eines Umkreises von einem Kilometer und suchen ihr Futter, wenn möglich, nicht weiter als fünfzig Meter vom Nest entfernt. Ihr Sozialleben ist ebenso kennzeichnend. Sie leben in Kolonien und sind aufeinander angewiesen. Das wird durch ein Verhalten deutlich, das Denis als »soziales Singen« bezeichnet. Wenn sie nach dem Fressen den Kropf voller Körner haben, deren Verdauung noch Zeit braucht, versammeln sie sich in Gruppen von typischerweise einem Dutzend Vögeln an einem geschützten Ort, zum Beispiel in dichtem Gebüsch, und beginnen zu tschilpen. Der Ruf klingt wie ein einsilbiges Tschilp, verlangsamt man ihn aber, wird er zu einem zweisilbigen Tschi-lep. Der Reihe nach stoßen die Vögel ihre deutlich voneinander getrennten Rufe aus:

Hey!
Was?
Du!
Was?
Du!
Häh?
Wer?
Er?
Er?
Nee.
Sie?
Nö.
Der?
Ja.
Echt?
Ja.
Ich?
Ja.
Oh.
Ja.

Warum?
Was?
Ich.
Darum.
Was?
Du.
Hä?

Diese Rufe gehören zu den vertrautesten Klängen meiner Vorstadtkindheit. Doch jetzt sind sie in London praktisch nicht mehr zu hören, obwohl andere kleine Singvögel, von Rotkehlchen und Zaunkönigen bis hin zu Blaumeisen und Amseln, in den Parks weiterhin ihre Stimmen erschallen lassen. Auch den Stadttauben, einer der wichtigsten Nahrungsquellen der Wanderfalken, die zurzeit im Herzen von London brüten, geht es gut. Was unterscheidet den Haussperling von diesen Vögeln, dass ausgerechnet er verschwand? Der Rückgang der Sperlingspopulation im Lauf des 20. Jahrhunderts ist durch Zahlen belegt. Im November 1925 begab sich Max Nicholson, ein junger Mann von einundzwanzig Jahren, mit seinem Bruder in den grünsten Park Londons, Kensington Gardens. Die beiden zählten dort 2603 Haussperlinge. Nicholson war passionierter Ornithologe und der Gründungsvater der britischen Umweltorganisationen. 1949 rief er die erste gemeinnützige Umweltschutzorganisation Großbritanniens ins Leben, die er fünfzehn Jahre lang leitete. Er engagierte sich in leitenden Funktionen für den *British Trust for Ornithology,* die *Royal Society for the Protection of Birds* und den *World Wildlife Fund*, den er 1961 mitbegründet hatte. Im Herzen jedoch blieb er praktischer Ornithologe. Als er im Dezember 1948 die Spatzenzählung in Kensington Gardens wiederholte, zählte er 885 Vögel. Im November 1966 waren es 642 und im November 1975 noch 544 Haussperlinge. Doch als Nicholson im Februar 1995, mit einundneunzig Jahren, wieder an der Zählung teilnahm, wurden nur mehr 46 Vögel gesichtet, und als ich am 5. November 2000, fünfundsiebzig Jahre nach seiner ersten Zählung, mit dem inzwischen 96-Jährigen die Zählung der *Royal Parks Wildlife Group* beobachtete, fand man nur noch acht Haussperlinge.

Was in aller Welt war da geschehen? Den Rückgang zwischen 1925 und 1948 schob man darauf, dass in dieser Zeit die Pferde aus Londons Straßen verschwanden und damit auch zwei wichtige Nahrungsquellen für Kleinvögel: das verschüttete Getreide aus den Futtersäcken und die unverdauten Körner im Pferdemist. Doch auch in den nächsten gut vierzig Jahren sank die Sperlingspopulation langsam weiter, bis zu einem Einschnitt um 1990, als die Zahl auf einmal rasant zurückzugehen begann, und da liegt das Rätsel. Im St. James's Park zum Beispiel, wo es Hunderte von Spatzen gegeben hatte, die sich in tschilpenden Scharen auf den Schultern und Armen fütternder Touristen sammelten, brütete 1998 nur noch ein einziges Paar und 1999 zum ersten Mal keines mehr.

Eine der Ersten, der das auffiel, war Helen Baker, damals in leitender Funktion im ornithologischen Forschungsgremium der *London Natural History Society* tätig. 1996 organisierte sie die Haussperlings-Zählung der LNHS, um herauszufinden, was vor sich ging. Ich persönlich wurde 1999 auf den Rückgang aufmerksam, als mir auffiel, dass die einst so zahlreichen Spatzen aus der Waterloo Station, meinem Pendlerbahnhof, verschwunden waren. Ich hielt nach ihnen Ausschau, konnte sie aber nicht entdecken. Doch vollends bewusst wurde mir die Situation erst, als ich im März 2000 mit meiner Familie nach Paris reiste, denn in der französischen Hauptstadt waren *les piafs* überall. Ich verfasste einen Artikel darüber, der im *Independent* groß herauskam, und schrieb in den nächsten Wochen weiterhin über das Thema. Im Mai 2000 starteten wir schließlich eine Kampagne zur Rettung des Sperlings. Für die erste wissenschaftliche Veröffentlichung in einer Fachzeitschrift, die das Verschwinden der Haussperlinge aus London und anderen urbanen Zentren erklärte, wurde ein Preisgeld von 5000 Pfund ausgesetzt. Die Jury bestand aus der *Royal Society for the Protection of Birds*, dem *British Trust for Ornithology* und Dr. Denis Summers-Smith.

Die Kampagne des *Independent* und insbesondere das Preisgeld machten das Verschwinden von Londons Haussperlingen auf der ganzen Welt bekannt. In den ersten Wochen erhielten wir fast zweihundertfünfzig Leserzuschriften, die vor allem zwei Themen zum

Inhalt hatten: Zum einen reagierten die Menschen überraschend leidenschaftlich auf das Verschwinden des kleinen braunen Vogels. Es war, als öffneten sich emotionale Schleusentore, und häufig brachten die Verfasser ihre Dankbarkeit zum Ausdruck, dass endlich jemand außer ihnen diese Entwicklung bemerkt hatte und sie ebenfalls für wichtig hielt (»Ich dachte, ich wäre damit allein ...«). Zum anderen äußerten die Leser natürlich Theorien zum Verschwinden der Sperlinge. Zwei Wochen nach Beginn der Aktion veröffentlichten wir zehn von ihnen. Nach Häufigkeit geordnet waren es: Prädation durch Elstern; Prädation durch Sperber; Prädation durch Katzen; Auswirkung von Pestiziden; Verlust von Nistplätzen durch vermehrte Instandhaltung von Häusern und Gärten; Verlust von Nistplätzen durch Isolierung von Dachböden; Klimawandel; Auswirkungen radioaktiver Strahlung nach der Katastrophe von Tschernobyl; Einführung des bleifreien Benzins in den 1990er Jahren; und schließlich die Vermutung, dass Erdnüsse im Vogelfutter für das Verdauungssystem der Sperlinge tödlich seien.

Fast alle Zuschriften waren sehr engagiert, gaben aber nicht unbedingt fachkundige Einschätzungen wieder, daher wandte ich mich an Experten. Ich besuchte den hochbetagten Max Nicholson in seinem Haus in einer verschlafenen Ecke von Chelsea, und er äußerte einen zunächst recht überraschenden Gedanken. Sperlinge hätten, so sagte er, als Art eine starke Neigung zum Suizid. Wenn die Kolonien, in denen sie nisteten, eine bestimmte Größe unterschritten - etwa, weil Futtermangel herrschte -, dann hörte die ganze Kolonie plötzlich auf zu brüten und löste sich auf. Nicholson glaubte, dass diese so geselligen Vögel das Leben in einer zahlenmäßig stark reduzierten Gemeinschaft nicht mehr als lebenswert empfanden. Begründen ließ sich dieser Gedanke mit einer bekannten biologischen Theorie, dem Allee-Effekt, wonach der Rückgang von gemeinsam brütenden Arten sich selbst verstärken kann. Doch der Eifer, mit dem Max Nicholson seine These vertrat, verblüffte mich. »Ich vermute, sie kommen an einen kritischen Punkt, an dem sie plötzlich sagen: ›Lasst uns aufgeben‹«, erklärte er. »Aber der Grund ist wohl nicht, dass sie sich in kleinen Gruppen nicht sicher fühlen. Es ist, denke ich, ihre Psyche.« Natürlich müsse man auch die materiellen Faktoren wie etwa die Futterknappheit berücksichtigen. Diese sei ja vermutlich der Auslöser für den anfänglichen Rückgang gewesen, der letztendlich die psychische Krise ausgelöst habe. Das sei reine Spekulation, betonte Nicholson, und ihm sei klar, dass seine These experimentell nur schwer zu verifizieren sei. »Ich sehe ein, dass sich diese Komponente nicht nachweisen lässt«, sagte er. »Es ist etwas Psychisches – wissenschaftlich ist das nicht messbar.«

Er grinste.

»Aber vieles, was nicht messbar ist, ist real.«

Ich fand damals wie heute, Max Nicholson könnte Recht haben und es sei denkbar, dass Sperlingskolonien sich einfach auflösen, sobald eine bestimmte Größe unterschritten wird. Die wesentliche Frage aber lautete: Was verursachte den Rückgang? Dazu hatte Denis Summers-Smith, den ich in Guisborough im Nordosten Englands besuchte, eine ganz eigene Meinung. Dank seiner genauen Kenntnis der Sperlinge wusste er, dass Hausspatzen zwar Körnerfresser sind, ihre Küken in den ersten Lebenstagen aber auch kleine Insekten wie Blattläuse, Raupen, Fliegen und Spinnen brauchen. Er vermutete, die Zahl der Insekten sei so weit zurückgegangen, dass die Sperlingsküken verhungerten und der Bestand sich daher nicht halten konnte.

Denis hatte auch bereits einen möglichen Schuldigen für das Insektensterben in Städten wie London ausgemacht: die Luftverschmutzung durch den Autoverkehr und genauer noch durch die Einführung von bleifreiem Benzin im Jahr 1988. Es gab tatsächlich einen deutlichen zeitlichen Zusammenhang zwischen der Veränderung in der Zusammensetzung der Auspuffgase und dem Rückgang der Sperlinge. Anfangs wurde das bleifreie Benzin nur in geringen Mengen verkauft, doch in den 1990er Jahren erhöhte sich der Absatz rasch, bis schließlich Ende 1999 der Verkauf von verbleitem Benzin ganz auslief. Denis war überzeugt, dass die Bleiersatzstoffe im Benzin das Problem waren, und er hatte dabei vor allem zwei Chemikalien im Blick: Benzol und Methyltertiärbutylether, abgekürzt MTBE. Beide waren möglicherweise gesundheitsgefährdend. Denis sah ein, dass es noch keine wissenschaftlichen Hinweise gab, die MTBE oder Benzol direkt mit Haussperlingen in Verbindung brachten, doch die Indizien sprächen für sich, meinte er. »Das ist meine Hypothese«, sagte er, »und wie lautet Ihre?«

Seine Hypothese war faszinierend und, wenn sie stimmte, ein verheerendes Beispiel für das Gesetz der unbeabsichtigten Folgen. Leider ließ sie sich aber kaum überprüfen. Eine hochspezialisierte landwirtschaftliche Forschungsstation wie Rothamsted war zwar dafür gerüstet, die Insektenbiomasse auf Agrarland zu messen, doch soweit ich entdecken konnte, erfasste niemand die Insekten in Städten. Das wurde als nahezu unlösbare Aufgabe betrachtet, und warum sollte man dafür Geldmittel zur Verfügung stellen? Folglich war schlicht nicht festzustellen, ob zum Beispiel die Blattlauspopulation im St. James's Park zurückging. Außerdem fand ich, dass in Denis' Theorie eine Lücke klaffte: In New York, Washington und Paris fuhr man ebenso wie in London mit bleifreiem Benzin – warum also verschwanden die Spatzen aus diesen Metropolen nicht ebenfalls?

Doch seine These, dass die Spatzen ausstarben, weil ihre Jungen wegen Insektenmangels verhungerten, wurde später von einer jungen Doktorandin bestätigt. Kate Vincent hängte im Rahmen ihrer Doktorarbeit an der De Montfort University in Leicester in den Vororten und im Umland der Stadt über sechshundert Nistkästen für Sperlinge auf und beobachtete drei Jahre lang den Bruterfolg der Vögel. 2005 hatte sie ihre Ergebnisse beisammen: Im Sommer verhungerten, unbemerkt von der Außenwelt, viele Spatzenküken in den Nestern, und je näher ein Nest sich am Stadtzentrum befand, desto höher war die Sterblichkeitsrate. Zudem starben Küken, deren Futter mehrheitlich aus Körnern und Brotkrumen bestand, mit größerer Wahrscheinlichkeit als solche, die einen hohen Anteil an Insekten bekamen. Das fand Kate heraus, indem sie die Ausscheidungen der Jungvögel analysierte, eine ornithologische Herkulesarbeit. Jedes Mal, wenn sie ein Junges wog und maß, sammelte sie die Ausscheidungen, die es in ihrer Hand hinterließ. Unter dem Mikroskop konnte sie dann die winzigen Überreste der Insekten darin identifizieren – hier ein Bein von einer Laus, da die Mundwerkzeuge eines Käfers – und so ihre Zahl schätzen. Kate stellte fest, dass 80 Prozent der Jungen aus der ersten Brut des Jahres überlebten, aber nur 65 Prozent aus der zweiten Brut. Da Sperlinge pro Jahr zwei- bis dreimal brüten müssen, um ihren Bestand auf gleichem Niveau zu halten, konnten diese Misserfolge ein ausreichender Grund für ihren Rückgang sein.

Gemeinsam mit Kollegen fasste Kate ihre Ergebnisse schließlich in einer wissenschaftlichen Arbeit zusammen und reichte sie im November 2008 für den vom *Independent* ausgelobten Preis ein. Doch die Jury war gespalten. Ein Gutachter war dafür, Kate Vincent den Preis zu verleihen, einer war dagegen, und einer wollte ihr den halben Preis zuerkennen. Unter diesen Umständen wurde der Preis dann gar nicht verliehen, und so ist es bis zum heutigen Tag geblieben.

Anfang 2014 besuchte ich erneut Denis Summers-Smith in Guisborough. Vierzehn Jahre, nachdem wir uns zum ersten Mal mit dem Rückgang der Sperlinge befasst hatten, wollte ich noch einmal mit ihm über das Thema sprechen. Zwei schöne Tage lang bewunderte ich sein einzigartiges Sperlingsarchiv mit mehr als fünftausend Stücken, von chinesischen Spatzenfächern bis hin zu japanischen Spatzen-Netsuke, und wir diskutierten bis in die Nacht hinein über Fragen wie die, zu welcher Art Lesbias Spatz gehört hatte und ob es überhaupt ein Sperling gewesen war. Unter anderem erzählte mir Denis, wie sein Engagement für Sperlinge begonnen hatte: 1944, mit dreiundzwanzig Jahren, hatte er als Hauptmann der britischen Armee eine Kompanie der 9. Cameronians in der Normandie befehligt. In der Schlacht um den Kessel von Falaise landete eine deutsche Granate neben ihm und riss ihm beinahe beide Beine ab. Aber zum Glück nicht ganz - durch acht Operationen konnten seine Beine gerettet werden, und während er in Worcestershire im Krankenhaus lag, begeisterte er sich für die Spatzen, die zum Fenster hereinflogen. Nach seiner Genesung – wobei die Splitter in seinen Beinen bei Flughafenkontrollen noch immer Alarm auslösen – begann er mit seiner lebenslangen Forschungsarbeit.

Er hatte seine Meinung über das bleifreie Benzin und das MTBE mittlerweile geändert, war aber weiterhin überzeugt, dass die Luftverschmutzung durch den Autoverkehr am Rückgang der Sperlinge in London und anderen Städten schuld sei; inzwischen glaubte er allerdings, dass die winzigen Rußpartikel aus den Dieselmotoren, die im Nasengang nicht aus der Atemluft herausgefiltert werden, für die hohe Sterblichkeit der Jungvögel verantwortlich waren.

Ich stellte ihm die Frage, die mich weiterhin stark beschäftigte: Wie kam es, dass ausgerechnet die Haussperlinge verschwanden? Warum waren gerade sie im St. James's Park nicht mehr zu finden, während ähnliche Singvögel, wie Rotkehlchen und Blaumeisen, Amseln und Zaunkönige anscheinend weiterhin recht gut dort lebten?

Der Hauptgrund sei, sagte Denis, dass Spatzen nicht beweglich seien.

Ich fragte ihn, was er damit meinte.

»Haussperlinge leben in einem kleinen Gebiet, das sie sehr gut kennenlernen«, sagte er. »Sie verbringen ihr ganzes Leben im Umkreis von einem Kilometer. Sie sind die sesshaftesten unter den Sperlingsvögeln. Bei anderen Kleinvögeln, wie Blaumeisen oder Buchfinken, ist das anders. Sie müssen, wenn sie das Nest verlassen, größere Distanzen zurücklegen, um Futter und Partner zu finden.«

Und was hatte das mit der Situation im St. James's Park zu tun?

»Wenn die Sperlingspopulation im St. James's Park ausstirbt, erneuert sie sich nicht wieder, weil sich keine neuen Sperlinge dort ansiedeln. Wenn aber die Blaumeisen dort aussterben, kommen andere junge Blaumeisen und verteilen sich über den Park«, sagte Denis.

Allmählich dämmerte mir, was das bedeutete.

»Dann könnte es also sein«, sagte ich, »dass die Probleme im Ökosystem, die zum Aussterben der Spatzen führen, auch alle anderen Arten betreffen? Dass aber die anderen Arten, weil sie beweglich sind, ihre Bestände erneuern können?«

»Ja«, sagte Denis.

»Und wir können die Wirkung nur an den Spatzen beobachten, weil die Spatzenbestände sich nicht erneuern können ...«

»Das ist meine Hypothese«, sagte Denis.

»Dann stehen wir also möglicherweise vor einer verdeckten Ausrottung all dieser häufigen Vogelarten?«

»Genau.«

Ich war wie vor den Kopf geschlagen. »Das ist völlig neu, Denis. Das hat noch niemand gesagt.«

»Na ja, ich habe es schon vielen gegenüber geäußert.«

War das möglich? Dass sämtliche Vogelarten im St. James's Park ausstarben oder nicht mehr jedes Jahr erfolgreich brüten konnten? Dass aber abgesehen vom Haussperling alle Arten ihre Bestände von außen her erneuern konnten? Beobachteten wir ein Phänomen, das viel weitreichender war als das Aussterben des *Passer domesticus*? Ich wusste es nicht.

Was auch immer den Spatzen so zugesetzt hatte und womöglich ohne unser Wissen auch alle anderen Singvögel Londons sowie weitere Organismen einschließlich des Menschen schädigte, blieb weiterhin unbekannt. Wir hatten noch immer keine Ahnung, was es war.

᠀

Ich stamme aus Nordengland, aber ich lebe seit vierzig Jahren in London, kenne die Stadt mittlerweile gut und liebe sie. Als mir klar wurde, dass die Sperlinge aus ihrem Herzen verschwunden waren, traf mich dieser Verlust genauso schwer wie andere Londoner. Sechs Monate, nachdem ich Denis besucht hatte, überkam mich plötzlich das Verlangen, in die Innenstadt zu fahren und nach Spatzen zu suchen. Ich fragte mich, ob zwanzig Jahre nach ihrem Verschwinden irgendwo noch eine Spur von ihnen zu finden war.

Ich wandte mich an Helen Baker, der das Verschwinden der Vögel mehr oder weniger als Erster aufgefallen war. Sie war inzwischen Präsidentin der *London Natural History Society*, doch das Schicksal der Spatzen faszinierte sie noch genauso wie damals. Bei ihr sammelten sich die gelegentlichen Berichte über Spatzenkolonien, die sich in stillen Winkeln Londons hielten. Helen meinte, in Central London könnten noch drei kleine Kolonien existieren, zwei davon am Südufer der Themse. An einem heißen Julitag machten wir uns also auf die Suche. Wir wollten uns im Guildhall Yard treffen, mitten im Zentrum der Altstadt. Helen besuchte ein Mittagskonzert in der Guildhall Church, und während ich auf sie wartete, beobachtete ich, wie Tauben Büroangestellte umflatterten, weil sie Sandwichkrümel haben wollten. In meiner ersten Zeit in London waren es vor allem Spatzen gewesen, die die Leute angebettelt hatten.

Wir begannen unsere Suche auf dem Südufer der Themse am Borough Market im Schatten der Southwark Cathedral, deren spitzengekrönten Turm vermutlich Shakespeare schon betrachtet hatte. Der Borough Market ist typisch für die Mediterranisierung Londons in den vergangenen Jahrzehnten. Die neuen Speisen werden begeistert angenommen und gern im Freien verzehrt, sodass man sich an einem sonnigen Tag fast nach Barcelona versetzt fühlt. Wenn es also einen Ort gab, wo Spatzen reichlich Futter fanden, dann hier. Alle Vögel aus der Gegend wussten das. Wir sahen Tauben und Heringsmöwen und zu meiner großen Freude auch eine ganze Schar von Staren, aber keinen einzigen Haussperling. Auch als wir am Nachbau von Sir Francis Drakes *Golden Hind* im St. Mary Overie Dock entlanggingen und dann an den mittelalterlichen Ruinen der Bischofsresidenz Winchester Palace vorbei durch die Clink Street spazierten, war vom *Passer domesticus* nichts zu sehen. Wir gingen weiter ans Themseufer und in den Anchor Pub. Im Garten hinter dem alten Pub, sagte Helen, seien im vergangenen Jahr gelegentlich Sperlinge gesehen worden. Minutenlang hielten wir Ausschau und horchten, denn häufig hört man Spatzen tschilpen, bevor man sie sieht. Doch zu hören war einzig das Gelächter der Pubbesucher. An diesem Tag waren keine Spatzen da.

Der zweite Ort, an dem Helen Spatzen zu finden hoffte, war ein kleiner Park. Er lag etwas weiter stromaufwärts in der Nähe von Gabriel's Wharf, und auf dem Weg dorthin staunte ich über die vielen Tauben, insbesondere vor der Tate Modern. Auf dem hohen Art-Deco-Backsteinturm des ehemaligen Kraftwerks brüteten Wanderfalken, deren Vorliebe für Tauben bekannt ist. »Viele Leute freuen sich, dass die Wanderfalken Tauben fressen«, sagte Helen. Sie erzählte, dass sie in den Schulferien mithalf, das Fernglas der *Royal Society for the Protection of Birds* auf den Turm gerichtet zu halten, damit jeder, der wollte, das Wanderfalkenpaar Misty und

Bert beobachten konnte. Ich fragte mich, wie viele der Tauben, die hier herumtrippelten, wohl als Falkenfutter enden würden. Auch hier waren sie so zahlreich wie früher die Haussperlinge. Wir sahen Hunderte und Aberhunderte, aber keinen einzigen Spatz, auch nicht, als wir den Park erkundeten, in dem Helen früher bis zu vierzig Sperlinge gezählt hatte. Heute tummelten sich nur sechzehn Tauben auf dem Rasen. »Ach, das ist enttäuschend«, sagte Helen. »Es war so eine schöne Kolonie. Vielleicht gibt es kein Futter mehr. Sie haben früher in den Mietshäusern ringsherum genistet. Man hörte und sah sie zwischen den Gebäuden hin- und herfliegen.« Doch das war Vergangenheit.

Es kam mir vor, als sei London inzwischen völlig spatzenfrei. Auf dem Südufer der Themse gab es so viele Touristen, so viele Restaurants mit Sitzplätzen im Freien, wo Gäste Krümel fallenließen, dass hier ein Eldorado für Spatzen gewesen wäre. Aber wir sahen keinen einzigen. Es war unheimlich, fast gespenstisch.

Helen kannte noch einen weiteren Ort, an dem wir es versuchen konnten, diesmal auf dem Nordufer der Themse. Wir gingen über die Waterloo Bridge ins West End, und Helen meinte, hier seien Spatzen oben in den Blumenkästen vor den Fenstern gesichtet worden. »Halt die Augen auf!«, sagte sie. Doch ich konnte keinen Spatz entdecken. Wir bogen in eine berühmte Straße ein, und auch dort war nichts zu sehen. Doch als wir an einem bekannten italienischen Restaurant vorbeigingen, hörte ich es plötzlich:

Hey!
Was?
Du!
Was?
Du!
Häh?
Wer?
Der?
Nee.
Die?
Nö.

Ich?

Nee.

Der?

Ja

Echt?

Ja ...

»Ich höre sie!«, jubelte ich überwältigt. »Ich höre sie!« »Und ich kann sie auch sehen!«, rief Helen.

»Wo denn?«

»Hier auf der Mauer ...«

»Tatsächlich! Da! Es sind zwei!« – ist auf meinem Mitschnitt zu hören -»Wow, Sie hatten recht! Und ein Dritter! Auf den Gesimsen, auf den alten viktorianischen Gesimsen!«

Sie hätten die seltensten Vögel im ganzen Land sein können, Neuntöter oder Stelzenläufer oder Rubinkehlchen, so groß war meine Begeisterung. »Ich hätte nie gedacht, dass ich mich einmal so über Spatzen freuen würde«, sagte ich zu Helen.

Inzwischen tschilpten sie durchgängig. Wir standen vor einem winzigen Park, im Grunde war es nur ein Garten voller Büsche. Von dort kam das Tschilpen, und als wir hineingingen, entdeckten wir die Vögel. Sie umschwirrten Futterspender, die tief im Schutz der Büsche angebracht worden waren. Es war ein sehr stiller, fast verschlafener Abschnitt dieser berühmten Straße mitten im touristischen Zentrum von London. Die Vögel fraßen hier im Garten und nisteten in den alten Häusern auf der anderen Straßenseite.

Nur eine Handvoll.

Sie waren scheu und versteckten sich im Laub.

Aber sie waren da.

☙

Eine winzige Kolonie von Haussperlingen in der Innenstadt Londons zu finden, entschädigt nicht für den Verlust der Gesamtpopulation. Doch es ist ein Lichtblick. Die Verluste sind inzwischen so groß und so verheerend, dass sie der Erde und ihrer Biosphäre in bisher unvorstellbarem Ausmaß zusetzen. Diese Verluste lassen unsere Art als einen wahren Fluch erscheinen, als Schandfleck auf diesem empfindlichen, herrlichen, isolierten Planeten, der unser einziges Zuhause ist. Aber auch wenn wir diese Verbrechen an der Natur begehen, sind und bleiben wir mit ihr verbunden.

Das Band zwischen Mensch und Natur mag oft oder sogar meistens verborgen bleiben, wie ein Signal, das vom Lärm verschluckt wird, es mag hinter fünfhundert Generationen Stadtleben versteckt sein, aber es ist stärker als diese Erfahrungen, weil es im Lauf von fünfzigtausend Generationen geknüpft wurde. Unsere Vorfahren lebten in der Natur, noch bevor die Landwirte die Erde aufbrachen, die Wälder rodeten und der Menschheit eine neue Ordnung aufzwangen. Unser Band zur Natur hat das alles überdauert, denn es ist unzerstörbar. Es ist das Erbe eines jeden Einzelnen von uns, ein Teil dessen, was das Menschsein ausmacht. Wir können es in uns finden – auch wenn es nicht immer leicht ist –, wir können es begreifen und zur Basis für unsere Bemühungen um den Schutz der Natur in dem furchtbaren Jahrhundert machen, das auf uns zukommt. Lassen wir darum nun die unerträglichen Verluste hinter uns und brechen dorthin auf, wo die Verbundenheit mit der Natur zu finden ist: Begeben wir uns auf eine Reise ins Glück.

5

Das Glück der Jahreszeiten

Es wäre allerdings naiv, die Hindernisse zu unterschätzen, die uns im Weg stehen, wenn wir unsere angeborene Naturverbundenheit entdecken und erfahren wollen, denn sie werden im Laufe dieses Jahrhunderts noch deutlich zunehmen. Laut Aussage der Demografen der Vereinten Nationen überschritt die Menschheit irgendwann zwischen dem 1. Juli 2006 und dem 1. Juli 2007 eine bedeutsame Schwelle: Der in Städten lebende Anteil an der Weltbevölkerung stieg auf über 50 Prozent. Seitdem führt die Mehrzahl der Erdenbürger eher ein urbanes als ein ländliches Leben und hat weder engen Kontakt zur unberührten Natur noch zur seminatürlichen Welt der Kulturlandschaft. Diese schnell wachsende Mehrheit hat auch keinen direkten Zugang mehr zu den Rhythmen der Wachstumszyklen und der Jahreszeiten. Stille, klare Sternenhimmel, Flüsse, die nicht industriell genutzt werden, oder naturbelassene Wälder und wildlebende Tiere, Insekten und Wildblumen gehören für die meisten Menschen nicht mehr zur alltäglichen Erfahrungswelt.

Es lohnt sich, einen Blick darauf zu werfen, wie schnell die Verstädterung der Erdbevölkerung voranschreitet. Im Jahr 2014 hatte der Anteil der Stadtbewohner 54 Prozent erreicht (siehe Vereinte Nationen, *World Urbanization Prospects: The 2014 Revision*), und man rechnet damit, dass diese Zahl bis 2050 auf 66 Prozent ansteigt, womit dann sechs Milliarden der zu erwartenden neun Milliarden Menschen, also zwei Drittel der Weltbevölkerung, in Städten leben werden.

Fast der gesamte Bevölkerungszuwachs, nämlich 90 Prozent, wird in Afrika und Asien erwartet und ein großer Teil davon in den Megacitys, den wuchernden Metropolen mit bis zu 40 Millionen Einwohnern. Man rechnet damit, dass es bis 2030 einundvierzig dieser Megacitys geben wird. Hinzu kommen Hunderte von »kleineren« Städten, deren Einwohnerzahlen auf über eine Million und weiter auf drei, fünf, sieben und mehr Millionen steigen werden, und diese urbanen Zentren werden größte soziale und infrastrukturelle Herausforderungen meistern müssen, wenn für alle Einwohner genügend Wasser und Lebensmittel, medizinische Versorgung, Bildung, Verkehrsmittel, Energie, Arbeit und Wohnmöglichkeiten zur Verfügung stehen sollen. Doch es gibt auch Argumente für die Städte, selbst für die Megacitys, und sie werden häufig angeführt: Städte können Jobs und Einkommen bieten, wenn sie gut regiert werden, sie können zum Beispiel Gesundheitsfürsorge, Bildung oder die Stellung der Frauen effizienter fördern, als das in großen ländlichen Gebieten möglich ist. Aber mit diesen Themen setzen sich Fachleute auseinander, die sich mit dem Sozialwesen und mit der Bekämpfung von Armut beschäftigen. Ich hingegen befasse mich mit der Welt der Natur und der Reaktion des Menschen darauf, und ich sehe nicht, dass der Umgang mit der Natur von dem, was man als große Verstädterung bezeichnen könnte, in irgendeiner Weise profitieren wird.

Stattdessen wird die Natur für Milliarden – Mitte des Jahrhunderts für zwei Drittel der Weltbevölkerung – schlicht zu dem werden, was die Stadt nicht ist: zu einer Legende von frischer Luft statt Smog, von sauberen statt verschmutzten Flüssen, von Gras und Bäumen statt Beton und Autos, von wildlebenden Tieren, die man dann nur noch von Fotos und aus Filmen kennen wird. Wenn Stress und Umweltverschmutzung in den Ballungszentren weiter steigen, können wir den Städtern auf der ganzen Welt nur wünschen, dass sie die Möglichkeit haben, zu Bäumen und Gras, sauberem Wasser und in reine Luft zu entkommen, die einen so hohen Wert besitzen, insbesondere wenn wir unser Freizeitvergnügen damit verknüpfen und ein Picknick am Fluss oder einen Waldspaziergang genießen. Aber den Menschen wird auch noch etwas anderes verloren gehen.

Ich meine hier das Sensorium für den Kalender der Natur, für den großen Zyklus des Erdjahres mit Geburt, Tod und Wiedergeburt. Unsere prähistorischen Vorfahren hatten dieses Gespür, und Menschen, die auf dem Land leben, besitzen es noch immer, während Stadtbewohner es schon lange verloren haben. Natürlich nicht vollkommen verloren: Selbst ein Computerspezialist, der im dreißigsten Stockwerk eines Hochhauses aus Beton und Glas hockt, mit Neonbeleuchtung, Klimaanlage und Cappuccino-Automat, durchdigitalisiert und vollelektronisch, wird spüren, dass es im Sommer wärmer und im Winter kühler ist. Was ich meine, ist etwas Subtileres. Ich meine das Gespür für die Wechsel und Wandlungen, für die winzigen Anzeichen dafür, dass mit der Natur große Veränderungen vor sich gehen, die so leicht von Verkehrslärm oder elektronischer Musik übertönt oder durch Umweltverschmutzung verdeckt werden können; das Gespür für erste Anfänge, nicht die lauthals verkündete Ankunft. Diese feinen Signale, in unseren Breiten vor allem anderen jene für das Erwachen nach dem Winter, lösen in uns Menschen seit jeher innige Freude und Begeisterung, ja Ehrfurcht aus, tiefe Emotionen, und in meinem Fall nicht selten Glück.

Mit diesem Weg ins Glück möchte ich beginnen. Dass wir unsere Vertrautheit mit den Rhythmen und Pulsschlägen der Natur verloren haben, erscheint mir unsagbar traurig, nicht zuletzt, weil es nicht bemerkt und nicht betrauert werden wird. Wer in einer Megacity in einem Slum ohne Kanalisation und Energieversorgung um Nahrung, elementare medizinische Versorgung und Schulbildung für die Kinder kämpft, hat andere Sorgen als die Rhythmen der Natur. Das ist verständlich. Und trotzdem trifft auch diese Menschen ein großer Verlust. Davon bin ich mehr und mehr überzeugt, da ich erlebe, welches Glück die Jahreszeiten und die Zeichen der erwachenden Natur mir schenken. Den Anfang macht die Wintersonnenwende.

Die Winterwas?, werden viele Leser, vor allem die jungen, jetzt fragen. Dabei ist die Wintersonnenwende doch der wichtigste Moment des Jahres! Der seit Jahrtausenden gefeierte Punkt, an dem die Tage nicht mehr kürzer, sondern wieder länger werden. Nicht zuletzt seinetwegen wurden Stonehenge in Wiltshire oder Newgrange, Irlands wichtigstes prähistorisches Monument errichtet, und auch Weihnachten liegt seinetwegen im Dezember. Die Megalithen in Wiltshire sind nach dem Sonnenuntergang am Tag der Wintersonnenwende ausgerichtet, der Eingang des jungsteinzeitlichen Hügelgrabes im County Meath in Irland blickt auf die Sonnenaufgänge zur Zeit der Wintersonnenwende, und die frühe christliche Kirche wählte den 25. Dezember als Datum für Christi Geburt, weil die Wintersonnenwende in römischer Zeit auf diesen Tag fiel. Als der julianische Kalender vom gregorianischen Kalender abgelöst wurde, verschoben sich die Daten, sodass die Wintersonnenwende heute auf den 21. oder 22. Dezember fällt. Es handelt sich dabei um den genau berechenbaren Zeitpunkt, an dem die Nordhalbkugel aufgrund der Neigung der Erdachse am weitesten von der Sonne entfernt ist. 2010 war das zum Beispiel am Mittwoch, dem 22. Dezember, um 00:38 MEZ der Fall.

An diesem Tag versammelte sich eine bunt gemischte Gesellschaft von Druiden, Heiden, Hippys und diversen Sonnenverehrern in Stonehenge, um die Sonnenwende wie üblich mit Ritualen und Tänzen zu begehen. Für die Medien war es ein willkommenes Spektakel. Doch die Mehrzahl der modernen Menschen machte einfach weiter wie üblich und schenkte dem bedeutsamsten Tag des Jahres kaum Aufmerksamkeit. Die Wintersonnenwende ist der Archetyp des wichtigen Markierungspunktes, den wir in unserem gehetzten urbanen Alltag vergessen haben. Wir sehen vor lauter Straßenbeleuchtung die Sterne nicht mehr und bemerken nicht einmal den Sonnenuntergang, schon gar nicht drei Tage vor Weihnachten, wenn alle sich fieberhaft auf die Feiertage vorbereiten.

Aber ob wir im Alltagstrubel die Verbindung zu den Rhythmen und Prozessen der Erde verlieren oder nicht, sie behalten ihre Kraft, und die Wintersonnenwende repräsentiert den Beginn des kraftvollsten Geschehens überhaupt: der Wiedergeburt. In dem Moment, wenn die Tage wieder länger werden, beginnt in tiefster Dunkelheit neues Leben. Daher wurde und wird dieses Fest in so vielen Kulturen gefeiert – das Wunder der Wiedergeburt fasziniert stets aufs Neue. Der Tod wird in die Schranken verwiesen. Es ist wunderbar, dass das neue Leben ebenso unweigerlich beginnt, wie das alte Leben sterben muss. Im Gegensatz zum Menschenleben, das linear verläuft, bewegt die Erde sich im Kreis, und auch wenn man fürchten mag, dass dieser Kreislauf eines Jahres unterbrochen werden könnte, ist das noch nie geschehen.

Mit dem Alter wächst meine Dankbarkeit für dieses Wunder, und daraus wiederum entsteht meine erhöhte Aufmerksamkeit für seinen Vollzug. Für die meisten Menschen bleibt es Jahr für Jahr tief unter der vorweihnachtlichen Hektik in überfüllten Geschäften, auf Weihnachtsfeiern, in vollgestopften Bussen, stickigen Zügen und auf hektischen Flughäfen verborgen – aber wer sich die Mühe macht, genau hinzuschauen, erkennt, dass es sich hinter all diesem Wahnsinn zuträgt. Wenn Sie sich zum Beispiel am Freitag, dem 24. Dezember 2010 trotz aller Weihnachtsvorbereitungen kurz Zeit genommen hätten, hätten Sie bemerkt, dass die Sonne um 15:55 Uhr MEZ unterging. Am nächsten Tag war es 15:56 und am Montag, dem 27. Dezember, war es bei Sonnenuntergang schon 15:57 Uhr. Am Freitag, dem 31. Dezember, als alle sich auf die letzte große Sause des Jahres vorbereiteten, überschritt die Sonne die Sechzehn-Uhr-Marke und ging erst um 16:01 Uhr unter. Diese kaum wahrnehmbaren und doch unabänderlichen Verschiebungen wiederholen sich Jahr für Jahr. Und so kann es sein, dass man irgendwann gegen Ende der ersten Märzwoche einmal früher von der Arbeit kommt, vielleicht, weil man zum Zahnarzt musste, und beim Blick aus dem Küchenfenster feststellt, dass es ja um zehn nach sechs noch hell ist. Das Licht hat etwas Ruhiges, aber zugleich Intensives, und das ist neu: Es ist Abendlicht. Es gibt wieder Abende. Man öffnet die Tür zum Garten und hört vom Dach gegenüber eine Amsel und im Baum des Nachbarn eine Singdrossel, und beide singen in dieser neu entdeckten Herrlichkeit melodisch, laut und selbstbewusst. Wer diesen Moment erlebt hat, erkennt, dass Philip Larkin ihn wunderbar treffend beschreibt:

Werden die Abende länger
Umspielt kaltes gelbliches
Licht die gelassenen
Stirnen der Häuser.
Eine Drossel singt,
Lorbeerumrankt,
Tief im kahlen Garten,
Ihre knospende Stimme setzt
Das Mauerwerk in Erstaunen.

Plötzlich erfasst man, dass etwas Ungeheures vor sich geht: Der Frühling naht.

Diese Entwicklung beginnt mit der Wintersonnenwende. Von Freunden weiß ich, dass sie die Monate Januar und Februar am wenigsten mögen, aber mir geht das anders. Für mich waren immer der November und frühe Dezember am schwierigsten. In den ersten beiden Monaten des Jahres mag das Wetter rauer sein, aber im Hintergrund wirkt dieses wundersame Phänomen, die unaufhaltsame Bewegung zurück zum Licht. Weil sie mit der Wintersonnenwende beginnt, freue ich mich auf diesen Tag inzwischen mehr als auf Weihnachten. Dabei habe ich an sich nichts gegen Weihnachten. Ich bin in einer christlichen Gemeinde aufgewachsen und achte die Geschichte des Festes, ich freue mich an den Gebräuchen, der Musik und den Feierlichkeiten – zumal ich das Glück hatte, das alles durch meine Kinder noch einmal neu zu erleben. Doch mit der geschmacklosen Kommerzialisierung und der Tatsache, dass die Weihnachtszeit für manche Menschen Isolation und Vereinsamung bedeutet, kann ich mich nicht abfinden.

Die Wintersonnenwende hingegen ... ich kann nur sagen, dass sie mich, während ich mich auf die letzte Phase meines Lebens zubewege, mit Glück erfüllt, einem Glück von der Art, wie ich anfangs das Glück über die Natur definiert habe: als ein plötzlich erwachendes, inniges Gefühl von Liebe, weil man davon berührt wird, wie außergewöhnlich und erstaunlich die Natur als Ganzes ist. Ich kann mir nichts Erstaunlicheres vorstellen als die alljährliche Wiedergeburt der Natur. Und es gibt eine Reihe spezifischer Anzeichen für dieses erneute Erwachen der Erde nach dem Winter, die mich fast genauso beglücken wie die Wintersonnenwende und die ich im Herzen feiere.

Als Erstes kommen die Schneeglöckchen. Mitten im Winter sprießen kleine weiße Lilien aus der Erde und blühen selbst in bitterer Kälte auf – *perce-neige* oder Schnee-Durchstecher werden sie im Französischen und auch im Deutschen treffend genannt. Sie wären in jedem Fall bemerkenswert, aber mich faszinieren sie außerdem schon lange wegen ihrer Resonanz in den Kulturen. Sie sind eng mit einem wichtigen Kirchenfest verbunden, das auf Weihnachten folgt. Doch während niemand sich dem Moloch der Weihnachtstage entziehen kann, ist Mariä Lichtmess nur wenigen bekannt. Das Fest wird am 2. Februar gefeiert. Früher nannte man es auch Mariä Reinigung, denn nach alttestamentarischer Vorschrift musste 40 Tage nach der Geburt eines Knaben im Tempel ein Reinigungsopfer dargebracht werden, da Frauen nach einer Geburt als unrein galten. Auch der Darstellung Jesu im Tempel wird bei dem Fest gedacht. In Deutschland war der Festtag in früheren Zeiten auch als Beginn des sogenannten Bauernjahres ein wichtiges Datum. Der Name »Unser Lieben Frauen Lichtweihe« aber geht auf eine Zeit vor dem Mittelalter zurück. An diesem Tag brachten die Gemeindemitglieder Kerzen mit in die Kirche, um sie vom Pfarrer segnen zu lassen. Damit wurden die Kerzen apotropäisch – um das wunderbare Wort zu gebrauchen -, das heißt, sie konnten Unheil abwehren. Nach einer Prozession und dem Segen wurden weitere Kerzen angezündet und vor die Statue der Jungfrau Maria gestellt. An einem typischen trüben Februartag in einer ohnehin düsteren mittelalterlichen Kirche muss das ein Lichterfest gewesen sein, das die tiefgläubigen Kirchgänger verzauberte, buchstäblich der lichteste Augenblick im ganzen Jahr. Ein Gefühl dafür bekommt man, wenn man Chartres besucht und in einer finsteren Ecke der Kathedrale plötzlich auf das flackernde Licht der vielen Kerzen vor der Marienstatue stößt.

Doch auch die Schneeglöckchen sind eng mit Lichtmess verbunden. Als Symbole der Reinheit waren sie die Blumen des Festes und wurden auch Lichtmess-Glöckchen, Weiße Jungfrau oder Marienkerzen genannt. Man kann sich gut vorstellen, welche Freude es gemacht haben muss, sie zu pflücken und auf den Altar zu streuen oder sie einfach an der Kirche blühen zu sehen. Heute findet man große Vorkommen von Schneeglöckchen in Wäldern oder in Flusstälern, und es ist bewegend zu sehen, wie die Blütenteppiche große Flächen weiß färben. Viele der schönsten Bestände sind noch mit dem alten Glauben verknüpft: Die weißen Glöckchen drängen sich auf Friedhöfen und zwischen alten Kirchenfundamenten oder Klosterruinen, wo sie vor Hunderten von Jahren zu Ehren von Mariä Lichtmess gepflanzt wurden.

Das alles macht die kleine Zwiebelpflanze sehr anziehend für mich. Doch mehr noch als ihre zarte Schönheit, mehr noch als die mit ihr verknüpften Bräuche bezaubern mich der Zeitpunkt ihrer Blüte und vor allem, in jedem Winter wieder, ihr erster Anblick. Ich erinnere mich zum Beispiel an einen Spaziergang mit meinen Kindern vor ein paar Jahren: Wir gingen an einem eisigen späten Januartag durch einen Wald. Der Pfad zwischen den kahlen Bäumen machte eine Biegung, und plötzlich waren sie da, die ersten Schneeglöckchen! Ein kleiner Horst lugte durch die modernden Blätter, ein kleiner Fleck strahlendes Weiß auf dem stumpfen Braun des Waldbodens. Ich musste lächeln, als hätte ich unvermutet einen alten Freund getroffen: *Hallo, wie geht's?* Es war ein bewegender Moment; ein Moment des Glücks, möchte ich heute sagen. Da ich nicht gleich verstand, weshalb die Empfindung so stark war, setzte ich mich am Abend hin und dachte nach: Der Winter hatte den Erdboden noch fest im Griff, und ich hatte im dicken Mantel dagestanden, als würde die kalte, harte Zeit ewig dauern - und auf einmal waren da Schneeglöckchen, das erste sichtbare Zeichen für etwas Neues. Sie kündigten unübersehbar an, dass die warmen Tage wiederkehren würden. Ich begriff, warum ich hatte lächeln müssen: Inmitten der tristen Farben des winterlichen Waldbodens erstrahlte plötzlich und unverkennbar Hoffnung - in Weiß.

Schneeglöckchen sind einzigartig. Sie allein tragen diesen Optimismus zur Schau, der mitten in einer Zeit, wenn die Erde leblos und starr erscheint, wunderbar keck wirken kann. Doch sobald die Welt sich wieder zu rühren beginnt, sich erwärmt und aufbricht, mehren sich die Anzeichen für den Frühling. Einige davon wecken so starke Gefühle in mir, dass ich sie Glück nennen möchte. Ein solches Zeichen ist das Auftauchen des ersten Schmetterlings, vor allem dann, wenn es sich – was in Großbritannien häufig ist – um einen Zitronenfalter handelt. Auf mich hat das manchmal eine eigenartige Wirkung: Es ruft eine so starke Hochstimmung hervor, dass ich nach einer unkonventionellen Möglichkeit suche, sie zu begründen, weil ich weiß, dass das Mittel, das mir zur Verfügung steht – die Naturwissenschaft –, dazu nicht geeignet ist.

Es heißt so treffend, dass die Wissenschaft uns zwar Wissen schenkt, aber Sinn raubt. Seit sie im 17. Jahrhundert begann, die Welt rational zu erklären, hat sie viele Bereiche unserer Fantasie unterwandert oder lahmgelegt. Es gibt zahlreiche nicht-rationale Methoden der Weltbetrachtung, die einst weit verbreitet waren, einflussreiche traditionelle Lehren, mit denen wir uns heute nicht mehr befassen, seien es Alchemie, weiße oder schwarze Magie oder die Geschichte von Adam und Eva. Sie alle boten der Fantasie einen fruchtbaren Boden, und ich bin überzeugt, dass durch ihre unablässige Unterdrückung etwas verloren ging – ähnlich wie bei der Eroberung des Mondes durch Neil Armstrong und seinen großen Stiefel.

Eines Tages ertappte ich mich bei dem Wunsch, insbesondere eine dieser Fantasiewelten wäre uns noch zugänglich, und zwar die Welt der Geister. Mit Geistern meine ich körperlose Wesen, die durch die Welt sausen und nach Belieben erscheinen und verschwinden können. Manche sind bösartig, andere harmlos, und wenn ich ein Beispiel nennen soll, fällt mir sogleich Shakespeares Ariel ein, der dienstbare Luftgeist aus *Der Sturm.*

Ariel muss, wie Sie sich erinnern werden, Prospero zu Diensten sein, dem Zauberer und Herzog von Mailand, der von seinem bösen Bruder gestürzt, auf einem Schiff ausgesetzt wurde und sich mit seiner jungen Tochter auf eine einsame Insel retten konnte. Der Luftgeist lässt den Sturm aufkommen, der alle Figuren zusammenführt und die Handlung vorantreibt – aber er sehnt sich auch verzweifelt nach Freiheit, die Prospero ihm am Ende schließlich widerwillig gewährt.

Doch Ariel ist mehr als ein Hauskobold, insbesondere, wenn wir die Handlung von Shakespeares letztem Theaterstück autobiografisch deuten. Prospero, der am Ende seine Zauberei aufgibt, ist Shakespeare, der sich von der Kunst verabschiedet. Der dienstbare Geist, den der Zauberer nur so widerwillig freilässt, kann damit als Shakespeares eigene Fantasie gesehen werden, von der der Dichter sich, als das Alter naht, verabschieden muss. Seine großartige Gabe hat die Welt nach seinen Anweisungen durchstreift, er hat selbst Stürme geschaffen, unvergessliche Figuren und unvergessliche Dichtung, aber jetzt muss er das alles wohl oder übel aufgeben.

Dass Shakespeare einen Luftgeist, einen »artigen Taschenspieler« wählen konnte, um seine eigene außergewöhnliche Gabe zu verkörpern, war ein Glück und der Tatsache zuzuschreiben, dass die Naturwissenschaft die Existenz solcher Wesen noch nicht als Aberglaube abgetan hatte; uns aber stehen solche Möglichkeiten nicht mehr zur Verfügung. Daran dachte ich in einem Frühjahr mehrere Tage lang voller Bedauern, als ich nach einer Möglichkeit suchte, meinem Jubel darüber Ausdruck zu verleihen, an einem sonnigen Sonntagmorgen im März den ersten Schmetterling des Jahres gesehen zu haben. Es war wirklich ein Zitronenfalter, ein leuchtend gelber Zitronenfalter. Die Naturwissenschaft und mein Verstand hätten mir eine Menge über ihn berichten können: dass er ein Arthropode war, ein Gliederfüßer, und unter den Arthropoden ein Insekt; dass er zur Insektenordnung Lepidoptera gehörte und darin wiederum zur Schmetterlingsfamilie Pieridae, den Weißlingen; dass sein wissenschaftlicher Name *Gonepteryx rhamni* war; dass er als erwachsenes Tier überwintert hatte und zu einer der fünf britischen Schmetterlingsarten gehörte, die das tun – während die anderen dreiundfünfzig als Eier, Raupen oder Puppen überwintern; dass er sich im Raupenstadium von den Blättern des Kreuzdorns oder des Faulbaums ernährt und dass er als Blatt getarnt überwintert hatte, wahrscheinlich in einem Büschel Efeu, bis die ersten warmen Tage ihn weckten.

Doch das alles hätte ihn nicht im Entferntesten beschrieben. Was ich sah, elektrisierte mich sofort. Es war das ergreifende Zeichen nicht nur für die Wiederkehr der warmen Tage, sondern auch für die Wiedergeburt allen Lebens, für die große, unaufhaltsame Erneuerung. Seine leuchtende Farbe schien mir mein Erleben in diesem Moment begreiflich zu machen. Er war wie ein Stück Sonnenlicht, das sich von den Sonnenstrahlen gelöst hatte und nun frei umherschweifend den Frühling ausrief. Mir wurde klar, dass die Naturwissenschaft uns zwar jede Menge Wissen über Organismen wie ihn geschenkt hatte, aber keine Möglichkeit bot, seine Bedeutung in diesem Moment zu vermitteln, wie ich sie erlebte.

Wenn ich schreibe, ich habe ein Insekt gesehen, was ja streng genommen wahr ist, sagt das meinen Lesern gar nichts. Die Kategorisierung übermittelt das Wissen und verdeckt den Sinn. Wenn ich aber schreibe, ich habe einen Geist gesehen - denn so war mir zumute -, dann befinden wir uns sofort auf einem anderen Gebiet: Wir befinden uns im Reich der Fantasie und kommen dem Wunder des Ereignisses und der Freude darüber näher, dass ich an einem Sonntagmorgen im März in einer ganz gewöhnlichen Vorortstraße in Surrey den Geist des Frühlings gesehen habe.

~

Der Reiz des ersten Zitronenfalters, der ersten Schneeglöckchen und auch der Wintersonnenwende besteht zum Teil auch darin, dass man Jahr für Jahr auf ihre Wiederkehr wartet und sich dann umso mehr über sie freut. Doch ich erinnere mich auch an einige vereinzelte oder unerwartete Erlebnisse, die von der Wiedergeburt der Natur zeugten und mich in eine Hochstimmung versetzten, die ich als Glück bezeichnen möchte.

Eines davon war die Beobachtung von Hasen beim Liebesspiel. Seit mindestens fünfhundert Jahren ist in England der Ausdruck »verrückt wie ein Märzhase« gebräuchlich. Er bezieht sich auf das Verhalten des Feldhasen zur Paarungszeit. Man sagt, der Hase strotze dann so vor Energie, dass er schier durchdrehe. Lewis Carroll hat diese Vorstellung bekräftigt, indem er den Märzhasen in *Alice im Wunderland* auftreten ließ, und jetzt kennt jeder die literarische Figur und den Begriff, ohne dieses Geschöpf jemals in natura gesehen zu haben. Jedenfalls nicht im März.

Ich hatte schon viele Hasen gesehen und stets Gefallen an ihnen gefunden. In einem Land, in dem es von charaktervollen wilden Säugetieren nicht gerade wimmelt, hatte ich mich immer über sie gefreut. Zum Teil mag das daran liegen, dass wir in Gedanken sofort ein anderes Tier assoziieren, nämlich das Kaninchen. Die lernen wir schon als kleine Kinder kennen, lange, bevor wir jemals ihren Vetter, den Hasen, zu Gesicht bekommen. Wenn wir dann einen Meister Lampe sehen, fallen die Unterschiede sofort auf: Hasen sind viel größer und den Kaninchen gar nicht so ähnlich, wie wir dachten. Die langen Löffel, die ausfahrbaren Hinterläufe und die vorstehenden bernsteingelben Augen wirken im Vergleich riesig, und der Hasenkörper ist schlanker und länger als der des Kaninchens: nichts als Muskulatur, zum Rennen gemacht. Außerdem wirken Hasen wilder und erscheinen neben den Stallhasen, den Stubenhockern, wie Abenteurer. Ja, sind Kaninchen nicht ein kleines bisschen langweilig? Tun sie jemals etwas Interessantes? Ein Hase hingegen ist nicht langweilig. Er ist nicht nur ein verwegener Vagabund, sondern er hat auch etwas Übernatürliches. Um ihn rankt sich eine große Zahl von Fabeln und Legenden. Hasen gehörten angeblich zu den Lieblingstieren der Hexen, und es hieß, dass Hexen sich in sie verwandeln konnten und umgekehrt. So eine Häsin taucht zum Beispiel in einem Kindergedicht von Walter de la Mare auf, das ich als Jugendlicher kennenlernte:

In einer schwarzen Ackerfurche sah ich
ein altes Hexenhäschen nachts allein,
und es spitzte einen weichen Löffel,
und es sah des Mondes hellen Schein,
und es knabberte an grünen Kräutern,

und ich raunte: »Hexenhäschen! Pscht!«
Der Mondschein war noch da, als es gespenstisch
behände übers Feld davongezischt.

Aber obwohl ich Hasen hochinteressant fand und sehr mochte, hatte ich ihr legendäres Verhalten zur Paarungszeit noch nie beobachtet. Dazu gehört insbesondere das »Boxen«, bei dem sie sich auf die Hinterbeine stellen und einander wie Berufsboxer im Ring gegenüberstehen. Immer, wenn ich daran dachte, empfand ich es als beträchtliche Lücke in meinen Naturerlebnissen. Als mir eine Frau, die regelmäßig und fachkundig Hasen beobachtete, anbot, sie im März einmal zu begleiten, packte ich daher die Gelegenheit beim Schopf.

Gill Turner war eine sympathische Frau Anfang sechzig. Sie lebte in Hertfordshire, etwa fünfundzwanzig Meilen nördlich von London. Seit vor fast zwei Jahrzehnten eine zufällige Begegnung mit einem Feldhasen ihr Interesse geweckt hatte, beobachtete, registrierte und fotografierte sie die Tiere und widmete sich ihnen hingebungsvoll. Im Umkreis ihres Wohnortes gab es zwar Hasen, aber um mir ihr Verhalten besser zeigen zu können, nahm Gill mich noch einmal zwanzig Meilen weiter nach Norden mit, dorthin, wo die großen landwirtschaftlich genutzten Ebenen Ostenglands beginnen, die weiten, heckenlosen Felder, die man auch als »Weizentundra« bezeichnet. Dort hatte sie sich mit einem Farmer angefreundet, der – was ungewöhnlich war - seine Hasen so gern hatte, dass er sie nicht abschoss. Folglich gediehen sie auf seinem Land prächtig. Aber die Tiere waren stark bedroht, weil Jäger sie illegal mit Hunden, normalerweise mit zwei Greyhounds oder Windhundmischlingen, hetzten. Daher bat Gill mich, den genauen Ort nicht zu verraten. »Das kann grauenvoll sein«, sagte sie. »Die Jäger kommen aus dem ganzen Land. Und wenn der Farmer die Polizei ruft, schmeißen sie ihm die toten Hasen vor die Tür.«

Also keine genauen Angaben über den Ort. Aber die Landschaft war faszinierend, ein niedriges Hügelland mit dünner Ackerkrume, das sehr kahl wirkte, nahezu ohne Windschutz: typisch für den Osten Englands. »Mein Gott, ist es hier kalt im Winter«, sagte Gill an diesem kalten, trockenen Morgen Anfang März. Zu meiner Freude riefen Kiebitze und machten Balzflüge. Wir gingen einen Pfad entlang durch ein Gehölz und wieder hinaus ins Freie. Anfangs sahen wir kein Zeichen von *Lepus europaeus*. Ich fragte Gill, was sie an dem Tier so anziehend fand.

Die Öffentlichkeit sei über Feldhasen nicht richtig informiert, sagte sie und erzählte, dass die Häsin ihre Jungen auf offenem Feld zur Welt bringt, einfach in einer kleinen Mulde, der sogenannten Sasse. Im Gegensatz dazu werden Kaninchen in der vergleichsweise geschützten Geburtskammer eines Baus geboren. »Man sagt, Häsinnen seien schlechte Mütter, sie würden ihre Jungen auf dem Boden werfen und sie verlassen. Aber als ich mir die Zeit nahm, sie zu studieren, stellte ich fest, dass sie ganz wundervolle Mütter sind. Bevor sie ihre Jungen bekommen, beobachten sie wochenlang die Umgebung. Häsinnen werfen ihr Leben lang fast an der gleichen Stelle. Sie suchen sich ein sehr sicheres Gelände und wissen schon, bevor sie sich paaren, wer sich normalerweise auf diesem Stück Land bewegt.«

Gill hatte im Lauf der Jahre eine große Menge von Beobachtungen und viele kuriose Einzelheiten zusammengetragen. Hasen nehmen Staubbäder, erzählte sie. »Wenn sie eine Stelle mit trockenem, sandigem Boden finden, wälzen sie sich darin. Und dabei gibt es eine Art Regel: Ein Hase wartet, bis sein Vorgänger fertig ist, bevor er selbst ins Staubbad geht.« Die Jungen sammeln sich in einer Gruppe und jagen andere Tiere. »Ich habe beobachtet, wie sie Krähen, Fasane und alles, was sich in ihrer Nähe niederlässt, verjagen.« Einen Junghasen könne man erkennen, sagte Gill: »Die Schnauze ist kürzer. Die Ohren sind nicht beschädigt. Ältere Hasen haben oft Verletzungen an den Ohren, vor allem die Rammler.« Und natürlich hatte sie immer wieder das Paarungsverhalten beobachtet, die verrückten Märzhasen mit ihrem Jagen und Boxen. Früher glaubte man, dass die Rammler dieses Verhalten zeigen, wenn sie sich um eine Häsin streiten, aber mittlerweile ist man der Ansicht, dass mit diesem Verhalten fast immer eine Häsin unerwünschte Annäherungsversuche eines Rammlers abwehrt.

Während wir weiter auf die Felder hinausgingen, tauchten in der Ferne allmählich Hasen auf, anfangs nur hier und dort ein Tier, dann aber auch kleine Gruppen, zwar noch verstreut, aber zum Teil schon näher. Wenn man erst einmal einen Blick dafür bekommen hatte, waren sie unübersehbar, auch wegen ihrer aufrecht stehenden Ohren mit den schwarzen Spitzen. Es waren offensichtlich sehr viele, Gott segne den Farmer. Sie schienen friedlich zu grasen, doch während ich eins der Grüppchen beobachtete, sprangen zwei Tiere sich plötzlich an, und Vorderpfoten wirbelten durch die Luft. »Ja!«, rief ich. Gill lächelte und sagte: »Sehen Sie.« Es war gleich wieder vorbei, so schnell vorüber wie eine Sternschnuppe. Ich fragte mich, ob ich es wirklich gesehen hatte. Doch dann geschah es wieder. Diesmal boxten die Hasen länger, und durchs Fernglas sah ich ihre weißen Bäuche, als sie aufeinander zu tanzten und sich auf den Hinterläufen umkreisten, während die Vorderpfoten durch die Luft sausten, um Treffer zu landen. Sie setzten sich kurz hin und beobachteten einander aus einigen Metern Entfernung, wie Boxer in ihren Ecken, dann – fast als hätte die Glocke zur nächsten Runde geläutet – stürzten sie wieder aufeinander los und prallten tatsächlich in der Luft zusammen. Beide sprangen hoch, und ihre wirbelnden Pfoten trafen sich in der Luft, bevor sie auf den Hinterbeinen tanzend weiterboxten. Im Geist hörte ich die Schreie von Schuljungen, die ihre Freunde herbeirufen, sobald auf dem Schulhof eine Rauferei beginnt: *Prügelei! Prügelei!*

Jetzt sahen wir überall auf den sanften Hügeln in verschiedenen Tiergruppen kurze oder längere Boxkämpfe, und zwischendurch wilde Verfolgungsjagden, denen sich manchmal mehrere Tiere anschlossen. Gill erklärte, das seien die Jungtiere, die mitjagten, auch wenn sie gar nicht wussten, worum es ging. Beim Zuschauen erfasste mich eine Euphorie, die mehr war als einfach nur Aufregung – obwohl es höchst spannend war – und auch mehr als die Genugtuung darüber, dass ich endlich die Realität hinter einer Redewendung beobachten konnte. Ich hatte das Gefühl, privilegiert zu sein: Ich sah einen Teil des Wiedererwachens, der Bewegung hin zu neuem Leben, den man normalerweise nicht zu sehen bekommt, und das machte mich glücklich.

Es war, als sähe ich den Lebenssaft aufsteigen.

Mit voller Kraft.

≈

Das zweite ganz besondere Zeichen der erwachenden Natur, das ich mit Freuden beobachte, ist so ungewöhnlich, dass ich nicht weiß, wie ich es charakterisieren soll. Seine Beobachtung ist nur mithilfe der modernen Technik möglich.

Im Sommer 2011 startete Großbritanniens führende Organisation in der Vogelforschung, der *British Trust for Ornithology* (BTO), ein Projekt, an dem ich persönlich stark interessiert war. Es betraf den europäischen Kuckuck, den Vogel, der aus zweierlei Gründen berühmt ist: Er legt seine Eier in die Nester anderer Vögel, und wenn er im April wieder in Großbritannien eintrifft, ist sein zweitöniger Kuckucksruf, meistens eine kleine Terz, der beliebteste und markanteste unserer Frühlingsklänge.

Was der BTO vorhatte, interessierte mich, weil ich zwei Jahre zuvor ein Buch über die Vögel geschrieben hatte, die aus dem Afrika südlich der Sahara kommend den Sommer bei uns verbringen, wie Schwalbe, Nachtigall, Fitis und vor allem der Kuckuck. Bei einigen dieser Frühlingsboten, darunter auch dem Kuckuck, wurde ein alarmierender Rückgang festgestellt. Es war schwer festzustellen, wo das Problem lag, da Zugvögel vielerlei Gefahren ausgesetzt sind. Sie können in ihren Brutgebieten in Großbritannien Schwierigkeiten haben oder an den Überwinterungsorten in Afrika oder aber auf den alljährlichen strapaziösen Reisen zwischen diesen beiden Welten.

Inzwischen war mehr oder weniger bekannt, was die Kuckucke im Sommer während der Brutzeit machen – wie sie andere Vögel, etwa Rohrsänger und Wiesenpieper, austricksen und ihre Eier in deren Nester legen, und wie das Kuckucksküken nach dem Schlüpfen die Jungen der Wirtsvögel aus dem Nest befördert, um die ganze Aufmerksamkeit seiner Pflegeeltern für sich zu gewinnen. Das BTO-Projekt war daher ein Versuch, den übrigen Teil des Kuckucksjahres zu erforschen, die Reise zurück nach Afrika und die Monate dort, um möglicherweise Hinweise auf den Rückgang der Art zu erhalten. Über diese Zeit wusste man praktisch gar nichts. Es gab nur eine einzige relevante Information: Ein Kuckuck, der im Juni 1928 als Küken in Eton in Berkshire in einem Bachstelzennest beringt worden war, war im Januar 1930 in Kamerun in Westafrika tot aufgefunden worden.

Das war alles.

Der Rest war unbekannt. Wo flogen die Kuckucke aus Großbritannien im Winter hin? Die Forscher hatten keine Ahnung.

Hier wollte das Projekt unter Verwendung moderner Kommunikationsmittel Abhilfe schaffen. Es gab inzwischen Satellitensender, die so klein waren, dass man Vögel damit ausstatten und so ihren Weg rund um den Globus verfolgen konnte. Mit größeren Arten wie Fischadlern hatte man das bereits gemacht, und 2011 waren die Sender so winzig und leicht geworden, dass auch ein Kuckuck sie tragen konnte, ohne im Flug behindert zu werden. Und so fing man im Mai in East Anglia, nicht weit vom Hauptsitz des BTO in Thetford in Norfolk entfernt, fünf Kuckucke, beringte sie, stattete sie mit Satellitensendern aus und ließ sie dann wieder frei.

Es war ein kluger Schachzug, dass der BTO den Vögeln Namen gab. In der Vergangenheit hätte man die Versuchstiere bei einem so ernsthaften und kostspieligen Forschungsvorhaben (die Sender kosteten pro Stück 3000 Pfund) wahrscheinlich als XPWS137 bis XPWS141 oder ähnlich bezeichnet, aber die Stiftung hatte die öffentliche Unterstützung im Blick und nannte die fünf Kuckucke daher Clement, Martin, Lyster, Kasper und Chris. Das klang, als wären sie Musiker in einer Boyband. Und auch die angesagten modernen Medien wurden eingesetzt: Für jeden Vogel gab es einen Blog, in dem die Einzelheiten seiner Reise aufgezeichnet wurden. Diese Blogs konnten auf der BTO-Website von jedem kostenlos eingesehen werden und wurden mehr oder weniger in Echtzeit ergänzt.

Das Projekt machte sich sofort und auf spektakuläre Weise bezahlt, denn es strafte ein für alle Mal den alten englischen Kindervers über den Kuckuck Lügen:

Im April, da kommt er,
Im Mai, da bleibt er,
Im Juni ändert er sein Lied.
Im Juli macht er sich bereit,
Im August dann fliegt er weit.

Erst im August? Clement verließ Großbritannien bereits am 3. Juni und kam am 13. Juli in Algerien an. Da floh jemand vor dem Winter, obwohl noch nicht einmal Mittsommer war? Die BTO-Wissenschaftler staunten. Clement hatte im Juni nicht sein Lied geändert, er hatte sich einfach aus dem Staub gemacht, und bald folgten ihm auch Martin, Kasper und Chris. Allein Lyster blieb bis Mitte Juli in den Norfolk Broads. Das war aber nur der Anfang der neuen Erkenntnisse. Noch mehr staunten die Forscher über Richtung und Art der Flugstrecken, denn sie teilten sich in zwei weit voneinander entfernte Routen, führten aber zum gleichen Ziel. Drei der Vögel, Chris, Martin und Kasper, nahmen den Weg über Italien, über das Mittelmeer und direkt über die Sahara, während die anderen beiden, Clement und Lyster, über Spanien und dann an der afrikanischen Atlantikküste entlangflogen, mehr als tausend Meilen weiter westlich. Doch am Ende des Jahres waren alle fünf Kuckucke im gleichen, wenig bekannten Teil Afrikas wieder zusammengekommen, dem Kongobecken. Kuckucke aus Südostengland fliegen, wie sich zeigte, für den Winter 4000 Meilen weit in die Demokratische Republik Kongo, auch Kongo-Brazzaville genannt, früher Französisch-Kongo. Das hatte niemand gewusst, ja nicht einmal geahnt. Man hatte angenommen, dass die Kuckucke nach Westafrika ziehen, in den Senegal oder so. Noch erstaunlicher jedoch war, wie nah beieinander die Zielorte der Vögel lagen. Zu Beginn des neuen Jahres befanden sich Clement, Martin und Lyster auf dem Téké-Plateau nördlich von Brazzaville, einem spärlich bevölkerten Grasland mit von Wäldern gesäumten Flüssen. Kasper befand sich am südlichen Ende des Téké-Plateaus, während Chris sich weiter nordöstlich aufhielt, im Grenzgebiet der Demokratischen Republik Kongo.

Als jemand, der sozusagen ein berufliches Interesse am Kuckuck hat, vertiefte ich mich ganz in dieses Projekt und verfolgte die Schicksale der fünf Vögel von Beginn an. Auf Google Earth konnte man jederzeit genau sehen, wo sie sich befanden, oder zumindest, wo ihre Sender zuletzt Signale abgegeben hatten. Das war wunderbare, hochmoderne Ornithologie, und es war faszinierend, die Entdeckungen mitzuverfolgen und zu beobachten, wie die uralten Geheimnisse des Vogelzugs gelüftet wurden und es dabei eine Überraschung nach der anderen gab. Doch die größte Überraschung sollte erst noch kommen.

Am 7. Februar 2012 loggte ich mich auf der BTO-Website in die Kuckucksseiten ein und las die Zusammenfassung über die letzten Wochen. Die Vögel hielten sich seit zwei Monaten im Kongogebiet auf, und über Chris und Clement gab es in letzter Zeit keine neuen Daten. Lyster war 75 Meilen nordwärts nach Ndzakou geflogen. Martin war 90 Meilen nach Norden geflogen und hielt sich in der Nähe des Flusses Likouala auf. Und Kasper, der weiter südlich überwintert hatte, hatte sie beide überholt und war 350 Meilen nach Norden gezogen, fast bis zur Grenze zwischen der Demokratischen Republik Kongo und Gabun.

Irgendetwas daran ließ mich nicht los.

Ich las die Zusammenfassung noch einmal. Lyster war nordwärts geflogen. Martin war nordwärts geflogen. Kasper war nordwärts geflogen.

Ich klickte die Karte an und studierte ihre Bewegungen, die als dünne, gerade Linien sichtbar waren, orange für Lyster, grün für Martin und gelb für Kasper.

Alle drei Linien wiesen in die gleiche Richtung: nach Norden. Nordwärts nach ... dorthin, wo ich saß. Und mit einer Mischung aus Verwunderung und großer Freude begriff ich plötzlich, was ich da vor mir auf dem Bildschirm sah.

Sie kamen zurück.

Der große Zyklus des Vogelzugs hatte erneut begonnen, und auf einmal wurde mir klar, dass ich, so übertrieben das auch klingen mag, etwas beobachtete, was in der Menschheitsgeschichte bisher noch niemand gesehen hatte.

Ich beobachtete, wie sich aus einer Entfernung von 4000 Meilen der Frühling näherte.

Am liebsten hätte ich das laut herausgebrüllt, aus voller Kehle. Am liebsten wäre ich nach draußen auf die Straße gerannt, hätte mir den erstbesten Passanten geschnappt, ihn vor meinen Bildschirm geschleift und gerufen: »*Gucken Sie mal! Gucken Sie doch mal! Auch wenn es noch Februar ist und eisig kalt - da kommt der Frühling! Von da unten in Zentralafrika! Er ist auf dem Weg zu uns! Jetzt!*« Aber der jämmerlich angepasste Teil von mir behielt die Oberhand, und ich blieb einfach sitzen, zutiefst ergriffen von dem, was ich vor mir sah, und blieb mit meinem Glück allein, während ich überlegte, was der Auslöser für diesen Wechsel, diesen Aufbruch gewesen sein mochte. Ein Flüstern in den Gewächsen des weit entfernten Norfolk und seiner Schilfrohrsänger mit ihren verlockenden Nestern? Eine Veränderung im Muster der Regenfälle in Afrika? Veränderte Tageslänge? Was immer es gewesen war, es hatte den Vögeln unmissverständlich befohlen: *Fliegt wieder los.*

Von da an verfolgte ich ihren Rückflug natürlich ganz genau. Er bot eine weitere Offenbarung: Alle Kuckucke, die in Großbritannien brüten, ganz gleich, welchen Weg sie auf dem Zug in den Süden wählen, fliegen auf einer einzigen Route in den Norden zurück. Dabei machen sie einen größeren Umweg, einen weiten Bogen nach links zum westafrikanischen Regenwald. Sie fliegen nach Nigeria, Togo und Ghana, wo die Frühjahrsregen für eine explosionsartige Vermehrung der Insekten sorgen, sodass sie vor ihrer anstrengenden Sahara-Überquerung Energie tanken können.

Diese Energie brauchen sie dringend. Ich verfolgte die Tragödien und die Triumphe, die zeigten, wie gefährlich und kräftezehrend die alljährlichen Vogelzüge sind. Clement, der England so überraschend früh verlassen hatte, starb am 25. Februar in Kamerun, Ursache unbekannt – möglich, dass er von einem Raubtier gefressen oder von Jägern für den Kochtopf geschossen wurde. Martin kam am 6. April bei Lorca in Südspanien ums Leben, in einem für die Jahreszeit untypischen Hagelsturm, nahmen die Wissenschaftler an. Kasper hörte am 9. April in Algerien auf zu senden, wobei man allerdings vermutete, dass möglicherweise der Sender defekt war. Chris und Lyster aber kamen Ende April in England an, und am 30. April zog das BTO-Team los und suchte Lyster in den Norfolk Broads. Es entdeckte ihn tatsächlich und begrüßte ihn begeistert.

Ich freute mich an meinem Bildschirm mit. Nicht nur über die glückliche Rückkehr, sondern auch, weil ich in allen Einzelheiten Zeuge dieser 8000-Meilen-Reise gewesen war, die durch so unterschiedliche Landschaften geführt hatte. Seit die Kuckucke das beschauliche East Anglia verlassen hatten, waren sie extremen Bedingungen ausgesetzt gewesen: Sie hatten die größte Wüste der Welt, die Sahara, überquert und in Westafrika dann die dichtesten Regenwälder der Welt. Sie hatten das Atlasgebirge und die Sumpfwälder des Westkongo umflogen. Sie hatten nicht nur Frankreich, Italien, Spanien und das Mittelmeer gesehen, sondern auch Mali, Niger und die Zentralafrikanische Republik und vielleicht auch Paris und Timbuktu.

Das Gefühl, dass wildlebende Geschöpfe auf eine Weise über die Erde ziehen, wie wir Menschen es niemals können, hat Ted Hughes in einem Gedicht mit dem Titel »Oktoberlachs« festgehalten. Darin betrachtet er einen Lachs, der nach seiner Reise in die Meere um Grönland zum Ablaichen und Sterben nach Hause in einen

Fluss in Devon zurückgekommen ist. »So kurz durchstreifte er die Galerie der Wunder!«, schreibt Hughes. Auch die fünf vom BTO beobachteten Kuckucke hatten in der Tat ihre eigene Galerie der Wunder durchstreift, und wir hatten die Möglichkeit gehabt, ihre Wanderung mitzuverfolgen. (Das Projekt wird fortgesetzt – siehe zum Beispiel »Tracking Cuckoos to Africa ... and back again«.)

Ich fand das Projekt insgesamt inspirierend und verfolgte staunend die Wanderungen der Vögel. Doch nichts in der ganzen Zeit war so schön wie der Moment, in dem ich plötzlich erkannte, dass die Kuckucke den Rückflug angetreten hatten und dass in der englischen Landschaft bald wieder ihr Ruf erklingen und unmissverständlich den Frühling ausrufen würde - der Moment, als ich sah, wie der ewige Zyklus von Neuem begann. Es war das ungewöhnlichste Signal der wiedererwachenden Natur, das ich jemals miterleben werde, und das Glück darüber bleibt: Es war so intensiv wie mein Glück über die Wintersonnenwende und die ersten Schneeglöckchen und den ersten Zitronenfalter zusammen – an jenem Februartag, als ich auf meinem Bildschirm den Frühling kommen sah, 4000 Meilen weit entfernt aus dem Herzen von Zentralafrika.

❧

Es gibt noch ein weiteres Signal für das Wiedererwachen der Natur, das mich beglückt, und das ist die Baumblüte. Vielleicht liegt es daran, dass es im Englischen ein besonderes Wort dafür gibt: *blossom*. Jedenfalls war für mich die Baumblüte seit jeher etwas ganz Besonderes. Wenn ich einen blühenden Kirschbaum auf einem Beet mit blühenden Narzissen sah, begeisterten die weißen Blüten des Baumes mich mehr als die gelben Blüten darunter, obwohl beide eine Augenweide waren.

Aber warum war das so?

Früher dachte ich, es läge daran, dass die Blüten, insbesondere an Obstbäumen, Apfel, Kirsche oder Pflaume, büschelweise stehen, so rund und üppig wie die Früchte, die sie hervorbringen, und in ihrer Fülle wie die Essenz des Floralen wirken. Aber mittlerweile glaube ich, dass die Anziehungskraft einfacher zu erklären ist: Blumen gibt es das ganze Jahr über, aber Blüten an Bäumen nur im Frühling.

Folglich ist die Baumblüte ihrem Wesen nach ein Banner, ein buntes Banner mit der Aufschrift Frühling. Im Laufe der Jahre habe ich mir im Geiste meinen eigenen Baumblütenkalender geschaffen und warte immer ungeduldig auf das, was zu kommen verspricht. Man kann einen solchen Kalender schon am Jahresanfang mit einigen seltenen Arten beginnen lassen, etwa der Winterkirsche (*Prunus subhirtella*), für mich beginnt er jedoch im frühen März mit einer nach England eingeführten Gattung, der Magnolie. Da, wo ich lebe, im vorstädtischen Westen Londons, blühen Magnolien in den Vorgärten. Wenn ich früher morgens auf dem Weg zur Arbeit zum Bahnhof trottete, kam ich an mehreren Magnolien vorbei, und man konnte einfach nicht übersehen, wie ihre großen, aufrechten Knospen im Laufe des Februars anschwollen, bis sie so dick waren wie Glühbirnen. Es war, als würde man Feuerwerkskörper kurz vor dem Explodieren beobachten. Wenn sie dann endlich aufplatzten, hatten die Gartenbesitzer vor ihren Fenstern kahle Gehölze stehen, die über und über mit Seerosen geschmückt waren.

Magnolienknospen gehen jedes Jahr ungefähr zur gleichen Zeit auf, und ich habe mir jahrelang gemerkt, wann ein strahlend weißes Exemplar am Ende meiner Straße aufblühte, das inzwischen leider nicht mehr da ist: Es war immer um den 9. März, und jedes Mal boxte ich vor Freude in die Luft und rief *Ja!*, wie beim Anblick der tanzenden Hasen. Die Erde drehte sich unbestreitbar weiter. Es war ein atemberaubender und erhebender Anblick, denn ob schneeweiß oder cremeweiß, rosa oder gelb, Magnolienblüten haben etwas Überschäumendes, Tropisches und wirken für England viel zu exotisch. Sie stammen ja auch nicht von hier, sondern aus Ostasien und Amerika. Pflanzensammler haben viele der weit über 200 Arten in den letzten beiden Jahrhunderten nach Großbritannien geholt. Besonders in London und hier vor allem in Kew Gardens gedeihen sie prächtig.

Ihre Blütenfülle in einer normalerweise kühlen und unwirtlichen Zeit, während die Bäume ringsum erst zögernd ein paar Blättchen sprießen lassen, ist eine Quelle der Freude. Ein weiterer Grund, warum Magnolien bei uns in der Stadt ein Blickfang sind, ist die

Tatsache, dass ihre strahlenden Blüten sich besonders gut von Ziegelmauern oder Putz abheben. Vor allem aber fallen sie wohl wegen ihrer Blütenstruktur auf: Sie sähen aus wie kleine weiße Tauben, die in einem Baum nisten, sagte ein begeisterter Gärtnerfreund einmal zu mir. Dabei sind sie unkompliziert und haben, wie der Strauch oder der Baum selbst, einfache, schlichte Linien. Vom Stil her sind sie Minimalisten. Zweifellos liegt das daran, dass Magnolien zu den ältesten und primitivsten Blütenpflanzen gehören. Sie geben uns einen Hinweis darauf, wie Blütenpflanzen ausgesehen haben könnten, als sie sich vor etwa einhundertfünfzig Millionen Jahren aus den Koniferen entwickelten. Wenn man die Fruchtzapfen einer Magnolie betrachtet, stellt man fest, dass sie geschlossenen Kiefernzapfen sehr ähnlich sehen. Und ich nehme sie hier auf, obwohl sie als nicht einheimische Gehölze in großen Teilen Großbritanniens nur selten oder gar nicht zu finden sind, weil ihre Blüten im erwachenden Frühjahr für mich so wichtig sind.

Das nächste Ereignis in meinem Baumblütenkalender ist dagegen überall im Land verbreitet. Es ist die Blüte des Schwarzdorns, auch Schlehdorn oder Schlehe genannt. Er gehört zur Gattung der Steinobstgewächse, genauso wie Pflaumen, Kirschen, Pfirsiche und Mandeln. Der botanische Name lautet *Prunus spinosa*, die »dornige Pflaume«, und die kleinen blauschwarzen Früchte sind so bitter, dass es einem den Mund zusammenzieht. Nach dem ersten Frost werden sie süßer, und man kann Schlehenlikör oder Schlehenfeuer daraus machen. In Großbritannien ist *Sloe Gin*, der Schlehengin, eine großartige einheimische Spirituose, die sogar die französischen Obstbrände in den Schatten stellt. Außerdem schenkt der Schlehdorn uns Holz, aus dem hervorragende Spazierstöcke hergestellt werden. In Irland wurden daraus traditionell die *shillelagh*, die Kampfstöcke, angefertigt. Und drittens liefern die Blätter den Larven von zwei weniger bekannten britischen Schmetterlingsarten Nahrung, dem Pflaumen-Zipfelfalter und dem Nierenfleck-Zipfelfalter. Der Pflaumen-Zipfelfalter ist, ehrlich gesagt, ein wenig langweilig, aber der weibliche Nierenfleck-Zipfelfalter gehört mit seinen goldorangen Streifen auf den Vorderflügeln zu unseren schönsten Insekten. Man sieht diese Falter nur, wenn sie im späten August und im September aus den Baumwipfeln herabfliegen, um auf Schlehdornzweigen ihre Eier abzulegen. Eins meiner kostbarsten Besitztümer ist ein Gemälde des wunderbaren Insektenmalers Richard Lewington. Es zeigt einen weiblichen Nierenfleck-Zipfelfalter neben einem Büschel reifender Schlehen. Die Herrlichkeit des Herbstes, denke ich jedes Mal, wenn ich es ansehe.

Der Schlehdorn selbst lässt uns an der Herrlichkeit des Frühlings teilhaben. Wenn der Busch blüht, normalerweise Mitte bis Ende März, wirkt er nicht wie ein schwer mit Blüten beladener Kirschbaum, sondern als wäre er mit Raureif überzogen. Er sieht aus wie ein Baum an einem Wintermorgen, nach einer Nacht mit eisigem Nebel, wenn die schwarzen Äste wie überzuckert anmuten. Weil die Blüten der Schlehe vor den Blättern erscheinen, wirkt der blühende Busch mit seinen dünnen Ästen noch zarter und feiner. Schlehenhecken findet man überall, und im März und frühen April haben wir ihnen die ersten kräftigen Farbtupfer zu verdanken. Einen Monat bevor das Grün sprießt, wird die Landschaft weiß. Als ich einmal um diese Zeit von Brighton nach London fuhr, war die A23 meilenweit von blühenden Schlehen gesäumt. In Sussex stand, so schien es mir, zehn, zwanzig, dreißig Meilen lang alle paar Meter ein von Kopf bis Fuß in Weiß gekleideter Busch. Ich fragte mich, wie viele der Fahrer, die über die Autobahn bretterten, ihre geschmückten Ränder würdigten. Schließlich fand ich einen von Schlehen gesäumten Parkplatz und machte Halt. Gierig brach ich zwei blühende Zweige ab und sog tief ihren Honigduft ein. Sie fuhren den ganzen Weg bis nach Hause auf dem Armaturenbrett mit, Dornenzweige, betupft mit zahllosen kleinen weißen Blütenblättern. Ich liebte sie. Ich liebe sie jedes Jahr wieder.

Nach der Schlehenblüte, im April, häufen sich die Einträge in meinem Baumblütenkalender. In unserem kleinen Garten sind wir mit einem Apfelbaum (einem Bramleys Sämling), einer Sauerkirsche und einem Fliederbusch gesegnet, und in den meisten Jahren gib es ein paar Tage, an denen alle drei gleichzeitig blühen und den Garten mit Rosaweiß, reinem Weiß und blassem Lavendelblau schmücken. Wenn man an diesen Tagen die Vorhänge im Zimmer meiner Tochter zurückzieht, schnappt man unwillkürlich nach Luft, weil der Apfelbaum direkt vor ihrem Fenster blüht und den Fensterausschnitt ganz ausfüllt. In den Straßen ringsherum krönen die Kastanien mit ihren jungen smaragdgrünen Blättern und den großen weißen Blütenkerzen diese vergängliche Pracht. Und dann, zum Abschluss meines Kalenders, blüht noch in üppigen Hecken der Weißdorn, auch Hagedorn oder Mehlbeerbusch genannt – die Sahne zum Zucker des Schlehdorns.

Es ist nicht nur die Schönheit dieser blühenden Bäume und Sträucher, die mich so stark berührt, sondern auch die Tatsache, dass sie den Jahreslauf markieren: Die Baumblüte zeigt mir, dass Frühling ist. In der Art, wie die Zeichen für die sich mit den Jahreszeiten wandelnde Natur uns bewegen, liegt für mein Gefühl ein Schlüssel zum Verständnis unserer Verbundenheit mit ihr. Die Wiedergeburt der Natur lässt uns – oder zumindest mich und viele andere – nicht kalt. In mir löst sie manchmal so tiefe Freude aus, dass ich keine angemessene Reaktion darauf finde.

Das habe ich einmal in Frankreich erlebt. Über einen Zeitraum von zehn Jahren verbrachten meine Frau, unsere beiden Kinder und ich unsere Ferien häufig in einem alten Bauernhaus im Süden der Normandie, im sanften, bewaldeten Hügelland des Perche, der Heimat der Kaltblutpferderasse Percheron. Die meisten britischen Touristen fahren daran vorbei. Einer der Reize unseres Ferienhauses war der große Garten mit seinen vielen Singvögeln. Neben Schwalben, Hänflingen und Goldammern, die auf dem Telefonkabel sangen, waren Grauschnäpper die faszinierendsten Besucher. Gelegentlich überraschten uns auch Säugetiere: Aus dem Wald auf der anderen Straßenseite kamen rote Eichhörnchen, und einmal sah meine Frau die lange, schlanke Gestalt eines Steinmarders. Für mich allerdings war die Fülle an Insekten am interessantesten, da sie in Großbritannien heutzutage nur noch eine ferne Erinnerung ist: Es gab wunderschöne Tagschmetterlinge, von Schwalbenschwänzen bis zu Perlmutterfaltern, und nachts prächtige Nachtfalter. Das weiß ich, weil ich schamloser Fanatiker im Garten meine Lichtfalle aufstellte. Unter den vielen Nachtschmetterlingen waren der Russische Bär, das Eichenkarmin und verschiedene Arten von Schwärmern, nicht zuletzt der Ligusterschwärmer – groß wie ein Flugzeug, oder so schien es mir, als ich ihn zum ersten Mal bestaunte. Hinzu kamen die Achateule, der Achat-Eulenspinner und das Schwarze C, auch Schwarze C-Erdeule genannt, die Gothica-Kätzcheneule, auch Gotische Eule oder Graue Frühlingseule, die Hausmutter und neben den Lepidoptera noch alle möglichen anderen Insekten. Manchmal besuchte uns die Große Blaue Holzbiene, auch Blauschwarze oder Violettflügelige Holzbiene genannt, die größte der europäischen Bienen, tiefblau und so groß wie ein Cocktailwürstchen; und in der Abenddämmerung beobachteten die Kinder hingerissen die winzigen grünen Leuchtpunkte im Gras, wenn die weiblichen Glühwürmchen für vorüberfliegende Männchen Leuchtsignale aussandten.

Die hintere Hälfte des Grundstücks beherbergte einen kleinen alten Obstgarten mit vierzehn verschiedenen Baumarten, darunter Äpfel, Kirschen, Pfirsiche und verschiedene Pflaumen, wie Zwetschgen, Renekloden und Mirabellen, die Krönung aller Obstsorten, wenn man sie zum richtigen Zeitpunkt erntet. Mirabellen sind klein und rund und während der Reifezeit grünlich gelb. Sie schmecken auch dann schon sehr gut, nach Pflaume. Doch wenn sie richtig reif sind, in den paar Tagen, bevor sie vom Baum fallen, färbt ihre Schale sich zu einem dunklen Gold mit roten Pünktchen, und dann ist der Geschmack unvergleichlich, eine Kombination der feinsten Variationen von Süße, die der Gaumen jemals gekostet hat.

Doch der Obstgarten hielt noch weitere Freuden bereit. Im Frühjahr blühten die Obstbäume prächtig, vor allem einige weiße Kirschbäume fielen auf, weil sie wie verschneit wirkten. Und auch ein weiteres Naturphänomen hatte seine Blütezeit: der Vogelgesang.

Seit einigen Jahren erscheint mir der Frühlingsgesang der Vögel wie die Baumblüte in Klängen. Damit begeben wir uns vermutlich ins Reich der Synästhesie, der Koppelung zweier Sinnenreize zu einer einzigen Wahrnehmung. Früher hat mich die Vorstellung nie interessiert, obwohl viele namhafte Künstler damit arbeiten. Doch dann hörte ich einmal auf Skye Fitisse singen, und ihre silberhellen, absteigenden Tonfolgen milderten die Strenge der nordischen Landschaft ebenso, wie blühende Bäume es tun, und seither lässt sie mich nicht mehr los. In unserem Ferien-Obstgarten in Frankreich sangen die Vögel aus voller Kehle. Jeden Morgen beim Aufwachen hörten wir den Chor aus Amseln und Singdrosseln, Rotkehlchen, Zaunkönigen und Buchfinken, und sogar eine Mönchsgrasmücke war dabei, mit dem lieblichsten, melodiösesten Gesang, den man sich vorstellen kann, und ich begann, ihn als Blüte zu empfinden, der Baumblüte ähnlich. Als die beiden Eindrücke dann irgendwann ganz miteinander verschmolzen, war das für mich ein umwerfendes Erlebnis.

Es war Ende April, und tief in einer Hecke versteckt sang beglückend schön die Mönchsgrasmücke. Auf der anderen Seite des Gartens standen die Kirschbäume in voller Blüte, und auch das machte mich glücklich. Und dann – es war ein Sonntagmorgen, das weiß ich noch genau – flog der Vogel auf einen blühenden Baum und begann dort sein Lied.

Ich war stumm vor Staunen.

Da stand der in schneeweiße Blüten gehüllte Baum in seiner ganzen Schönheit, und aus ihm ertönten diese atemberaubenden Klänge. Der blühende Kirschbaum war nicht nur ein Inbegriff floraler Schönheit, er schien jetzt auch noch zu singen.

Mein Verstand kam nicht mehr mit. Es war einfach zu viel, und er gab auf. Ich war über schlichte Bewunderung hinaus in einen unbekannten Bereich der Sinneserfahrung gelangt, und es gab nur eine mögliche Reaktion: Ich lachte. Es war der perfekte Ausdruck für mein Glück in dieser Frühlingspracht.

6
Freude an der Schönheit der Erde

Um das Thema Freude und Glück noch zu vertiefen, begeben wir uns vom Kalender und den Zeichen für das Wiedererwachen der Natur nun weiter zur Schönheit unserer Erde. Dazu möchte ich von zweierlei berichten, das mich im Leben beglückt hat – die Farbe und die Form.

Ich habe zwar noch nie etwas darüber gefunden, aber es ist klar, dass die Erde nicht schön sein musste, um die Entwicklung menschlichen Lebens zu ermöglichen. Ein Planet, der uns mit Luft und Wasser, Nahrung und Schutz versorgt, würde völlig ausreichen, auch ohne Eigenschaften, die uns erfreuen und das Herz berühren. Als das Leben auf der Erde begann, hatten die Landflächen über einen langen Zeitraum hinweg höchstwahrscheinlich nur eine einzige Farbe. Es war das Grün der Pflanzen, die vor etwa 450 Millionen Jahren anfingen, den Boden zu bedecken, dann allmählich höher wurden und schließlich Wälder bildeten. Vermutlich gab es auch damals schon verschiedene Grüntöne, aber für etwa 300 Millionen Jahre blieb es bei Grün. Irgendwann jedoch ließen einige Pflanzen ihre Pollen lieber von Insekten als vom Wind verbreiten. Um aufzufallen und Insekten anzuziehen, entwickelten sie, wie etwa die Magnolie, Fortpflanzungsorgane mit leuchtenden Blütenblättern. Das war die Geburtsstunde der Blüten in all ihrer Schönheit und der Vielfalt an Größen, Formen und Farben. Während die alten, blütenlosen Samenpflanzen wie Koniferen und Palmfarne heute auf der ganzen Welt nur noch mit etwa tausend Arten vertreten sind, gibt es mehr als 350 000 Pflanzen, die sich mithilfe von Blüten vermehren.

Die Entstehung von Blütenpflanzen war eine der großen Revolutionen des Lebens auf der Erde, aber sie musste nicht zwangsläufig stattfinden und sicherlich auch nicht, bevor die Menschheit auftauchte. Wir könnten in einer immer noch ausschließlich grünen Welt zufrieden leben – sofern wir überhaupt zufrieden leben können – und würden etwas, das wir nie hatten, vermutlich auch gar nicht vermissen. Doch die meisten von uns betrachten die Existenz von Blüten als selbstverständlich, und es gibt eher selten einfühlsame Menschen wie die Romanautorin Iris Murdoch, die in *A Fairly Honourable Defeat* (1970) eine ihrer Figuren sagen lässt: »Menschen von einem Planeten ohne Blumen würden meinen, wir müssten die ganze Zeit durchdrehen vor Freude darüber, dass wir hier von so etwas umgeben sind.« Das ist durchaus möglich. Es ist ein eigentümliches Merkmal der Erde, dass sie uns neben den Mitteln zum Überleben auch Schönheit schenkt, und diese wundersame Eigenschaft bewegt uns sehr - jedenfalls uns moderne Menschen. Um sie zu feiern, bilden wir sie seit etwa 40 000 Jahren in Formen nach, die wir gemeinhin als Kunst bezeichnen, von den Höhlenmalereien von Lascaux bis hin zu Leonardo da Vinci. Doch seit etwa hundert Jahren greift eine neue Kunstphilosophie, die der Moderne, und viele kulturelle Wortführer lehnen das Primat der Schönheit bewusst ab, weil sie im industriellen Zeitalter und einer Welt, deren Optimismus am Ersten Weltkrieg zerbrach, als nicht mehr zeitgemäß gilt. Der wahre Sinn von Kunst müsse sein, vorgefasste Meinungen zu hinterfragen, heißt es, und damit wird weitgehend vergessen oder schlicht ignoriert, wo Schönheit überhaupt ihren Ursprung hat - nämlich in der Welt der Natur.

In den letzten Jahrzehnten ist dieser Prozess sogar noch weiter gegangen: Schönheit ist *suspekt* geworden. In meinen mittleren Lebensjahren konnte ich beobachten, wie in meiner Kultur eine neue Auffassung an Kraft gewann und das Konzept der Exzellenz untergrub. Meine frühen Jahre verlebte ich in einer Welt, in der Exzellenz fraglos ein hohes Ansehen genoss, ganz gleich wo man politisch stand. Sie war ein Eckpfeiler der Leistungsgesellschaft nach dem Krieg, ebenso wie sie seit dem klassischen Griechenland ein Eckpfeiler der europäischen Zivilisation gewesen war. Aber das ist anders geworden. Seit etwa einem Vierteljahrhundert herrschen in zwei verschiedenen Bereichen der britischen Gesellschaft zwei entgegengesetzte politische Ideale. In der Wirtschaft hat sich der freie Markt, das Ideal der Rechten, gegen alles andere durchgesetzt, und auf dem Sozialsektor ist der Egalitarismus als Schlüsseltheorie der Linken der große Gewinner. Was aber nicht heißt, dass alle die gleichen Chancen bekommen sollen, so wie es 1776 in der amerikanischen Unabhängigkeitserklärung vorgesehen war, sondern diesem neuen Egalitarismus geht es um das Ergebnis: Es soll keine Verlierer mehr geben. Dem lässt sich leicht zustimmen, wobei es allerdings logischerweise zur Folge hat, dass es auch keine Gewinner und damit auch weder herausragende Leistungen noch Eliten mehr geben darf. Auch Schönheit wird damit politisch. Und das Lob weiblicher Schönheit, das seit dem Minnesang so sehr Teil der europäischen Dichtung ist, wird auf einmal anrüchig, weil es weniger schöne Frauen kränken oder Frauen, die vielleicht viele andere Qualitäten besitzen als zufällige Schönheit, auf ihr Aussehen reduzieren könnte. Der Verdacht drängt sich auf, dass Petrarca nicht veröffentlicht würde, wenn er heutzutage Lauras schöne Augen besänge.

Nicht, dass ich gegen diese Entwicklung zu Felde ziehen oder sie als falsch oder schlecht bezeichnen wollte. Ich sage nur, dass sie stattgefunden hat und bemerkenswert ist. Schönheit wird in manchen Bereichen mit Ideologien verquickt, mit Privilegien assoziiert und als Spielzeug der vom Schicksal Begünstigten betrachtet. Und manchmal (natürlich nur, wenn ich zu viel Zeit habe) frage ich mich, ob nicht womöglich auch der Tag kommen wird, da man es für unangebracht hält, offene und uneingeschränkte Bewunderung für eine Orchidee zu äußern, für ihre Schönheit, ihre Eleganz und ihren Zauber, lauter Eigenschaften, die viele Orchideen unbestreitbar besitzen.

Wahrscheinlich wird er nicht kommen. Aber es lässt sich nicht leugnen, dass die Bewunderung von Schönheit in der Natur in der Hochkultur kaum noch eine Rolle spielt, seit die Moderne sie verächtlich hinweggefegt hat, in der Malerei und der Bildhauerei, der Musik und der Dichtung. Im frühen 20. Jahrhundert gab es zum Beispiel eine Gruppe englischer Lyriker, die sogenannten *Georgian Poets*, die viel über die Natur schrieben und viele Leser hatten. Einige waren besser, andere schlechter, aber bis auf den wunderbaren Edward Thomas gerieten alle in Vergessenheit, nachdem 1922 T.S. Eliots *Das wüste Land* erschienen und damit die Moderne ausgerufen worden war. An dem Erbe haben wir bis heute zu tragen, und die Schönheit im Allgemeinen wie die natürliche Schönheit der Erde gelten den kulturellen Eliten des 20. und 21. Jahrhunderts wenig. Da aber viele Normalsterbliche neben den maßgeblichen kulturellen Strömungen her leben, ohne sich so oder so entscheiden zu müssen, fühlen sie sich von der Schönheit der Natur noch genauso angezogen wie eh und je, und zu diesen Menschen gehöre auch ich.

Ich will von einem Wald erzählen. In diesen Wald ging ich in einem Frühjahr fünfmal, an fünf aufeinander folgenden Tagen, und nach dem ersten Mal blieb ich jeweils am Eingang stehen und kostete den Moment vor dem Eintreten aus. Er fühlte sich an wie kurz vor dem Sex mit einer neuen Geliebten – mit dem Herzklopfen und der prickelnden Vorfreude auf das anstehende Vergnügen. Doch das Hochgefühl über den Anblick, der sich in der Tiefe des Waldes verbarg, übertraf meine Erwartung. Es war etwas ganz und gar Besonderes. Jedes Mal, wenn ich am Tor stehenblieb, sagte ich mir: *Ich weiß, was ich da drinnen finde ...*

Es war ein Blau.

Ein schockierendes Blau.

Ein Blau, von dem einem schwindlig wurde.

Es war ein Blau, das wie Rauch über dem Waldboden lag, aus dem die Bäume emporzuwachsen schienen, ein Blau, das nicht beständig war wie das Blau einer Tür, sondern dessen Ton sich durch das Spiel von Licht und Schatten immerzu verwandelte. Mal ging es ins Fliederfarbene, mal ins Kobaltblau. Es war sanft, aber kräftig und so intensiv, dass es hypnotisch wirkte. In manchen Augenblicken konnte ich kaum glauben, dass es sich aus Blüten zusammensetzte. Aber es war die beglückende Schönheit der Hasenglöckchen, es war ihre üppige Blütenpracht. Ein Dutzend blaue Glöckchen nickten an jedem Stängel, hunderttausend Stängel drängten sich auf jeder Lichtung, sodass man sie nicht mehr als Pflanzen wahrnahm, sondern nur als unglaubliches, überwältigendes Blau auf dem Waldboden.

Wälder mit Hasenglöckchen, auch Waldhyazinthen genannt (*Hyacinthoides non-scripta*), zählen zu den Besonderheiten der Natur in Großbritannien. Diese Hasenglöckchenbestände sind schlicht eine Pracht und gehören zum Schönsten, was meine Heimat zu bieten hat. In einer Landschaft, die in den letzten Jahrzehnten von den Farmern kahlgeschoren und ihres früheren Reichtums an Lebewesen beraubt wurde, sind sie ein wunderbares, womöglich gar das großartigste Beispiel für das Überleben natürlicher Fülle. Die Unmenge von Blüten, die auf weiten Flächen dicht gedrängt zusammenstehen, bildet ein wesentliches Element ihrer Anziehungskraft. Das ist jedoch nicht das Wichtigste für mich, denn Teppiche aus Schneeglöckchen, Buschwindröschen oder Bärlauch können eine ähnliche Wirkung entfalten. Sie alle sind überwältigend schön, würden mich aber gewiss nicht an fünf Tagen hintereinander in einen Wald locken. Der Schlüssel liegt in etwas Anderem. Es ist das Blau.

Wenn in ästhetisch interessierten Kreisen heutzutage über Schönheit gesprochen wird und man versucht, ihren Kern zu erfassen, steht, wie mir scheint, nur selten die Farbe im Mittelpunkt. Der Schwerpunkt liegt vielmehr auf der Harmonie, etwa den Proportionen, vor allem, wo es um Architektur oder die menschliche Gestalt geht. Ich verstehe durchaus, welche Kraft der Harmonie innewohnt, und möchte nicht widersprechen. Auf mich persönlich jedoch übt Farbe in der Natur einen unwiderstehlichen Reiz aus. Je auffallender der Farbton ist, desto außergewöhnlicher und herrlicher erscheint sie mir. Ein einfaches Beispiel dafür ist der Große Feuerfalter. In Großbritannien starb er im 19. Jahrhundert aus, wurde im 20. Jahrhundert wiedereingeführt und starb bedauerlicherweise erneut aus. Aber auf dem europäischen Festland gibt es ihn noch, und dort habe ich ihn gesehen. Der männliche Große Feuerfalter hat vier leuchtend orange Flügel, nichts Kompliziertes, nur das reinste, satteste Orange, das man sich vorstellen kann. Oder kann man es sich vielleicht gar nicht vorstellen? Das mag der Grund für das Entzücken sein, wenn man den Falter endlich zu Gesicht bekommt.

Die Natur bringt unzählige Farben und Farbkombinationen hervor, die man noch nie gesehen hat. Auch das gehört zur Faszination, zum Glück, das die Schönheit der Erde uns schenkt. Falls die Landflächen tatsächlich 300 Millionen Jahre lang nur grün waren, hat eine erstaunliche Veränderung stattgefunden. Es gibt 350 000 und mehr Wildblumenarten, 200 000 Tag- und Nachtschmetterlinge mit bunten Flügeln und mehr als eine Million andere Insekten, 10 000 Vogelarten, 10 000 Reptilienarten und 7000 Amphibienarten, und praktisch alle verwenden Farbe als Unterscheidungsmerkmale - von den etwa 8000 Arten leuchtend bunter Korallenfische ganz zu schweigen. Ob wir jemals all ihre Farben erfassen können? Beginnen würden wir natürlich mit den elf englischen Grundfarbwörtern nach der Untersuchung von Berlin und Kay aus dem Jahr 1969: Schwarz und Weiß, Rot, Gelb, Grün und Blau, Braun, Violett, Rosa, Orange und Grau. Aber damit sind sie nicht im Entferntesten erfasst. Was ist mit Scharlachrot, Rostrot, Purpurrot oder Karmesinrot? Oder mit Olivgrün, Schwefelgelb, Indigoblau und Smaragdgrün? Mit Magenta und Türkis, Ebenholzschwarz, Aquamarin- und Lavendelblau? Die Abstufungen lassen sich beliebig verfeinern – Terracotta, Limonengrün, Amethystblau, Rehbraun, Bernsteingelb, Kirschrot, Zinnoberrot, Mahagonibraun, Blaugrün, Beige, Austerngrau, Himmelblau, Ochsenblutrot, Zinnoberrot, Gelborange. Und diese Farbtöne leuchten nicht für sich allein, sondern in atemberaubenden Kombinationen, in kühnen und zarten Mustern, Streifen, Punkten und Kreuzschraffuren. Sie alle und viele weitere namenlose Farben finden wir in der Natur. Farben sind ihr größter Reichtum.

Selbstverständlich gibt es Gründe für diese Farbigkeit – die Farben haben Funktionen. Sie haben sich während der natürlichen Auslese nach Darwin entwickelt, um auf verschiedenste Weisen die Überlebensfähigkeit ihrer Träger zu stärken. Farben können einen Organismus unübersehbar machen oder ihn mit dem Hintergrund verschmelzen lassen, sie können Raubtiere abschrecken und mögliche Partner anlocken, sie können Lebewesen kräftig und dominant oder giftig erscheinen lassen. Doch diese faszinierenden funktionalen Aspekte mussten von der Naturwissenschaft, hier der Evolutionsbiologie, aufgedeckt werden, denn wir Menschen mit unserem Sinn für Ästhetik nehmen sie nicht instinktiv wahr. Wenn wir zum Beispiel den Russischen Bär, einen Nachtfalter, betrachten, erkennen wir nicht, dass seine schwarzen Vorderflügel mit den cremeweißen Streifen der Tarnung dienen, weil sie, wenn er ruht, seinen Umriss mit der Umgebung verschmelzen lassen, und dass die orangen Hinterflügel mit den schwarzblauen Flecken Fressfeinde abschrecken sollen. Wir sehen nur seine Farbenpracht. Und genauso ist es mit Blumen, Tagschmetterlingen, Vögeln und anderen Lebewesen: Ihre Farben haben eine Funktion, wir jedoch erfreuen uns einfach daran.

Wir haben Glück, dass wir auf einem Planeten leben, der schöner ist als alles, was man sich in einer schwarzweißen Welt vorstellen könnte. Als Beispiel möchte ich eine Gruppe von Lebewesen nennen, die wir in ihrer farblichen Vielfalt sicherlich nicht erfinden könnten: die Waldsänger Amerikas. Wie Zilpzalp, Fitis oder andere Laubsänger der Alten Welt sind auch diese kleinen Vögel insektenfressende Baumwipfelbewohner. Doch während unsere Laubsänger meist unscheinbar braun oder olivgrün sind und allein durch ihren Gesang auffallen, nicht durch ihre Färbung, zeigen die etwa fünfzig Arten der Waldsänger eine unvergleichliche Palette an Farben und Mustern. Zumindest gilt das im Frühjahr für die männlichen Vögel im Prachtkleid. Oft sind eine schwarze Kehle oder schwarze Streifen auf dem Rücken mit weiteren Mustern im Gefieder und mit intensiven Farben kombiniert, etwa mit Fuchsrot, Gold, Himmelblau, Taubengrau oder loderndem Orange. Sie bieten einen überraschenden und wunderschönen Anblick. Nachdem ich sie vor einigen Jahren zum ersten Mal bestaunt hatte, fragte ich Greg Butcher, einen führenden amerikanischen Ornithologen und Experten für Gefieder, wie die natürliche Auslese eine derartige, kaum fassbare Vielfalt hervorbringen konnte. Er sagte: »Zuerst kam die Auslese nach Farbe, dann nach Unterschiedlichkeit, und dann durfte die Palette sich frei entfalten.« Den Gedanken fand ich reizvoll. Und wie die Palette sich entfaltet hat! Ich will nur ein einziges Beispiel anführen, den Magnolienwaldsänger. Zur Brutzeit hat der männliche Vogel einen grauen Oberkopf, einen weißen Streifen von der Augenbraue bis zum Hinterkopf, schwarze Wangen und eine gelbe Kehle, einen schwarzen Rücken und weiße Flecken auf den Flügeln. Brust und Bauch sind gelb mit schwarzen Streifen. Dabei ist er längst nicht der auffälligste Waldsänger, man denke nur an den Goldflügelwaldsänger oder den strahlend gelben Zitronenwaldsänger, den Blaurückenwaldsänger oder gar den Fichtenwaldsänger, dessen Kehle und Brust unter den schwarzweißen Flügeln so feurig orangegelb leuchten, dass er von amerikanischen Ornithologen den Spitznamen Feuerkehle bekommen hat. Diese Vögel wirken wie aus einem Regenbogen oder aus einem Gemälde ausgeschnitten, und wenn sie aus ihren Überwinterungsgebieten in Mittel- und Südamerika zurückkehren, um in den borealen Nadelwäldern der USA und Kanadas zu brüten, sind sie das Außergewöhnlichste, was der amerikanische Frühling bietet. Sogar im Central Park in New York habe ich einmal einen Schnäpperwaldsänger beobachten können. Nur wenige Meter von Strawberry Fields entfernt, der viel besuchten Gedenkstätte für John Lennon, und gegenüber vom Dakota Building, vor dem der Sänger erschossen wurde, flatterte der Vogel durch die Bäume.

Nein, wir hätten die Waldsänger Nordamerikas nicht erfinden können. Allein die Natur kann eine so unendliche Vielfalt an Farbtönen und Schattierungen hervorbringen. Doch ich persönlich fühle mich, so atemberaubend sie auch sein mag, am meisten von den intensiven Einzelfarben in der Natur angezogen, wie etwa dem satten Orange des Großen Feuerfalters oder dem reinen Weiß mancher Wasservögel, zum Beispiel des Silberreihers, das im Kontrast zu grünlich braunem Sumpfland wie frisch gefallener Schnee wirkt. Auch das Scharlachrot von Mohnblüten, das seitliche lila Schimmern der Regenbogenforelle oder eben das Blau der Waldhyazinthen, zu dem ich in jenem Frühjahr an fünf Tagen hintereinander zurückgepilgert bin, sind für mich berückend schön.

Was mich immer wieder in den Wald lockte, war das Blau. Dass Blau mich mehr anzieht als jede andere Farbe, weiß ich. Es gibt noch zwei blau blühende Pflanzen, die mich sehr berühren, eine dunkelblau, die andere hell. Die Dunkelblaue ist die Kornblume, eine ehemals häufige Pflanze, die von der Landwirtschaft mit ihren Herbiziden nahezu ausgerottet wurde. In der Normandie habe ich wesentlich mehr davon gesehen als in England, denn in Frankreich werden *les bleuets* besonders geschätzt. Man verbindet sie mit den im Ersten Weltkrieg gefallenen französischen Soldaten, ähnlich wie in Großbritannien die roten Mohnblumen für die eigenen Soldaten stehen. Die Attraktion der Kornblumen für mich ist ihr tiefblaues Leuchten. Eigentlich ist es ein Indigo, und es ist ein dunkles Leuchten, kein lichtes, fast so, als entströmte ihnen die eigene Dunkelheit. Als ich sie in meinen mittleren Jahren kennenlernte, weckte diese Eigenschaft plötzlich die Erinnerung an ein Gedicht, das ich als Jugendlicher gelesen und geliebt hatte. Darin wird diese Vorstellung fast hypnotisch beschworen: »Bayerische Enziane« von D.H. Lawrence:

Bayerische Enziane, groß und dunkel, nur dunkel,
die Tageszeit verdunkelnd fackelgleich mit der rauchenden
Bläue von Plutos Düsterkeit,
gerippt und fackelgleich, mit ihrer Flamme der Dunkelheit
ausgebreitet blau
unten flach werdend in Spitzen, flach geworden unter dem
Fegen des weißen Tages,
Fackelblume der blaurauchenden Dunkelheit, Plutos
dunkelblauer Betäubung,
schwarze Lampen aus den Hallen von Dis, dunkelblau
brennend,
Dunkelheit verbreitend, blaue Dunkelheit, wie Demeters
blasse Lampen Licht verbreiten,
führt mich also, führt mich auf dem Weg.

Lawrence schrieb dieses Gedicht, als er schon an Tuberkulose erkrankt war, kurz vor seinem Tod. Seine Bitte an die Blume, ihn in die Unterwelt zu führen, kann als Vorwegnahme seines Todes gedeutet werden, doch die wunderschöne Beschwörung der »blauen Dunkelheit« bewahrt die Verse vor jedem Beigeschmack von Morbidität oder Düsterkeit. Und wenn ich jetzt Kornblumen sehe, hat ihr Leuchten für mich immer auch die Bedeutung, die »Bayerische Enziane« mir erschlossen hat: Auch sie könnten den Weg in die Unterwelt beleuchten.

Wenn es bei Kornblumen um Dunkelheit geht, so steht die andere blaue Blume, die ich liebe, ganz am anderen Ende des Spektrums, denn sie ist für ihre Blässe bekannt. Das helle Blau der Wiesenglockenblume macht einen Teil ihrer Anziehungskraft, ihrer Zartheit aus. Gelegentlich werden Hasenglöckchen und Glockenblumen verwechselt, weil sie von ähnlicher Größe sind. Doch während es sich bei Hasenglöckchen um Hyazinthengewächse handelt, gehören Glockenblumen zur Familie der *Campanulaceae*, der Glockenblumengewächse, und wie die Kornblume zur Ordnung der Asternartigen. Wiesenglockenblumen blühen nicht im Frühjahr, sondern fast den ganzen Sommer über, und während die Teppiche der Hasenglöckchen auffallend und überwältigend sind, kann man Wiesenglockenblumen durchaus übersehen. Manchmal findet man sie in kleinen Gruppen, häufig aber einzeln oder zu zweit, und sie sind insgesamt zarter als Hasenglöckchen. Letztere wachsen in fettem, feuchtem Waldboden und haben einen kräftigen, saftigen Stängel, die Glockenblumen hingegen gedeihen auf trockenen, offenen Flächen, sogar auf Dünen, und ihre Stängel sind dünn wie ein Draht. Ihre Blüten könnten aus Seidenpapier bestehen; sie könnten von einem Grundschulkind ausgeschnitten und zusammengeklebt sein. Sie sind so zart, dass sie zitternd und nickend, im Licht flimmernd auf den leisesten Windhauch reagieren.

»Lichterspiele im Wind«, nannte sie einmal ein Freund von mir.

Die größte Anziehungskraft der Wiesenglockenblume liegt jedoch nicht im flimmernden Lichterspiel, sondern in der Kombination von Farbe und Blütezeit. Das zarte Hellblau sticht hervor, weil es während ihrer Blütezeit selten ist, vor allem, wenn sie erst gegen Ende des Sommers blüht, wenn das Gras gelb wird, die Vögel nicht mehr singen und zum Teil fortgeflogen sind und die Forellen nicht mehr steigen. Einige Pflanzen blühen noch, wie der rosabräunliche Wasserdost und das gelbe Jakobskreuzkraut, doch die Farbpalette ist deutlich kleiner geworden. Laut Kalender ist noch Sommer, aber für mein Empfinden endet der Sommer eigentlich Mitte August, und mir scheint, danach verfällt die Natur in eine Art postkoitale Traurigkeit, eine leere Zwischenphase vor dem Beginn des Herbstes. In dieser melancholischen Zeit ist die Rundblättrige Glockenblume, *Campanula rotundifolia* für mich ein Lichtblick: Auf Heideflächen und Dünen, Wiesen und Hängen läuten die durchscheinenden Blüten im Wind und erfreuen das Herz. Ihre Farbe scheint eher in die Zukunft zu weisen als in die Vergangenheit. Sie schenken der Landschaft, wenn das Jahr sich neigt, ein letztes Aufflackern des Lichtes.

Die beiden Blautöne, der kecke helle und der pulsierende dunkle, ziehen mich stark an, doch sie können sich beide nicht mit dem changierenden Blau der Hasenglöckchen messen, das auf mich und vermutlich auch auf andere Menschen eine geradezu elektrisierende Wirkung hat. Es ist das extreme, irisierende Blau, das die Natur gelegentlich hervorbringt, ein Ton, in dem sich die Grundfarbe mehr verstärkt, als es mir bei anderen Farben möglich erscheint, sodass es zu einem der bemerkenswertesten visuellen Phänomene in der Natur wird. Ich nenne es für mich schlicht Strahlendblau. Das beste Beispiel dafür ist in meinen Augen die Farbe des Blauen Morphofalters in Südamerika. Doch auch in Großbritannien findet man es außer bei Hasenglöckchen auch noch bei zwei geflügelten Organismen. Der eine ist der Himmelblaue Bläuling, der fast ein kleiner Bruder des Blauen Morphofalters sein könnte: Er hat den gleichen schimmernden Glanz, ohne jedoch so groß zu sein. Alle sieben blauen Schmetterlingsarten in Großbritannien erfreuen das Auge, und zu den attraktivsten gehört der Gemeine Bläuling oder Hauhechel-Bläuling, *Polyommatus icarus*, dessen Flügel blauviolett schillern. Meiner Ansicht nach wird er wegen seines abfälligen Namens verkannt – wenn er zum Beispiel Ikarus-Bläuling hieße, würde man ihn vielleicht mehr schätzen. Aber der Himmelblaue Bläuling übertrifft ihn an Leuchtkraft. Ich sah ihn zum ersten Mal, als ein Freund ihn mir zeigte. Der Schmetterling ruhte sich mit hochgestellten, geschlossenen Flügeln auf dem Boden aus und zeigte nur die gepunkteten braunen Flügelunterseiten. Ich ging in die Hocke und beobachtete mit Herzklopfen, als mein Freund den Schmetterling mit der Fingerspitze berührte und das Blau hervorbrach wie eine winzige blaue Explosion.

Das zweite Geschöpf ist der Eisvogel. Das Besondere an Eisvögeln ist, dass sie zwei Blautöne aufweisen. Auf den üblichen Darstellungen des sitzenden Vogels sieht man das leuchtende Grünlichblau der Flügeldecken. Es bildet einen großartigen Kontrast zum tiefen bräunlichen Orange seiner Unterseite. Das eigentlich Atemberaubende ist jedoch das Blau des Rückengefieders, und man sieht es eher in der Natur als auf bemalten Teekannen oder Grußkarten, weil man den Vogel mit ziemlicher Sicherheit zum ersten Mal im Flug erhascht und das Rückengefieder sichtbar wird, wenn er die Schwingen ausbreitet.

Dieses Blau ist so intensiv, als würde das Gefieder von innen angestrahlt.

Es ist strahlender als der Himmel.

Ich habe es noch auf keiner Farbkarte gefunden, und ich glaube, dass es vielen Menschen ein Hochgefühl vermittelt, wenn sie es zum ersten Mal sehen, weil es ihr Gefühl dafür, was es auf der Welt gibt, erweitert. So war das auf jeden Fall bei meinem Sohn Seb. Er war siebzehn, und wir beide machten im Urlaub in der Normandie einen Abendspaziergang. Wir schlenderten am Ufer des Flusses Huisne entlang, in einer abgelegenen Gegend des Perche, nah bei einem der vielen Renaissance-Herrenhäuser, dessen märchenhafte Türmchen sich vom Abendhimmel abhoben. Der Fluss war von hohen Ufern gesäumt, und als die Dämmerung tiefer wurde, schoss plötzlich ein blaues Licht über das dunkle Wasser unter uns. Seb blieb abrupt stehen und rief: »Was war *das*?« Ich sagte es ihm, und er war hingerissen. Es war ein Eindruck, wie ihn Seamus Heaney perfekt in seinem »Neuen Lied« eingefangen hat:

Ein blauer Eisvogelblitz im Abendduft

Seb gehört einer Generation an, die eher selten in die Natur schaut, aber der blaue Streif in der Dämmerung traf ihn ins Mark.

Genauso erging es mir mit den Hasenglöckchen. In jenem Frühling damals verschlug ihr Anblick mir an fünf Tagen hintereinander die Sprache. An jedem dieser Tage ging ich in den Wald, um mich an der Farbe, dieser lebendigen Farbe zu ergötzen, denn ich hatte die Hasenglöckchen zufällig entdeckt, als die Blüte auf dem Höhepunkt war, und wusste, dass sie bald verblassen würden. Ich pilgerte Tag um Tag um Tag um Tag um Tag wieder hin. Und erzählte niemandem davon. Schämte ich mich? Nein, keineswegs, aber kulturelle Normen beeinflussen mich genauso wie andere Menschen auch, sodass ich vermutlich fürchtete, als Spinner zu gelten, weil ich fünf Tage hintereinander Waldhyazinthen anschaute. Hindern ließ ich mich dadurch nicht. Ich labte mich still und heimlich an der Farbe und fühlte mich dabei ein wenig wie das Mitglied einer subversiven Vereinigung. Denn auch wenn die Schönheit der Natur zu Beginn des 21. Jahrhunderts in unserer offiziellen Kultur nicht mehr besonders hoch im Kurs steht, fühlen sich zahllose Menschen mit einer Kraft zu ihr hingezogen, die darauf hindeutet, dass hier unser inneres Band zur Natur durchschlägt und Kultur von Instinkt übertrumpft wird. Das gilt auf jeden Fall für mich. Für mich behält die Schönheit der Natur ihre glücksspendende Kraft und ihre Bedeutung vollkommen losgelöst von künstlerischen, kulturellen oder philosophischen Moden. Und dass sie so tödlich bedroht ist, macht sie für mich noch unendlich viel wichtiger.

Dass Blau mich ganz besonders anzieht, erkläre ich mir ebenfalls mit einem Sieg meines Instinkts, denn mit meiner Sozialisation hat es nichts zu tun. Wenn wir davon ausgehen, dass die menschliche Fantasie sich über fünfzigtausend Generationen durch den Umgang mit der Natur gebildet hat, gilt das vermutlich auch für meine Liebe zu Blau. Wahrscheinlich ist irgendwo in meinen Genen eine Verbindung zu jener Farbe angelegt, die für unsere nomadischen Vorfahren die wichtigste von allen war und sich über ihren Köpfen so hoch und weit erstreckte, dass sie dafür den Namen Himmel fanden.

Die Schönheit der Erde liegt natürlich in weit mehr als nur Farben. Man findet sie genauso in den Formen, sowohl ihrer Landschaften als auch ihrer Lebewesen: in der Harmonie der Panoramen, der Majestät der Berge, dem Zauber der Täler, dem Spiel des Sonnenlichts allenthalben; in der räuberischen Geschmeidigkeit der Leoparden, der Eleganz der Antilopen, dem Sturzflug der Falken oder der Ruhe der Watvögel. Ich mag sie alle, aber es gibt eine Form, ein Landschaftselement, dessen Schönheit mich regelrecht beglückt, und das sind Flüsse. Nicht alle beliebigen Wasserläufe, sondern ganz bestimmte an ganz bestimmten Orten, die für mich eine solche Schönheit besitzen, dass sie gleichsam die Grenzen der materiellen Welt überschreitet und ins Metaphysische geht.

Diese Vorliebe reicht weit zurück. Ich liebe Flüsse schon mein Leben lang oder jedenfalls, seit ich mich als Achtjähriger von Denys Watkins-Pitchfords *Wichtelreise* verzaubern ließ und damit zum ersten Mal eine gefährdete Art kennenlernte. Der Wilde Bach, den die vier letzten Wichtel befahren, um nach einem neuen, sicheren Wohnort zu suchen, war mit seinem endlosen Murmeln, Gurgeln und Plätschern, den Stauwehren und Wassermühlen, den versteckten Ankerplätzen und überwucherten Inseln geradezu die fünfte Hauptperson des Buches. Seitdem durchströmt mich immer, wenn ich einen Fluss sehe, Freude; wenn ich auf einer Reise einen Fluss überquere, möchte ich seinen Namen wissen und, wenn möglich, auf der Brücke anhalten und in die Strömung schauen. Diese Reaktion ist so unwillkürlich, dass ich im Laufe der Jahre überlegt habe, ob diese Liebe vielleicht nicht erst in meiner Kindheit, sondern schon zur Zeit der Jäger und Sammler angelegt wurde, sodass die Geschichte vom Wilden Bach eine seit Urzeiten vorhandene Sehnsucht weckte, die tief in mir schlummerte.

Flüsse gehören, auch wenn wir sie als Städter und in festen Behausungen Wohnende zunehmend einfach als gegeben hinnehmen, zu den Grundelementen menschlicher Existenz. Zwingend geben müssen hätte es sie nicht, denn ebenso wie wir uns auf einem Erdball ohne Blumen hätten entwickeln können, wären wir auch ohne Fließgewässer ausgekommen. Es braucht Fantasie, um sich die Einzigartigkeit des Phänomens Fluss, den ewigen Wandel und das ewig Gleiche, vor Augen zu führen. Es braucht Heraklit, um uns daran zu erinnern, dass man nicht zweimal in denselben Fluss steigen kann. Doch andererseits sind sie so auffallende und für unsere Evolution von Anfang an bedeutende Gebilde, dass sie für die Menschen einfach dazugehören. Wie habe ich mich gefreut, als der amerikanische Literaturprofessor und Fliegenfischer Norman Maclean diese Wahrheit zu einem Leitmotiv für seine Autobiografie machte. »Irgendwann«, schrieb er, »geht alles in eins zusammen, und mitten hindurch fließt ein Fluss.« *Aus der Mitte entspringt ein Fluss* wurde zu einem gefeierten Hollywoodfilm.

Flüsse waren für uns Menschen also genauso prägend wie der Himmel. Sie teilen sich in zwei Kategorien auf: die großen Ströme der Welt und alle übrigen. Die großen Ströme erscheinen mir wie eine eigene Art von Geschöpfen, nicht nur aus geografischer, sondern zugleich auch aus kultureller Sicht, denn sie sind viel mehr als einfach nur übergroße Flüsse. Als Gewässer, auf denen Reisende Tausende von Meilen zurücklegen können, sind sie von der Länge her eigentlich Ozeane. Am Encontro das Águas bei Manaus in Brasilien, wo sich der braune Rio Solimões und der schwarze Rio Negro zum Amazonas vereinigen und ihr braunes und schwarzes Wasser noch kilometerweit nebeneinanderher fließt, ohne sich zu mischen, ist der Amazonas so breit wie der Horizont, genau wie ein Ozean. Und tatsächlich waren die riesigen Ströme der Erde auch schwerer zu erforschen als die Ozeane: Die Europäer entdeckten die andere Seite des Atlantiks viel eher als die Quelle des Nil. Um die großen Ströme kreiste in der Frühgeschichte natürlich auch die Fantasie der Menschen am meisten. Viele der ersten großen Zivilisationen waren mit ihnen verbunden, Ägypten mit dem Nil, Mesopotamien mit Euphrat und Tigris, Indien mit Indus und Ganges und China mit dem Gelben Fluss und dem Jangtse. Diese gewaltigen Wasserläufe spendeten Leben und konnten auch lebensbedrohlich sein, sie konnten Reichtümer schenken, aber auch zerstörerisch wüten, allen voran der todbringende Gelbe Fluss. Die Menschen, die von ihnen abhängig waren, machten sie zu Göttern, denen man huldigen und danken und die man beschwichtigen musste. Noch im zwanzigsten Jahrhundert schrieb T.S. Eliot, der in St. Louis am Ufer des Mississippi aufwuchs, der ungeheure Strom seiner Kindheit sei ein »starker brauner Gott«.

Auch mir flößen der Mississippi und andere große Ströme Ehrfurcht ein, wie etwa der Niger, der sich bei Timbuktu aus der Luft gesehen wie ein breites grünes Band aus Reisfeldern durch Malis gelbbraune Halbwüste windet und wie Symbole für seine Riesenhaftigkeit lange, bunt bemalte Einbäume, die Pirogen, auf der Oberfläche trägt. Aber Ehrfurcht ist nicht dasselbe wie Liebe. Die

Flüsse, die ich liebe, gehören ohne Ausnahme zu den kleineren, mit menschlichen, nicht übermenschlichen Dimensionen. Der Grund dafür ist vermutlich, dass man diese kleineren Flüsse nicht fürchten oder besänftigen muss, sondern sich mit ihnen anfreunden kann. Da ich jeden Fluss als etwas Besonderes empfinde, so wie auch jeder Schmetterling besonders ist, und ihre Unterschiede – wie ihre Namen – als wunderbare Dreingabe, habe ich viel Zeit damit verbracht, Freundschaft mit ihnen zu schließen, und bin immer belohnt worden. In viele habe ich mich regelrecht verliebt, in den Hodder etwa, der uns staunen lässt, dass Lancashire, die Wiege der industriellen Revolution, ein solches Juwel birgt, und den Dysynni, der dunkel und einsam unterhalb des Cader Idris durch Wales fließt. Die Rüpel unter den Flüssen, zum Beispiel den Helmsdale in Sutherland, liebe ich genauso wie den sanften, schüchternen Lyd in Devon. Und besonders lieb sind mir Flüsse, die literarische Assoziationen wecken, wie Housmans Teme in Wales, Henry Williamsons (und Ted Hughes') Taw und Torridge oder der Aeron, nach dem Dylan Thomas seine Tochter Aeronwy taufte. Auch der Moyola gehört dazu, der von den Sperrin Mountains hinunter in den Lough Neagh fließt und bei Seamus Heaney häufig Erwähnung findet.

Sie alle sind Quellen des Entzückens. Die Flüsse jedoch, die mir Glück geschenkt haben, weil sie manchmal wie aus einer anderen Welt zu sein scheinen, befinden sich anderswo. Nicht in irgendeinem Paradies – sie sind durchaus auf der Landkarte zu entdecken, allerdings einer besonderen, der geologischen Karte von Großbritannien im Maßstab zehn Meilen zu einem Zoll, die nicht nur Verwaltungsbezirke oder landschaftliche Merkmale verzeichnet, sondern auch die Gesteins- und Bodenarten. Den verschiedenen Bodenschichten sind verschiedene Farben zugeordnet, und immer, wenn ich die Karte auseinanderfalte, begeistert mich der leuchtende Streifen Grün, der England von Südwesten unten links nach Nordosten oben rechts durchzieht.

Das Grün steht für Kreide. Es stellt das weiche, weiße Gestein der Kalkhügel dar, die sich von Dorset über Wiltshire, Hampshire und Berkshire und weiter über die Chiltern Hills, Norfolk und

Lincolnshire bis in die Yorkshire Wolds erstrecken. Es ist aus den Überresten zahlloser winziger Meerestiere gebildet, die sich im warmen Wasser tummelten, als die Dinosaurier die Landflächen beherrschten, und deren Schalen auf den Meeresgrund sanken, wenn sie starben. Es besteht aus reinem Calciumcarbonat und ist ein Quell von Schönheit und natürlicher Vielfalt. Die Kreidehügel der südenglischen Downs sind das, was den sanften Zauber der Landschaft ausmacht. Man sagt, ihre weichen Konturen ähnelten dem menschlichen Körper, und ihre Wirkung ist vollkommen anders als die schroffe Dominanz der Granitberge von Wales und Schottland. Außerdem beherbergen sie eine unvergleichliche Vielfalt biologischer Arten. Im Gras- und Blumenteppich wachsen duftender wilder Thymian, Hufeisenklee, Kreuzblumen, Wiesenlein und Orchideen, zu ihren Schmetterlingen zählen der Große Perlmutterfalter, das Schachbrett, der Komma-Dickkopffalter und ganze Schwärme verschiedener Bläulinge, und die Vogelwelt ist mit einer Vielfalt vom Triel bis zur Lerche vertreten. Auf dem Kreide-Grasland der Ebene um Salisbury brüten selbst heute noch 14 000 Lerchenpaare und erfüllen die Luft im Frühling mit ihrem Gesang. Doch das schönste Geschenk der Kreide sind ihre Gewässer.

Dürfte ich nur einen, einen einzigen Aspekt herausgreifen, um zu erklären, wie schön die Erde ist, würde ich Südenglands Kreideflüsse wählen. Ihre Schönheit ist traumhaft. Es sind kleine bis mittelgroße Flüsse, die Angler vor langer Zeit *chalk streams* – Kreidebäche - getauft haben, und dieser Name ist geblieben. Die Angler schützen und feiern sie bis heute. Es sind größtenteils Fliegenfischer, denn Kreideflüsse sind perfekte Forellengewässer. In der umfangreichen Literatur über das Fliegenfischen werden die Flüsse Test und Itchen, beide in Hampshire, besonders hervorgehoben: An ihnen wurde das Trockenfliegenfischen entwickelt, das später zu einer Art Kult wurde. Gelobt werden aber auch Frome und Piddle in Dorset sowie Wylye und Avon in Wiltshire (der durch Salisbury fließt und nicht Shakespeares Avon ist), Kennet und Lambourn in Berkshire und Chess und Misbourne in den Chiltern Hills. Die Umweltbehörde zählt im Kreidegürtel insgesamt 161 Fließgewässer, darunter auch zahlreiche Bäche, die so schmal sind, dass man über sie hinwegspringen kann, aber am schönsten sind die hier aufgeführten mittelgroßen Flüsse.

Das Auffallendste an ihnen ist das Wasser selbst. Es ist das sauberste und klarste Wasser auf dem ganzen Planeten, klar wie Gin heißt es in der Gegend. Die Klarheit ist verblüffend: Der Flussgrund, bei Kreideflüssen häufig mit goldschimmerndem Kies bedeckt, ist so deutlich zu sehen, als würde man ihn durch eine geputzte Glasscheibe betrachten. Die Ursache dafür liegt in der Geologie. Weil Kreide wasserdurchlässig ist, kann Regenwasser hindurchsickern und in darunterliegende Wasserschichten gelangen. Dabei wird es gefiltert, sodass alle Unreinheiten entfernt sind, wenn Quellen den Fluss dann mit diesem Wasser speisen. Dieser Prozess erklärt auch die zweite Besonderheit der Kreideflüsse, ihren gleichbleibenden Wasserstand. Wenn Regen von umliegendem Land in Flüsse abfließt, kann der Wasserstand rasch steigen und bei Trockenheit auch schnell wieder fallen. Da die Kreideflüsse aber aus Quellen gespeist werden, verändert ihr Wasserstand sich nicht. Ihre Strömung ist nie träge oder reißend, sondern gleichbleibend ruhig, und das verleiht ihnen eine ganz eigene Eleganz.

Zu ihrer Schönheit trägt auch die Fülle ihrer Flora und Fauna bei, von der Vielfalt der Pflanzen – angeführt vom Wasserhahnenfuß, dessen weiße Blütensterne und smaragdgrüne Blätter die Oberfläche schmücken – zu den Fischen, vor allem dem lebhaftesten unter ihnen, der Bachforelle, *Salmo trutta*. Als kleiner Lachsfisch verkörpert sie mit ihren schlichten Farben die zurückhaltende Schönheit des Nordens, ohne die auffallende Buntheit der tropischen Korallenriffe. Ständig wachsam »steht« sie, wie die Angler sagen, vibrierend im Fluss. Im kristallklaren Wasser ist sie wunderbar zu sehen. Immer wieder schnellt sie nach oben, um von der Wasseroberfläche Insekten zu fangen, vor allem Eintagsfliegen, groß wie Schmetterlinge und mit schönen Musselinflügeln, die den größten Teil ihres Lebens als Larven im Kies des Flussbettes verbringen. Im späten Frühjahr schlüpfen sie, paaren sich und sterben innerhalb eines oder weniger Tage. Die männlichen Tiere sammeln sich in Schwärmen und vollführen einen Hochzeitstanz, dabei steigen sie in der Luft drei bis vier Meter auf und sinken wieder. Sich nähernde

Weibchen werden geschnappt und begattet. Sie legen ihre Eier im Fluss ab und verenden dann auf der Wasseroberfläche. Vor allem gegen Abend sterben sie manchmal in großen Scharen, und dann gebärden sich die Forellen wie verrückt. In ihrer Gier schießen sie wie Raketen aus dem Wasser und schnappen spritzend und platschend nach den Insekten. Der ganze Fluss pulsiert vor Leben und Sterben.

Ich habe die Kreideflüsse vor dreißig Jahren entdeckt, als ich in den Chiltern Hills am River Chess entlangwanderte. Während ich sie erkundete und immer besser kennenlernte, staunte ich ständig aufs Neue, zuerst über ihre unvergleichliche Schönheit und dann darüber, dass sie außerhalb der Anglerszene so wenig Beachtung fanden. In der Literatur für Fliegenfischer wurden die Kreideflüsse zwar angemessen gewürdigt, aber ansonsten hätten sie ebenso gut auf dem Mond sein können. Kein Dichter hat sie besungen, kein Maler gemalt, kein Autor beschrieben, auch kein Nature Writer, es sei denn, er war ebenfalls Angler, wie der Viscount Grey of Falloden, der über den Itchen genauso poetisch schrieb wie über den Vogelgesang. Doch auch wenn die Kreideflüsse im Bewusstsein der Briten bis heute keinen Platz zu haben scheinen, gehören sie für mich neben den Hasenglöckchenwäldern fraglos zu den schönsten Naturphänomenen des Landes. Nur habe ich leider den Eindruck, dass wenige diese Ansicht teilen, wie auch bloß wenige meinen, dass Flüsse wie der Test und der Itchen großartige Nationaldenkmäler sind, die wir genauso in Ehren halten sollten wie unsere mittelalterlichen Kathedralen.

Es schien mir zwar bemerkenswert, dass diese Flüsse einfach übersehen wurden, aber ich hatte nichts dagegen. Es gab mir das Gefühl, ein Geheimnis entdeckt zu haben, das nur Angler kannten, und ich begann Bücher darüber zu lesen, von Harry Plunket Greene, dem großen irischen Bariton und Fliegenfischer, von John Waller Hills und anderen. Mit der Zeit wurde meine Begeisterung fast zu einer Obsession, und ich bereiste sämtliche Flüsse. So bin ich zum Beispiel allen größeren Nebenflüssen des Test gefolgt – dem Bourne Rivulet, dem Dever, dem Anton, dem Wallop Brook und dem Dun -, bin schmale Sträßchen entlanggefahren, habe über Brückengeländer geschaut und bin, wann immer möglich, am Wasser gegangen. Und als sie mir vertraut wurden, begann ich zu verstehen, was die Kreideflüsse so außergewöhnlich, ja so einzigartig machte. Es war nicht bloß ihre Schönheit, sondern noch mehr. Es war ihre Reinheit.

Ich möchte behaupten, dass der Inbegriff des modernen Phänomens der Umweltverschmutzung der verschmutzte Fluss ist. Natürlich muss uns die Belastung von stehenden Gewässern, Ozeanen oder Landflächen genauso beunruhigen, aber mir scheint, wenn es um Umweltverschmutzung geht, stellen wir uns vor allem verunreinigte und geschändete Fließgewässer vor. Umweltverschmutzung in großem Ausmaß ist, historisch gesehen, ein recht neues Problem für die Erde, deutlich jünger als etwa die Abholzung von Wäldern. Sie begann erst vor weniger als 250 Jahren, als sich mit der industriellen Revolution der Kapitalismus hemmungslos ausbreitete. Damals waren die Flüsse die ersten Opfer in der Natur. Sie mussten den Fabriken Wasserkraft liefern und den Müll mitnehmen. Bis 1980, als im Westen große Bereiche der verarbeitenden Industrie zusammenbrachen, wurden die Flüsse verseucht und ausgeplündert. Seitdem wurden nicht wenige wieder gereinigt. Aber im neunzehnten und im überwiegenden Teil des zwanzigsten Jahrhunderts nutzten Fabriken, Industrieanlagen und Industriestädte in der westlichen Welt normalerweise Flüsse und verschmutzten sie. Viele Millionen Menschen werden solche Flüsse gesehen haben. Inzwischen hat sich die Produktion im großen Maßstab nach China verlagert, wo die Verschmutzung der Flüsse neue Rekorde erreicht – armer Baiji.

Dabei glaube ich nicht, dass die Menschen, mögen sie nun direkt betroffen sein oder nicht, diesem Problem gleichgültig gegenüberstehen. Ich glaube, wir finden verseuchte Flüsse instinktiv sehr abstoßend, sowohl in der Vorstellung als auch im unmittelbaren Erleben. Ich habe bereits angedeutet, dass unser Verhältnis zu Flüssen möglicherweise in unseren Genen verankert ist, als Teil unserer fünfzigtausend Generationen alten Verbundenheit mit der Natur. Wenn dem so ist, fühlen wir uns natürlich von Flüssen angezogen, die rein sind und selbst zur Reinigung beitragen, da sie vor der industriellen Revolution, als es noch nicht so viele von uns gab, den Abfall der Menschen mitnehmen konnten, ohne dass es sie belastete. Und da das tief in uns verwurzelte Idealbild ein sauberer Fluss ist, tut es uns weh, einen verdreckten Fluss zu sehen, auch wenn wir nicht genau sagen können, warum.

Aber was in der modernen Welt könnte jemals unserer inneren Vorstellung von Reinheit entsprechen? Was könnte diesem Ideal im materiellen Dasein nahekommen? Wir können den ganzen Erdball bereisen, ohne es zu finden, und so ergeht es vermutlich den meisten von uns - es sei denn, wir treffen zufällig auf die Kreideflüsse. Sie sind wie ein Schock, denn plötzlich wird das Ideal zur Wirklichkeit und das innere Bild findet eine Entsprechung im Außen. Die makellose Qualität ihres Wassers lässt sich nur schwer beschreiben. John Waller Hills, konservativer Politiker und Angler, schrieb 1924 in seinem Buch *A Summer on the Test*, eines Tages sei ihm das Wasser des Anton, eines Nebenflusses des Test, »unvorstellbar rein« erschienen. Es ist nicht bloß reiner als alles, was man bisher gesehen hat, sondern auch als alles, was man sich je zu erhoffen wagte, und darum ist es fast, als wäre es nicht Teil unseres Alltagslebens, sondern von etwas Höherem. Und weil die Reinheit des Wassers den ganzen Fluss durchstrahlt, wirkt auch er nicht wie ein alltägliches Gewässer, sondern scheint einer erhabeneren Stufe des Daseins anzugehören.

Übertrieben? Vermutlich könnte man das sagen. Aber was kann ich anderes tun, als von meinen eigenen Erfahrungen zu sprechen? Als ich vor einigen Jahren bei Ovington in Hampshire an einem Maimorgen ans Ufer des Upper Itchen trat, besaß der vom Sonnenlicht vergoldete Fluss mit seinen Blumen und Weiden, mit seiner ruhigen Strömung und den gepunkteten Forellen im unvergleichlich klaren Wasser eine Anmut, die absolut nicht von dieser Welt war.

Und doch war er Teil von ihr – und ich war wieder einmal beglückt.

⁂

Ich möchte noch einen weiteren Fluss als Beispiel dafür anführen, wie die Schönheit der Erde uns Glück schenken kann. Doch diesmal ist es ein anderer Fall, denn es geht um ein Scheitern, um einen Versuch, dem kein Glück beschieden war, einen Traum, der nicht verwirklicht werden konnte. Trotzdem scheint mir die Geschichte aus allerlei Gründen erzählenswert zu sein, nicht zuletzt, weil der Fluss zu den berühmtesten der Welt gehört.

Es geht um die Themse, Londons Fluss und auch meiner, jedenfalls meinem Empfinden nach, denn ich wohne seit mehr als zwanzig Jahren in seiner Nähe, bin von seiner Geschichte fasziniert und radle allwöchentlich viele Meilen auf den Treidelpfaden am Ufer entlang, wo ich die Veränderungen seines Wassers und seiner Stimmungen beobachte. Die Themse ist ein schöner und historisch bedeutsamer Fluss, nicht zuletzt in dem Abschnitt, den ich am besten kenne, den elf Meilen vom Hampton Court Palace aus an Teddington und Richmond vorbei bis nach Kew. Hier fließt sie am Rande Londons durch ein grünes Tal, und an ihren Ufern finden sich mindestens neun herrschaftliche Anwesen, die von fern an die Schlösser der Loire erinnern.

Die Themse ist kein Kreidefluss. Sie leidet unter der schlimmsten Verschmutzung, die es in Großbritannien je gegeben hat, und vor zweihundert Jahren führte das zur Ausrottung ihrer Lachse, direkt vergleichbar mit der Ausrottung des Baiji im Jangtse. Bis zum Beginn des 19. Jahrhunderts beherbergte die Themse einen bedeutenden Bestand an *Salmo salar*, dem Atlantischen Lachs, jenem großen Meeresfisch, der zum Laichen zurück in die Flüsse wandert. Es heißt, früher hätten Londons Lehrlinge den Lachs so satt gehabt, dass sie in ihren Ausbildungsverträgen eine Beschränkung auf eine Lachsmahlzeit pro Woche festhalten ließen. Diese Geschichte ist zwar historisch nicht belegt, aber zweifellos wurden in der Themse große Mengen Lachs gefangen. Pro Jahr wurde der Billingsgate Market mit 3 000 Fischen beliefert, und einzelne Fischer machten häufig große Fänge: Zum Beispiel gingen allein am 7. Juni 1749 unter der Richmond Bridge 47 Fische ins Netz. Es waren große Fische, mehrere wogen über zwanzig Kilogramm, und sieben Kilo war ein guter Durchschnitt. Der Lachsbestand war stabil und nicht gefährdet, und das seit Tausenden von Jahren.

Doch dann wurde er – historisch gesehen – in einem einzigen Moment ausgelöscht. Verglichen mit anderen warnenden Berichten, etwa über das Aussterben des Dodos oder des Riesenalks, ist die Geschichte vom Verschwinden der Lachse aus der Themse in der breiten Öffentlichkeit unbekannt. Sie ist jedoch ein genauso entsetzliches Beispiel für die tödliche Wirkung auf Lebewesen, die menschliches Handeln haben kann. Der Lachs verschwand sehr schnell, in kaum mehr als fünfundzwanzig Jahren, und der Grund dafür war die Schadstoffbelastung des Flusses.

Man hatte jahrhundertelang Abfälle in die Themse gekippt, aber der Fluss hatte die Kraft besessen, alles fortzuspülen, was die Bewohner der wachsenden Stadt hineinwarfen, und darum war er ökologisch mehr oder weniger intakt geblieben. Doch irgendwann war er schließlich überfordert. Mit der industriellen Revolution wuchs Londons Bevölkerung von 960 000 Einwohnern im Jahr 1801 auf 1,6 Millionen im Jahr 1831, und zwanzig Jahre später waren es schon 2,3 Millionen. Für den Lachs waren zwei Aspekte dieser Bevölkerungsexplosion fatal: Der erste war die rasche Zunahme der Abwässer, die direkt in den Fluss geleitet wurden, insbesondere, nachdem Jauchegruben übergelaufen waren und die Hausabflüsse ab 1815 an die öffentliche Kanalisation angeschlossen werden durften. Die bis dahin benutzten Abflussgräben wurden abgelöst. Damit flossen die menschlichen Fäkalien, die jahrhundertelang mit Karren eingesammelt und als Dünger auf den Feldern verteilt worden waren, in die Themse. Und das frisch erfundene Wasserklosett brachte zusätzlichen Schwung in den Prozess.

Der zweite Aspekt war die rasche Industrialisierung der Hauptstadt. Am Ufer der Themse schossen die Fabriken wie Pilze aus dem Boden und leiteten giftige Abwässer in den Fluss. Dazu gehörten, nachdem 1807 in London die Gaslaternen eingeführt worden waren, auch immer mehr Gaswerke, deren Abwässer besonders toxisch waren, weil sie einen ganzen Cocktail aus giftigen Substanzen enthielten, von Karbolsäure bis Zyanid. Ungefilterte Fäkalien einerseits und toxische Schadstoffe andererseits verwandelten die Themse in London bald in einen stinkenden, vergifteten großen Graben.

Hinzu kam noch eine dritte Entwicklung, die für den *Salmo salar temesiensis*, wie wir unseren Fisch taufen könnten, verheerend war: Flussaufwärts von London wurden innerhalb von fünf Jahren vier Schleusen und die damit verbundenen Stauwehre gebaut, weil man aus der industrialisierten Stadt immer schwerere Lasten per Schiff abtransportieren wollte. Es ging Schlag auf Schlag. Die 1811 gebaute Schleuse Teddington Lock bildete die neue Gezeitengrenze (bis dahin hatten Ebbe und Flut bis Staines gereicht), 1812 kam die Schleuse in Sunbury, 1813 die in Chersey und 1815 die in Hampton Court hinzu. Diese Anlagen bildeten für den flussaufwärts wandernden Lachs unüberwindliche Hindernisse. Außerdem veränderten sie den gesamten Flusslauf, denn hinter ihnen staute sich das Wasser, wurde tiefer und floss langsamer, und die von Natur aus seichten, kiesbedeckten Stellen, an denen die Lachse laichen konnten, versandeten und verschwanden oder wurden ausgebaggert. Es war das Todesurteil für die Lachse. In dem schmutzigen Wasser konnten sie nicht leben, flussaufwärts zu entkommen war fast unmöglich, und selbst wenn Fische es schafften, konnten sie dort nicht mehr ablaichen. Ihr rasches Aussterben wurde eindrücklich in den Aufzeichnungen der Fischerfamilie Lovegrove dokumentiert, die zwischen 1794 und 1821 an der Schleuse Boulter's Lock in Maidenhead fischte. 1801 wurden dort 66 Lachse gefangen, 1812 waren es noch 18, 1817 nur noch fünf, 1820 kein einziger und 1822 noch einmal zwei, die beiden letzten. Als George IV. 1821 zu seinem Krönungsbankett einen Lachs aus der Themse verlangte, konnte man ihm keinen beschaffen. Der letzte Lachs in der Themse sei im Juni 1833 gefangen worden, schreibt William Yarrell ohne nähere Ortsangabe in *A History of British Fishes*, erschienen 1836.

Hundertvierzig Jahre gab es keine Lachse mehr. Nach ihrem Verschwinden nahm die Verschmutzung der Themse ständig weiter zu, bis sie schließlich unerträglich wurde: Während einer Hitzewelle im Juli 1858 wurde der Gestank so penetrant, dass das Parlament in Westminster nicht mehr tagen konnte. Diese berühmte Episode, bekannt als »Der Große Gestank«, führte unmittelbar zum Bau eines neuen Kanalisationssystems durch den Ingenieur Sir Joseph Bazalgette. Er verlegte das Problem aus der Innenstadt nach außerhalb, indem er auf beiden Seiten des Flusses gewaltige unterirdische Abwassersammler bauen ließ, in denen die Abwässer der Hauptstadt flussabwärts flossen, bis sie etwa ein Dutzend Meilen von der

Tower Bridge auf der Nordseite der Themse bei Beckton und auf der Südseite bei Crossness in den Fluss gepumpt wurden.

Das befreite zwar Westminster und die City vom übelsten Gestank, verlagerte aber die Verschmutzung der Themse nur ein Stück flussabwärts. Die Abflüsse befanden sich noch so nah an der Stadt, dass die ungefilterten Abwässer nicht mit dem Ebbstrom ins Meer gespült werden konnten, sondern von jeder Flut wieder zurückgebracht wurden. Dieser massive Pfropfen aus Unrat im Unterlauf der Themse war für die Fische dort tödlich. Diese Situation blieb bis zur Mitte des 20. Jahrhunderts unverändert und verschlimmerte sich nach dem Zweiten Weltkrieg noch, sodass Alwyne Wheeler vom *Natural History Museum*, der größte Experte für die Fische Großbritanniens, als er 1957 eine Untersuchung im tideabhängigen Teil der Themse durchführte, zu einem erstaunlichen Ergebnis gelangte: Es gab keine Fische mehr.

Diese Untersuchung rüttelte die Öffentlichkeit wach, und nach weiteren vernichtenden wissenschaftlichen Berichten über den chemischen und biologischen Zustand der Themse wurden die Abwässer von 1964 an endlich geklärt, bevor man sie bei Beckton und Crossness in die Themse leitete. Damit konnten die Mikroorganismen dem Wasser nicht mehr sämtlichen Sauerstoff entziehen, was bisher das größte Problem gewesen war. Die Wirkung zeigte sich praktisch sofort. Ab Mitte der sechziger Jahre tauchten wieder Fische im Fluss auf. Dank seiner Idee, die Kraftwerksbetreiber an den Ufern um Hilfe zu bitten, konnte Alwyne Wheeler diese Entwicklung genau verfolgen, denn sie kontrollierten, was sich in den Rechensieben vor den Kühlwassereinläufen verfing. Den Beginn machte der Froschdorsch, und dann kehrte eine Art nach der anderen zurück: Flussneunauge, Sandgrundel, Rotauge, Barbe, Petersfisch - bis 1974 nicht weniger als 72 Arten erfasst worden waren. Und schließlich geschah das Unglaubliche: Am 12. November 1974 wurde in der Rechenanlage des Kraftwerks West Thurrock bei Dartford, etwa sechzehn Meilen flussabwärts von der Tower Bridge, ein weiblicher Lachs gefangen, beinahe vier Kilo schwer, vier Jahre alt und fast achtzig Zentimeter lang. Wheeler untersuchte und identifizierte den Fisch noch am gleichen Tag – und da wurde der Traum geboren.

Ich radle häufig auf dem Treidelpfad auf der Ostseite der Themse von Richmond zur Schleuse Teddington Lock, überquere den Fluss und kehre auf der anderen Seite zurück. Und während ich mein Fahrrad über die Fußgängerbrücke schiebe, schaue ich auf das Wehr, das die Grenze des tideabhängigen Abschnitts der Themse bildet. Vor meinem inneren Auge sehe ich dann den silbernen Fisch aufblitzen, der von seinem machtvollen Fortpflanzungstrieb getrieben um das Leben seiner Art springt und die Barriere überwindet ... Was würde man nicht darum geben, dieses Geschöpf wieder in seinem Fluss zu haben! Wäre das nicht beglückend? So dachten viele, als Alwyne Wheeler das Ergebnis seiner Identifizierung bekannt gab: Der erste Lachs in der Themse seit 141 Jahren! Plötzlich schienen sich neue Möglichkeiten aufzutun. War der Fluss inzwischen tatsächlich so sauber, dass die Lachse ihre uralte Wanderung wiederaufnehmen konnten? Zwei weitere Funde von toten Lachsen, im Juli 1975 und im Dezember 1976, gaben dieser Hoffnung weiteren Auftrieb. Der zweite Lachskadaver war besonders bemerkenswert, denn er wurde flussaufwärts von der Schleuse in Teddington gefunden. Folglich musste der Lachs über das Stauwehr gesprungen sein.

Die für den tideabhängigen Teil der Themse zuständige Behörde, die *Port of London Authority*, ließ die Bedingungen für Wanderfische im Mündungsgebiet der Themse prüfen, und die Untersuchung ergab, dass der Rückkehr von Lachs und Meerforelle nichts mehr entgegenstand. 1979 hatten sich schließlich alle Zuständigen und alle Interessenvertreter geeinigt, und das Projekt zur Wiederansiedlung der Lachse wurde offiziell in die Wege geleitet. Es war ein wunderbarer Traum. Dieser legendäre Fisch, der mit seinem Bedürfnis nach einem hohen Sauerstoffgehalt im Süßwasser geradezu ein Symbol für sauberes Wasser ist, sollte sich als Zeichen für die Wiedergeburt der Themse, für das neue Leben des Stromes, wieder in dem Gewässer ansiedeln. Es ist der Fisch, der uns von Schottland erzählt, von Norwegen, von Island und von Nova Scotia, von unberührten, nicht verschmutzten Landschaften im hohen Norden, und er sollte Londons Fluss wieder bewohnen. Londons Fluss sollte wieder ein Lachsfluss werden. Konnte es ein nobleres Ziel geben?

Dass es nicht erreicht wurde, obwohl man sich dreißig Jahre lang darum bemühte und ungeheuer viele Gedanken, Mühe und Geld darauf verwandte, gehört zu den traurigsten Fehlschlägen, die ich im Kampf gegen unsere Verwüstung der Natur miterlebt habe. Immerhin war der erste Teil des Programms ein großer Erfolg. Man wollte beweisen, dass Fische durch die einst so unglaublich verschmutzte Mündung des Flusses ins Meer gelangen und auch wieder zurückkehren konnten. Fünfzehn Zentimeter lange Junglachse, die im tideabhängigen Teil der Themse eingesetzt wurden, waren durchaus in der Lage, nach einem oder zwei Wintern im Meer zurückzukehren, und die Zahl der Rückkehrer, die in einer eigens dafür errichteten Falle am Molesey-Stauwehr bei Hampton Court gefangen wurden, nahm stetig zu. 1982 wurden 128 Rückkehrer gefangen und 1993 die größte Anzahl, nämlich 338 zurückkehrende Lachse. In den Zeitungen machte die Rückkehr der Themselachse Schlagzeilen, und der Höhepunkt war der erste mit der Angel gefangene Lachs von fast drei Kilogramm Gewicht am 23. August 1983. Der Angler, Mr Doig Russell aus Staines, gewann den von der *Thames Water Authority* ausgesetzten Silberpokal und 250 Britische Pfund für seinen Fang. Auf einem Foto sieht man ihn mit seiner Angel und dem Fisch – steifgefroren aus der Tiefkühltruhe – in einem Boot vor der Tower Bridge. Das Foto war zwar gestellt, verknüpfte aber vielsagend London und Lachs und war daher unbezahlbare Publicity. Und die Botschaft, die es verkündete, entsprach der Wahrheit: Der Unterlauf der Themse war wieder sauber.

Doch damit war nur ein Teil des Problems gelöst. Die Lachse kamen ja zurück, um zu laichen. Aber wo sollten sie das tun? Es gab in der Themse keine geeigneten Laichplätze mehr. Nach zehn Jahren intensiver Versuche wurde der bestmögliche Laichplatz in einem Nebenfluss der Themse in Berkshire gefunden, einem Kreidefluss namens Kennet. Dort konzentrierte man sich auf den kiesigen Flussgrund eines abgelegenen Abschnitts namens Wilderness Water und begann, Jungfische einzusetzen. Doch vom Wilderness Water bis zur Tower Bridge waren es fünfundsiebzig Meilen, und diese Strecke flussaufwärts von London erwies sich als viel schwieriger für die Fische als die ebenso lange Strecke durch den Unterlauf der einst so verschmutzten Themse zwischen London und dem Meer. Kaum hatte man begonnen, die Jungfische an den Laichplätzen einzusetzen, sank die Zahl der zurückkehrenden Lachse dramatisch. Eins der größten Probleme bestand darin, dass die Fische zwischen der Schleuse in Teddington und dem Wilderness Water nicht weniger als siebenunddreißig Stauwehre zu überwinden hatten. Obwohl es immer wieder Fischen gelang, mehrere Wehre zu überspringen, forderten die Lachsschützer, man müsse neben jedes Wehr eine Fischtreppe bauen. 1986 begann man damit, und in den nächsten fünfzehn Jahren wurden einige Millionen Pfund dafür ausgegeben, Geld, das größtenteils vom *Thames Salmon Trust* aufgebracht wurde, einer Stiftung, die eigens zu diesem Zweck gegründet worden war. Ich sehe darin eine erstaunliche und kaum gewürdigte Leistung. Ihr Höhepunkt war im Oktober 2001 die Eröffnung der letzten Fischtreppe im Kennet, am Wehr bei Greenham Mill in Newbury.

Man hatte zwar seit über zwanzig Jahren Lachse in der Themse eingesetzt, aber eine echte Lachswanderung war erst jetzt wieder möglich. Doch dazu ist es nicht gekommen. Bis 2014 ist, soweit bekannt, keiner der Fische, die im Wilderness Water eingesetzt wurden, die ganze Strecke bis ins Meer und zurück geschwommen, um im »Heimatfluss« zu laichen – bis auf einen einzigen. Er hat einen Namen, oder besser, eine Nummer. Im Juli 2003 wurde in der Lachsfalle am Sunbury Wehr ein männlicher Fisch mit einem Gewicht von über fünfeinhalb Kilogramm gefunden. Weil er vermutlich zwei Jahre im Meer verbracht hatte, identifizierte man ihn als »Millenniumbaby«, einen der zehntausend winzigen Fische, die am 9. Juni 2000 im Wilderness Water eingesetzt worden waren. Man stattete ihn mit einem kleinen Sender aus und ließ ihn wieder frei; im folgenden November wurde sein Signal im Becken unterhalb des Stauwehrs bei Hamstead Marshall geortet, dem Tor zum Wilderness Water. Damit war zur großen Freude aller Beteiligten bewiesen, dass ein Lachs die anstrengende Wanderung die Themse hinauf tatsächlich bewältigen kann. Auch wenn er das bisher nicht tut.

Das Umweltamt setzte noch weitere acht Jahre lang winzige Lachse im Wilderness Water aus, doch nur ab und zu kehrte im Sommer mal ein Fisch in die untere Themse zurück, und man konnte keine Fortpflanzung beobachten. 2011 wurde das Projekt zur Wiederansiedlung der Lachse nach zweiunddreißig Jahren schließlich beendet.

Da ich es über mehr als zwei Jahrzehnte recht genau verfolgt habe, habe ich mir über sein Scheitern, über die Gründe dafür und was man daraus lernen kann, eine Reihe Gedanken gemacht. Während der Laufzeit des Projektes traten Umstände auf, die es dem Fisch schwer machten, und es zeigten sich insbesondere zwei neue Probleme. Zum einen entnahmen die Wasserversorger immer mehr Wasser aus der Themse, um ihre Kunden zu beliefern, sodass es in wärmeren Jahren oft nicht mehr genug Strömung gab, um Lachse aus dem Mündungsgebiet flussaufwärts zu locken. Im Zuge des Klimawandels kann sich dieses Problem noch verschärfen. Das zweite Problem betraf die Lachse unmittelbarer: Wenn das in die Jahre gekommene Kanalisationssystem von Joseph Bazalgette durch schwere Regenfälle überlastet war, flossen zunehmend ungefilterte Abwässer in die Themse, was zu raschem Sauerstoffentzug und großen Fischsterben führte. Um »Londons schmutziges Geheimnis« abzustellen, genehmigte die britische Regierung im September 2014 ein gewaltiges Abwasserrohr. Es soll über vier Milliarden Pfund kosten, unter der Themse entlanggeführt werden und 2023 fertiggestellt sein. Ob das dem Lachs hilft, in die Themse zurückzukehren? Vielleicht.

Für mich ist das Ganze eine Lehre über unsere Grenzen. Wir gewöhnen uns allmählich an Erfolge im Artenschutz. Gefährdete Arten werden auf wunderbare Weise zurückgeholt, so wie in Großbritannien der Seeadler, der Frauenschuh und der Große Moorbläuling und anderswo der Amerikanische Bison, die Arabische Oryx oder der Mauritiusfalke, eine Art, von der es nur noch vier Exemplare gab, jetzt aber wieder Hunderte. Wir wissen, dass wir auf dem ganzen Erdball die Natur zerstören, aber wer sich mit Naturschutz beschäftigt, hat den Eindruck, dass die Rettungsprojekte mit etwas Glück und ausreichender Finanzierung meistens gelingen, sofern es dabei jeweils um eine bestimmte Art geht. Aber das ist eben nicht immer der Fall. Für mich ist die wichtigste Lehre, die wir aus dem Ausbleiben der Themselachse ziehen sollten, dass die Schäden, die wir der Natur zufügen, so groß sein können, dass sie nicht mehr zu beheben sind.

Doch jenseits aller Lehren und Erklärungen macht mich das Scheitern dieses Projekts einfach traurig. Es war ein Traum, er war vielleicht ein wenig romantisch, aber durchaus realisierbar und jedenfalls inspirierend. Mitanzusehen, wie er sich zerschlägt, macht das Herz schwer. Oder ist vielleicht nur das Projekt gestorben, und der Traum lebt weiter? Wenn ich an der Schleuse von Teddington mein Fahrrad über die Fußgängerbrücke schiebe, sehe ich im Geiste immer noch unten in der Strömung den silbernen Schatten, der sich auf das tosende Wasser am Stauwehr zu kämpft. Und wenn er dann springt, erkenne ich einen weiteren Aspekt der Schönheit unserer Erde: Man findet sie nicht allein in den Farben oder den Formen, sondern im Leben selbst.

7

Staunen

Die anfangs erwähnten Schmetterlinge sind in diesem Buch bisher kaum vorgekommen, in meine Seele aber sind sie vor sechzig Jahren eingeflogen und haben sie seither nicht mehr verlassen. Lange Jahre wusste ich nicht, wie ich das, was ich mit sieben in Sunny Bank erlebt hatte, einordnen sollte. Kindheitserlebnisse, die einen lebenslang prägen, sind, ob physisch oder psychisch, üblicherweise schrecklich oder zumindest verstörend. Dieses jedoch fiel zwar in eine chaotische, unruhige Zeit, war aber an sich nicht beängstigend. Dennoch war es tiefgreifend in dem Sinne, dass es für mich immer bestimmend geblieben ist. Es ist, als wäre etwas dauerhaft in mein Nervensystem implantiert worden: eine Empfänglichkeit für Schmetterlinge, die fast etwas von einem neuen Instinkt hatte – eine Art Lepi-Empathie, wenn Sie so wollen. Sie ist seither ein merkwürdiger Teil von mir, eine persönliche Eigenheit wie ein Hinken oder Lispeln, Jähzorn oder Geiz, und sie wird bleiben, bis ich sterbe. Noch einmal, ich bin kein zwanghafter Schmetterlingssammler geworden, kein Frederick Clegg in Fowles' *Der Sammler*, und es gab lange Phasen, in denen ich gar nicht an die Lepidoptera dachte, sondern mich mit jugendlichem Enthusiasmus den Vögeln widmete, wobei ich allerdings immer dazu neigte, intensiv auf Schmetterlinge zu reagieren, insbesondere wenn sie mir unerwartet begegneten.

All die vielen Jahre lang.

Zum Beispiel im April 1968: Ich war zwanzig, studierte in Toulouse und fuhr in den Osterferien auf den Spuren der Renaissance per Anhalter durch Italien. Ich war in Florenz gewesen und hatte mir angeschaut, was alle anschauen, vor allem aber den von mir bewunderten jungen Lorenzo Medici, der von Gozzoli in seinem *Dreikönigszug* als einer der drei Könige dargestellt ist – das Fresko war noch immer von der katastrophalen Überschwemmung des Arno gezeichnet, die damals erst achtzehn Monate zurücklag.

Ich hatte im kleinen Museo Civico von Sansepolcro Piero della Francescas *Resurrezione* bestaunt und in Urbino den Palast von Federico da Montefeltro bewundert. Ein französisches Paar in einem Alfa Romeo – witzig, an welche Einzelheiten man sich erinnert – hatte mich aus den Bergen nach Rimini mitgenommen, wo ich am Strand schlief. Von meinem letzten Geld hatte ich mir zwei Brote und sechs Eier gekauft, die ich in der Jugendherberge in Arezzo hartgekocht hatte. Am nächsten Morgen, einem Samstag, ging ich zur Autobahnauffahrt von Rimini und machte Inventur. Ich hatte noch drei Eier und ein Brot und kein Geld mehr. Nach Toulouse zurück waren es etwa 1200 Kilometer. Doch darin sah ich kein Problem. Ich wollte von Turin über die Alpen und dann hinunter nach Marseille trampen. In Marseille lebte die Witwe eines Freundes von meinem Vater, vielleicht würde sie mich aus meiner misslichen Lage befreien. Und alles hatte sich auf jeden Fall gelohnt, mein Gott, wie sehr ... Ich war in Lerici gewesen, von wo Shelley zu seiner letzten Segeltour aufgebrochen war, auf der er dann ertrank, ich hatte mich in Savonarolas Zelle gequetscht, und ich hatte die Porträts von Bronzino entdeckt, die mich mehr begeisterten als alles sonst ... Und da sah ich den Schwalbenschwanz.

Ich stand an einem Kreisel auf einer Verkehrsinsel, die nicht mit Rasen oder Blumenbeeten bepflanzt, sondern einfach mit dem Schutt vom Autobahnbau aufgefüllt worden war. Folglich war sie mit Unkraut bewachsen, oder mit Wildblumen, je nachdem, wie man es nennen möchte. Der Schmetterling flatterte im hellen Frühlingssonnenlicht der Marken darüber hinweg. Die Renaissance war vergessen, das Trampen war vergessen. Ich war wie elektrisiert. Hier wurde plötzlich ein Bild aus meinen kühnsten Fantasien Wirklichkeit, ein Schmetterling, von dessen Anblick ich träumte, seit ich *The Observer's Book of Butterflies* studiert hatte. In Großbritannien war der Schwalbenschwanz damals der seltenste Schmetterling überhaupt, denn sein Vorkommen war auf ein kleines Gebiet, die Norfolk Broads, beschränkt. Außerdem war er der größte unter den Tagfaltern, aber mehr als das, er war prachtvoll, ja glamourös – ich kann nicht umhin, dieses Wort zu gebrauchen. Er war der Glamouröseste unter den britischen Schmetterlingen, und ich hatte ihn bis zu diesem Moment in Nordostitalien noch nie gesehen.

Der Anblick dieses Insekts erregt mich bis heute. Die bananengelben Bögen, abgesetzt durch rabenschwarze Streifen, die beiden nadelspitzen schwarzen Ausläufer der unteren Flügel haben für mich etwas Extravagantes, geradezu Verwegenes oder Aufreizendes. Damals war ich vollkommen hypnotisiert. Ich beobachtete ihn drei oder vier Minuten lang, bis er schließlich davonflog. Ich winkte ihm zum Abschied, und als meine Begeisterung allmählich abflaute, stellte ich meinen mit dem Union Jack geschmückten Rucksack auf den Boden und streckte den Daumen aus.

Als ich an diesem Abend bei Tortona, gut hundert Kilometer vor Turin, unter einer Pinie in meinen Schlafsack kroch, kollabierte mein linker Lungenflügel und die darauffolgenden Ereignisse veränderten mein Leben, und trotzdem erinnere ich mich, wenn ich an jenen Tag zurückdenke, zuerst an den Schwalbenschwanz.

Etwas Ähnliches geschah fast ein Jahrzehnt später, als ich im Mai 1977 als Reporter für den *Daily Mirror* in Rondônia im brasilianischen Amazonasgebiet war. Ich schrieb über die Siedler, die während der ersten großen Welle der Kahlschläge über den Regenwald herfielen wie Ameisen über den Kadaver eines Elefanten. Es waren finstere junge Männer mit Strohhüten, die aus dem Süden kamen und überall Bäume fällten und verbrannten, sodass die Landschaft mit den brennenden und rauchenden Stümpfen aussah wie nach einer Schlacht. Mein Thema war das Eindringen dieser Siedler in die Gebiete von indigenen Stämmen, von denen manche erst vor Kurzem entdeckt oder kontaktiert worden waren und nun unter größten Schwierigkeiten durch die FUNAI, die brasilianische Behörde zum Schutz der indigenen Bevölkerung, geschützt werden sollten. Das alles, die Welle der Siedler und die unaufhaltsame Flut der Zerstörung, die ein Jahrzehnt später alle Welt beschäftigte, aber damals eben erst losgebrochen war, war für mich überwältigend, und gleichzeitig wanderten meine Gedanken ständig zu einer Frau, die Tausende von Meilen entfernt in Amerika lebte. Ich war neunundzwanzig, sie dreiundvierzig und die erste Frau, die meine Leidenschaft weckte, auch wenn ich natürlich schon verliebt gewesen war. Überall sah ich ihr atemberaubendes Gesicht und ihr feuerrotes Haar vor mir, in Rio, in São Paulo, in Brasilia, und als wir das Amazonasgebiet erreichten, auch in Porto Velho und den winzigen Grenzorten und Siedlungen tiefer im Dschungel, sogar in der Blockhütte, die wir vier – der Fotograf, der Dolmetscher, der einheimische Führer und ich – schließlich nach endloser Fahrt mit dem Land Rover und einem Fußmarsch erreichten. Ein Siedler hatte die Hütte illegal im Reservat der Surui erbaut, eines Stammes, mit dem man erst drei Jahre zuvor, 1974, Verbindung aufgenommen hatte. Auf dem schmalen Weg durch den Regenwald, den wir entlanggewandert waren, stand deutlich sichtbar der Grenzpfosten. Im Gespräch sagte der Siedler – uns fiel auf, dass seine Kinder mit einem Surui-Pfeil spielten –, er würde nicht wegziehen, er würde bleiben. Hinter der Tür hing ein Gewehr. Als er uns fröhlich auf einem umgestürzten Baumstamm über ein Flüsschen führte und uns die Früchte seiner Arbeit zeigte – er hatte eigenhändig ein Stück unberührten Urwald, etwa halb so groß wie ein Fußballfeld, gerodet und mit Bananenstauden bepflanzt –, wurde mir klar, dass dies die Speerspitze der Invasion des Amazonasgebietes war. (Und selbst dort sah ich ihr Gesicht.) Das Dorf der Surui lag irgendwo weiter hinten im undurchdringlichen Dschungel, zehn oder fünfzehn Meilen entfernt. Wie weit genau, das wusste niemand, denn man konnte es nur mit dem Flugzeug erreichen, über die kleine Landebahn, die FUNAI gebaut hatte. Die Mitarbeiter der Organisation weigerten sich jedoch, uns dorthin mitzunehmen – für uns ein Problem. Wir hatten eine großartige Geschichte, aber es war nur eine halbe Geschichte; wir mussten auch die Surui treffen. Darüber dachte ich nach, als wir die Lichtung mit den Bananen verließen, wieder über die Baumstammbrücke kletterten, uns vom Siedler verabschiedeten und so schnell wir konnten zum Wagen zurückeilten, weil Regen im Anzug war, der den Fahrweg unpassierbar machen würde. Wie sollten wir bloß in das Surui-Dorf kommen, fragte ich mich – und auf einmal flatterte der Blaue Morphofalter aus dem Wald.

Ich blieb wie angewurzelt stehen. So ein Geschöpf hatte ich in meinem Leben noch nicht gesehen. Ein auf die Erde gefallenes großes Stück azurblauer, wolkenloser Himmel. Heute vermute ich, dass es *Morpho peleides* oder vielleicht *Morpho menelaus* war, aber entscheiden kann ich das nicht, weil ich damals zu erstaunt war, um mir Einzelheiten zu merken. Selbst als die anderen mich riefen, *Mike, los komm, es regnet gleich*, rührte ich mich nicht vom Fleck. Der Schmetterling war ungeheuer, nicht nur seiner Größe, sondern auch seiner Farbe wegen, seines schillernden, metallischen Blaus, seines leuchtenden, strahlenden Blaus ... Ich vergaß die Abholzung des Regenwalds, ich vergaß die Surui und ihr unzugängliches Dorf. Ich vergaß sogar, zum ersten Mal seit Wochen, das atemberaubende Gesicht. Und wenn ich jetzt, vier Jahrzehnte später, die Augen schließe und an den Regenwald denke und der Morphofalter aus den Bäumen flattert, muss ich schmunzeln, weil mir bewusst wird, dass sein Anblick, für einen Moment jedenfalls, sogar die Leidenschaft in den Hintergrund drängte, obwohl ich damals geschworen hätte, dass es nichts und niemandem gelingen könnte.

Im Lauf der Jahre hatte ich eine ganze Reihe solcher Begegnungen. Mein erster Kaisermantel gehört dazu, der durch die Eichenwälder des Haddeo-Tals auf dem Exmoor schwebte, und mein erster Trauermantel auf einem Waldweg in der Provence und mein erster Monarchfalter in einem Garten in Boston. Alle diese Begegnungen waren von intensiven Emotionen begleitet, sie verschlugen mir den Atem, überwältigten mich. Nach und nach habe ich dieses Gefühl verstanden, und heute ist mir klar, dass ich es auch in Sunny Bank erlebt habe. Es heißt Staunen.

৵

Wenn ich mich im Folgenden dem Staunen widme, mag das in einem Buch über das Glück wie eine Abschweifung wirken, aber es gehört notwendig dazu, denn Staunen ist das zweite große Gefühl, das die Natur in uns auslösen kann, und es will mir fast noch bemerkenswerter erscheinen als das Erleben von Glück. Das Wort Staunen habe ich schon früher einmal in einem Artikel benutzt, um das Gefühl zu beschreiben, das meinen damals elfjährigen Sohn und mich erfasste, als wir um Mitternacht tief im Wald einer wenige Meter entfernten Nachtigall lauschten. Ich glaube, viele Menschen haben es bei ihren Naturbegegnungen erlebt und sind tief bewegt gewesen, ohne vielleicht genau zu verstehen, was sie so anrührt. Und da mein Instinkt mir sagt, dass das Staunen wie das Glück und die Freude uns zeigen können, wie sehr wir seit den Zeiten unserer Urahnen mit der Natur verbunden sind, erscheint es mir lohnend, dieses Gefühl zu erforschen.

Im allgemeinen Bewusstsein hat das Staunen heutzutage insofern eine Gemeinsamkeit mit dem Glück, als es abgewertet wird. In unserem säkularen, skeptischen Zeitalter haben wir damit nicht viel am Hut, und es spielt in alltäglichen Gesprächen kaum eine Rolle. Dennoch gehört es nach wie vor zum Repertoire der menschlichen Gefühle. Es mag mit dem Glück verwandt sein, aber es gibt dazu wichtige Unterschiede: Zum einen ist es schwerer zu definieren. Glück ist zweifellos eine intensive Form von Freude, was immer sonst noch hinzukommt, während über Staunen schon viel geschrieben wurde, ohne dass man je zu einer allgemein akzeptierten Definition gekommen ist.

Das *Concise Oxford Dictionary* macht einen brauchbaren Versuch: »Eine Emotion, die von etwas Unerwartetem, Unbekanntem oder Unerklärlichem ausgelöst wird, insbesondere Überraschung vermischt mit Bewunderung oder Neugier.« Ich würde es anders ausdrücken: Für mich ist Staunen eine unerwartet eintretende Reaktion auf etwas, das erhaben wirkt und Ehrfurcht gebietet, häufig, aber nicht notwendigerweise verbunden mit einem Element des Geheimnisvollen oder zumindest des Nichtwissens, denn wahres Staunen bleibt, auch wenn das Geheimnis aufgedeckt oder das fehlende Wissen erlangt wurde. Es ist, nach Kant, eine »Verwunderung, die beim Verlust der Neuigkeit nicht aufhört«.

Für mich ist Staunen eine Emotion, die uns überwältigt, vergleichbar einerseits mit religiöser Erfahrung und andererseits mit ästhetischem Erleben. Sie zeigt an, dass das bestaunte Objekt etwas ganz Besonderes für uns ist, vielleicht, weil es uns ein Gefühl für unseren eigenen Platz in der Welt vermittelt. Ich glaube, wir staunen im Grunde darüber, dass wir in einer Welt leben, die so etwas enthält – den Gesang der Nachtigall in der Dunkelheit zum Beispiel –, und dieses Gefühl weitet sich dann, sodass es nicht mehr nur unseren Platz in dieser Welt betrifft, sondern auch die Tatsache, dass es uns überhaupt gibt. Die Existenz der Menschheit praktisch immer als selbstverständlich hinzunehmen ist Teil unserer Selbstgefälligkeit, aber durch das Staunen kann uns jäh aufgehen, wie außerordentlich nicht nur unser Dasein, sondern alles ist, was existiert. *Warum ist überhaupt etwas und nicht vielmehr nichts?* Dafür findet Ralph Waldo Emerson zu Beginn seines Essays *Natur* ein bezauberndes, anschauliches Bild:

> Würden die Sterne nur einmal in tausend Jahren erscheinen, wie wären die Menschen zu Glaube und Bewunderung hingerissen, wie würden sie über Generationen hinweg die Erinnerung bewahren an jene Stadt Gottes, die ihnen erschienen ist!

Doch wir müssen nicht die ganze Pracht des Universums erschauen, um zu staunen: Im persönlichen Leben kann Staunen durch Kunst ausgelöst werden, durch spirituelle Offenbarungen und, um zu meinem Thema zurückzukehren, durch Naturerlebnisse. Dafür will ich ein weiteres Beispiel anführen. Im Juni 2004 reiste ich mit meinen beiden Kindern, Flora und Seb, in den Ferien nach Alonnisos, einer entlegenen Insel der Nördlichen Sporaden. Meine Frau musste im letzten Augenblick zu Hause bleiben, weil ihr Vater schwer erkrankt war. Flora war damals zwölf und Seb fast acht Jahre alt. An einem Vormittag machten wir einen Ausflug mit einem traditionellen griechischen Boot, einem Kaíki. Ziel war die noch entlegenere Insel Kyra Panagia, wo wir das alte Kloster besichtigen und zu Mittag essen wollten. Die silbrigblaue Ägäis lag ungewöhnlich still im Sonnenschein. Auf halbem Wege nach Kyra Panagia war das Wasser buchstäblich spiegelglatt, nicht die kleinste Welle oder Kräuselung war zu sehen, und das Kaíki glitt im Hitzedunst träumerisch über die gläserne Fläche. Wir waren etwa ein Dutzend Passagiere und genossen die Fahrt entspannt, fast schläfrig, als plötzlich das Wasser neben dem Boot aufspritzte. Sechs Delfine sprangen aus dem Meer, schauten uns an und spielten rund um das Kaíki. Alle Menschen an Bord schrien auf vor Erstaunen und Vergnügen, und wir schauten gebannt zu, wie die Delfinschule unter und über Wasser eine akrobatische Vorstellung für uns gab. Nach drei oder vier Minuten verschwanden die Tiere, und das Meer war wieder glatt wie ein Mühlteich.

Die Reisegesellschaft konnte es kaum fassen. Es war, als hätten wir eine Erscheinung gehabt. Diese großen, wunderschönen, energiegeladenen Geschöpfe waren in voller Absicht zu uns gekommen, aus dem Nichts. Sie wirkten intelligent, uns wohlgesonnen und schienen sogar einen ansteckenden Sinn für Spaß und Übermut zu haben, und uns wurde in diesem Moment bewusst, was im Lauf der vergangenen dreißig Jahre immer mehr Menschen klar geworden ist: Wie einzigartig die Zetazeen, also Wale und Delfine, sind und vor allem, wie außergewöhnlich ihre Kommunikation mit uns ist. Vielleicht bringen sie uns mehr als alle anderen Tiere zum Staunen – und es ist daher gut, eine Erkundung des Staunens über die Natur mit ihnen zu beginnen.

Im reichen, industrialisierten Westen werden die ungewöhnlichen Eigenschaften der Zetazeen erst seit Kurzem geschätzt, und das zeigt einen faszinierenden Wandel in der Kultur, von dem nicht oft gesprochen wird, weil er schwer einzuordnen ist. In welchem Fachgebiet sollen wir darüber diskutieren? In der Psychologie? In der Zoologie? Oder der Tourismusforschung? In alten Sagen und Legenden spielen Wale und Delfine eine große Rolle, insbesondere bei Völkern, die am Meer leben. In der Genesis waren Wale die ersten Tiere, die Gott schuf – »Und Gott schuf große Walfische« –, während für die Griechen die Delfine zu den Stars der Natur gehörten. In Fresken und Mosaiken erscheinen sie immer wieder als Motive, und Darstellungen davon, wie sie Menschen aus den Wellen retten, finden wir nicht nur in Sagen und auf Münzen, sondern auch in der Geschichtsschreibung; so erzählt Herodot die Legende von Arion, einem Sänger und Dichter, der über Bord sprang, weil die Besatzung seines Schiffes ihn ermorden wollte, und von einem Delfin sicher an Land gebracht wurde. In den landwirtschaftlich und später industriell geprägten Kulturen Europas und Amerikas spielten die Zetazeen jedoch praktisch keine Rolle, es sei denn in Herman Melvilles sonderbarem, faszinierendem Roman *Moby-Dick*, der 1851 erschien, aber erst in den 1920er Jahren von einer größeren Leserschaft wahrgenommen wurde, bis nach dem Zweiten Weltkrieg schließlich eine Reihe von Ereignissen dazu führte, dass Wale und Delfine wieder ins Bewusstsein der breiten Öffentlichkeit gelangten und neue, zeitgenössische Sagen und Legenden entstanden.

Als Erstes kamen, angeregt durch den Hollywoodfilm *Flipper* und seine Ableger im Fernsehen, Anfang der 1960er Jahre Delfinshows in Mode. Daraufhin gab es allein in Großbritannien irgendwann nicht weniger als sechsunddreißig Delfinarien. 1993 waren aus Großbritannien alle wieder verschwunden, aber einem Bericht zufolge wurden noch 2014 in 63 Ländern und insgesamt 343 Anlagen mehr als 2 000 Delfine, 227 Belugas, 52 Orcas, 17 Schwertwale und 37 Schweinswale gefangen gehalten – ich kann mir nicht vorstellen, dass auch nur eines dieser Tiere glücklich war. Der zweite Anstoß erfolgte durch die neuen Aktionsgruppen, die sich in den 1970er Jahren bildeten, wie Greenpeace und Friends of the Earth, die mit ihren Kampagnen die kommerzielle, entsetzlich grausame Jagd auf die großen Wale stoppen wollten. Sie prägten den Slogan der modernen Umweltschutzbewegung: *Rettet die Wale!* Durch sie schwammen die Zetazeen ins moderne Bewusstsein und eroberten sich dort einen festen Platz, nicht zuletzt, weil ab 1980 mit dem Aufkommen der organisierten Walbeobachtung eine dritte Entwicklung einsetzte.

Wale, Delfine und Schweinswale in ihrer natürlichen Umgebung zu beobachten, ist mittlerweile auf der ganzen Welt ein beliebtes Freizeitvergnügen. In einer Studie wurde kürzlich geschätzt, dass 2008 13 Millionen Menschen eine Walbeobachtungstour buchten. Meine Familie und ich zählten auch dazu, denn nach der Erscheinung auf der Fahrt nach Kyra Panagia wollten wir alle so viele Zetazeen wie möglich sehen, und die Walbeobachtung wurde, wenn irgend machbar, Teil unserer Ferien. Im Lauf der Jahre sahen wir vor der Küste von Vancouver Island Weißflankenschweinswale und Grauwale aus nächster Nähe und vor Cape Cod Buckelwale, von denen einer auftauchte und in voller Länge aus dem Wasser sprang. In der Cardigan Bay an der walisischen Westküste beobachteten wir große Tümmler, wobei eine Mutter mit ihrem Kalb dicht ans Boot herankam, und in einem Meeresarm im schottischen Hochland zwei lebhafte, temperamentvolle Gemeine Delfine, die sich dort angesiedelt hatten. Außerdem freuten wir uns über kurz auftauchende Schweins- und Minkewale.

Sie alle faszinierten uns. Allein ihr Anblick schenkte uns Energie und Freude, auch wenn wir keinen Körperkontakt zu ihnen hatten. Menschen, die von solchen Kontakten im Wasser berichten, haben den Eindruck, dass Wale und Delfine sich von allen anderen Tieren unterscheiden und einer höheren Ordnung angehören. Obwohl sie in einer anderen Welt leben als wir, haben sie offenbar wirklich den Wunsch, mit uns zu interagieren. Ihre Intelligenz, ihr Spieltrieb, ihre Freundlichkeit und Sanftheit sind bemerkenswert, und immer wieder wenden sie sich speziell Menschen zu, die in irgendeiner Weise Probleme haben. Sich über dieses Thema zu informieren oder auszutauschen gibt einem das Gefühl, eine Art Niemandsland zwischen einer sich nur langsam entwickelnden Naturwissenschaft und einem schnell anwachsenden Schatz an Anekdoten zu betreten. Wissenschaftliche Forschungen machen immer deutlicher, dass Zetazeen tatsächlich in vielerlei Hinsicht außergewöhnlich sind. Um nur zwei Beispiele zu nennen: Delfine äußern charakteristische, individuelle Pfiffe, die Personennamen gleichen, sodass sich die Frage stellt, ob die Tiere ein Ichbewusstsein besitzen; und von Grönlandwalen wird mittlerweile vermutet, dass manche zweihundert Jahre oder sogar noch länger leben. Aber in den vergangenen dreißig Jahren waren es die oft zufälligen Begegnungen mit Menschen, Begegnungen also, die keinerlei Versuchsanordnung unterlagen, die echtes Staunen hervorriefen und legendär wurden. Als Wissenschaftler, der Walbeobachtungstouren leitet, ist der Zoologe und Fernsehmoderator Mark Carwardine tief in das Thema eingetaucht. Er verfolgt die derzeitige Forschung genau und ist sich der Gefahren der Vermenschlichung durchaus bewusst. Doch nach vielen Jahren genauer Beobachtung zweifelt er nicht daran, dass Delfine zum Beispiel die Bugwellen von Schiffen nicht nur reiten, um von A nach B zu gelangen – wie manche Wissenschaftler immer noch behaupten –, sondern auch schlicht und einfach zum Vergnügen.

Mark Carwardine hat das Buch *Wale und Delfine* geschrieben, den Weltbestseller zum Thema Zetazeen, eine gefeierte Radioserie über das Verschwinden der Tier- und Pflanzenwelt moderiert und zusammen mit Douglas Adams, dem Autor von *Per Anhalter durch die Galaxis,* ein Buch zum Thema verfasst, das den Titel trägt: *Die Letzten ihrer Art: eine Reise zu den aussterbenden Tieren unserer Erde.* »Ich habe Hunderte von Beobachtungstouren geleitet, zu allen möglichen Tieren auf der ganzen Welt, Gorillas, Elefanten, Nashörnern, Tigern, und alle diese Tiere haben eine große Wirkung auf Menschen«, sagte er zu mir. »Aber im Laufe der Jahre ist mir aufgefallen, dass Wale und Delfine anders und tiefgreifender auf Menschen wirken. Mit Voreingenommenheit hat das nichts zu tun. Ich habe es immer wieder erlebt.« Besonders stark ist die Wirkung, wenn er Menschen auf die Baja California in Mexiko mitnimmt, in die Laguna San Ignacio. In diese Bucht wandern die Grauwalkühe aus der Arktis, um ihre Kälber zur Welt zu bringen. In der Vergangenheit wurden sie dort von Walfängern abgeschlachtet, doch mittlerweile schwimmen die Walmütter mit ihren Kälbern dicht an die Beobachtungsboote heran, um sich streicheln zu lassen. Wenn die Menschen auf den Booten sich vor Augen führen, wie die Wale an diesem Ort gelitten haben, sind sie von dem Vertrauen der Tiere manchmal völlig überwältigt. »Dieses Erlebnis kann Menschen total verändern«, erzählte Mark.

Meine Frau, unsere Kinder und ich kamen zwar nicht in den Genuss dieser körperlichen Nähe, aber die Wale und Delfine, die wir auf unseren Reisen sahen, brachten uns zweifellos zum Staunen. Anfangs blieb mir der Grund dafür verschlossen, doch dann eröffnete mir ein Gespräch mit meiner damals 22-jährigen Tochter Flora, die von uns allen enthusiastischste Walbeobachterin, einen Zugang. Sie sagte: »Sie sind wie Wesen aus einer anderen Dimension.« Das sprach mich sehr an, und wir unterhielten uns weiter darüber. Schließlich bat ich sie, ihre Gedanken aufzuschreiben, damit ich sie nicht vergaß.

Sie schrieb:

Ich mag Wale so sehr, weil sie wie aus einer anderen Welt sind – schon durch ihren Körperbau (so groß, so langsam, wie aus der Zeit der übrigen Natur gefallen) – und fast an die Dinosaurier erinnern.

Ihre Andersartigkeit relativiert und untergräbt unsere Weltsicht – d. h., das Leben ist reicher/seltsamer, als wir es im Alltag wahrnehmen. Es gibt andere, verborgene Dimensionen (das Meer z. B.), die genauso Teil der Erde sind, aber von uns im Alltag vergessen werden und für uns buchstäblich unsichtbar sind, weil in die Tiefsee kein Sonnenlicht fällt.

Als Letztes schrieb sie: »Wale sind so magisch, weil sie uns, wenn sie auftauchen, einen physischen/sichtbaren Beweis für eine andere Welt liefern. Sie ist uns zwar verborgen, bildet aber ebenfalls einen Teil unseres Planeten.«

Mit anderen Worten, Zetazeen bieten uns ein Geheimnis. Und das ist eine der wichtigsten Quellen für das Staunen.

Es gibt in der Welt der Natur einiges, was Staunen auslöst. Neben dem Geheimnisvollen können beispielsweise auch zwei diametral entgegengesetzte Erscheinungen verwundertes Entzücken wecken, und das sind Seltenheit und Überfülle. Aber es gibt auch weitere, weniger auffällige Aspekte der Natur, die, wenn man ihnen begegnet, Staunen darüber hervorrufen können, dass die Erde existiert und wir auf ihr leben. Einer besteht schlicht im Alter der Dinge; es ist so vieles schon vor unserer Zeit dagewesen, dass niemand es richtig verarbeiten, sondern höchstens als Tatsache festzustellen vermag:

Sehr alt sind die Wälder,
und die Knospen, die sacht
zwischen Dornen sich öffnen,
wenn der Märzwind erwacht,
sind so alt, wie sie schön sind –
Ach, kein Mensch begreift,
welch wilde Vorzeiten
die Rose durchstreift.

Walter de la Mare hat es verstanden: das Ausmaß von allem, das schon war. Und es gibt noch eine weitere, weniger vertraute Facette der Natur, die staunen macht: ihre Fähigkeit zur Verwandlung. Das Konzept der Verwandlung spielt in unserer Fantasie eine große Rolle: Wir sind davon fasziniert, dass Menschen ihre Identität ändern, dass Dinge sich verwandeln und Frösche zu Prinzen werden. Shakespeare zehrt von solchen Geschichten, und Ovids *Metamorphosen* waren nicht nur im Rom des Augustus ein Bestseller, sondern wohl auch das beliebteste Buch des Mittelalters und der Renaissance.

Natürlich können Verwandlungen in unterschiedliche Richtungen verlaufen, sei es ins Tragische, ins Humorvolle oder ins Ironische. Die beiden Grundrichtungen scheinen mir jedoch abwärts und aufwärts zu sein. Die Verwandlung durch Unglück führt abwärts, vom Banker zum Bettler oder wie bei König Lear zum Verlust von allem, was er hatte. Den größten Reiz für uns besitzt jedoch gewiss die Aufwärtsverwandlung, durch die gewöhnliche Menschen, Wesen oder Dinge zu etwas Besonderem oder gar Strahlendem werden. Diese Vorstellung scheint in uns an etwas Tiefes zu rühren, eine Art Ursehnsucht. Es geht dabei um viel mehr als bloßen Reichtum oder Status oder die Vorstellung, dass ein gewöhnliches Mädchen zur Prinzessin wird. Die Idee, dass wir trotz all unserer Fehler nach Vollkommenheit streben können, ist in vielen Mythen und Religionen, auch im Christentum, etwas ganz Zentrales. Darüber habe ich eines Frühlings ausgiebig nachgedacht, als ich verstehen wollte, warum ein bestimmtes Phänomen in der Natur eine so ungeheure Wirkung auf mich hat: das Morgenkonzert der Vögel.

Ich hatte mehrere Wochen an einem umfangreichen Text geschrieben und mir dabei angewöhnt, die Nächte durchzuarbeiten. Wenn man das tut, sieht man die Morgendämmerung, oder vielmehr man hört sie. Am 21. Mai jenes Jahres drang morgens um acht nach vier ein Geräusch an mein Ohr. Ich hörte auf zu tippen, stand auf und öffnete die Tür zum Garten. Im Osten wurde der Himmel von einer steigenden Flut aus fahlem Licht erhellt, vor dem sich Häuser und Bäume als schwarze Silhouetten abhoben. Hinter einem Dunstschleier schien noch der Mond. Es war windstill und

187

absolut ruhig. Nur auf einer hohen Blutbuche im übernächsten Garten sang melodiös und klar eine Amsel.

Kein anderer Laut war zu hören. Die Amsel sang ihre endlosen Melodien, als wäre die Stille nur für sie geschaffen worden. Ihre schwebenden Tonfolgen waren von hypnotischer Musikalität und Reinheit. Und dann fiel von einer Fernsehantenne auf einem Dach in der Nähe eine zweite Amsel ein, kurz danach ein Rotkehlchen, dann eine Blaumeise und dann ein Distelfink. Das Morgenkonzert der Vögel hatte begonnen.

Ich weiß nicht genau – und niemand ist sich da ganz sicher –, warum Singvögel im ersten Morgenlicht alle zusammen singen und später dann verstummen. Wahrscheinlich ist, dass sie auf diese Weise entweder ihre territorialen Ansprüche verkünden oder um Partnerinnen werben. Aber ich weiß, dass ihr Gesang verzaubern kann. In den folgenden Wochen begannen sie immer früher zu singen, eines Morgens schon um kurz nach halb vier, und ich lauschte ihnen noch ein Dutzend Mal. Zuerst dachte ich, es sei einfach die Sinfonie der Vogelstimmen, die mich so bewegte, aber inzwischen weiß ich, dass noch etwas hinzukam, und zwar ihre verwandelnde Kraft. Ich wohne in einem Vorort, in einem Viertel mit gepflegten Gärten, Verkaufsschildern von Maklern, Carports, Spaziergängern mit Hunden, Rasenmähern und endlosen Reihen von ähnlichen Häusern, wo nicht viel passiert. Niemand würde ihn als besonders bezeichnen. Doch das Morgenkonzert gewandet die Vorstadt in Staunen. Es ertönt, wenn die meisten von uns noch schlafen, daher verpassen wir es, und so hatte ich nach jenen Wochen das Gefühl, ein Geheimnis entdeckt zu haben: Im Chor des Vogelgesangs, der die Stille, die Ruhe und das große Tagen am Himmel versilbert, kann sich für eine kurze halbe Stunde sogar das Land der Rasenmäher der Vollkommenheit nähern.

Aber im Alltäglichen etwas Staunenswertes zu finden ist ungewöhnlich. Dazu bedarf es einer Verwandlung. Viel wahrscheinlicher ist es, dass wir über etwas Geheimnisvolles staunen wie über Wale und Delfine, die sozusagen aus einer anderen Dimension zu uns kommen – wobei allerdings gerade das Geheimnisvolle heutzutage im Schwinden begriffen ist. Wir bedauern das. Wir mögen Mysterien.

Seltsamerweise, wenn man bedenkt, dass Rätselhaftes früher Stress auslöste, weil Nichtwissen für Menschen schwer auszuhalten ist; vermutlich sind darum die Religionen entstanden. Ein Otter sorgt sich – soweit uns bekannt ist – nicht darum, dass sein Fluss bei Dürre austrocknen könnte, aber wir tun es. Wodurch entsteht die Krankheit? Weshalb scheitert die Ernte? Wird meine Zukunft gut oder schlecht? Wer sind wir, und warum sind wir hier? Seit die Menschen ein Bewusstsein besitzen, können sie ihr Nichtwissen nicht auf sich beruhen lassen, sondern müssen etwas dagegen tun, und was wäre da naheliegender, als sich allwissende, allmächtige übernatürliche Wesen zu erträumen, die man milde stimmen kann?

Seit der wissenschaftlichen Revolution des 17. Jahrhunderts jedoch decken wir immer mehr Geheimnisse auf. Und heute wissen wir, wodurch Krankheiten entstehen oder was die Ernte verdorren lässt, wenn auch leider nicht, was uns die Zukunft bringen wird. Aber wir begrüßen durchaus nicht immer, dass sich das Geheimnisvolle aus unserem Leben zurückzieht. Paradoxerweise scheint es uns jetzt im gleichen Maße anzuziehen, wie es uns einst geängstigt hat, und es fehlt uns. Da seine Schrecken abgenommen haben, wirkt es auf uns jetzt faszinierend. Und die Art, wie es offenbar den problemlösenden Teil unseres Wesens anspricht, scheint mir ebenso auf die fünfzigtausend Generationen zurückzugehen wie die Angst vor dem Unbekannten. Das Geheimnis berge Kraft, lässt John Fowles eine Figur in seinem Roman *Der Magus* behaupten. Und es besitzt zweifellos großen Reiz. Würde sich nicht jeder wünschen, als geheimnisvoll oder rätselhaft zu gelten? Ich meinerseits schon. Und für die Welt der Natur stimmt das gewiss.

Geheimnisse in der Natur besitzen für uns eine starke Anziehungskraft. Ist es wahr, dass der angeblich ausgestorbene Elfenbeinspecht in den Wäldern von Arkansas noch existiert, wie das *Cornell Laboratory of Ornithology* im Juni 2005 so lautstark verkündete, dass es weltweit in die Schlagzeilen kam? Im folgenden Jahrzehnt konnte niemand die Sichtungen wiederholen, und der größte amerikanische Experte für Vogelidentifizierungen erklärte, in dem unscharfen Video, das als Beweis angeführt wurde, sei kein Elfenbeinspecht, sondern ein Helmspecht zu sehen. Doch das macht das

Geheimnis nur noch größer. Es packt uns – mich jedenfalls packte es. Ich führte ein fesselndes Gespräch mit Melanie Driscoll vom Team des *Cornell Lab of Ornithology*. Sie sagte: »Ich wurde wie eine Spinnerin behandelt und ich wurde wie ein Rockstar behandelt, aber ich weiß, was ich gesehen habe.« Solche Dinge faszinieren mich, seit ich als junger Mann ein Buch des belgisch-französischen Zoologen Bernard Heuvelmans in die Finger bekam. Und es wirkt bis heute nach.

Es erschien 1955 unter dem Titel *Sur la piste des bêtes ignorées*, und drei Jahre später dann auch auf Englisch: *On the Track of Unknown Animals* (*Auf der Spur unbekannter Tiere*). Heuvelmans ging dem Gedanken nach, dass es große, noch unentdeckte Wildtiere geben könnte, die möglicherweise bemerkenswerte Relikte der Vergangenheit wären. Er prägte den Begriff der Kryptozoologie, der Lehre von den verborgenen Tieren. Leider hat sich die Kryptozoologie inzwischen zu einer Pseudowissenschaft entwickelt, die sich auf das Ungeheuer von Loch Ness, den Yeti oder die Alien Big Cats, die Phantom-Katzen, konzentriert. Heuvelmans selbst jedoch war studierter Zoologe, er hatte über das Gebiss des südafrikanischen Erdferkels promoviert, und sein Buch ist eine nüchterne Zusammenstellung von Informationen über Wildtiere, die der Wissenschaft unbekannt sind, über Tiere, die erst kürzlich entdeckt wurden, wie der Bonobo und der Komodowaran, und über Tiere, die in jüngerer Vergangenheit ausgestorben sind, wie der Beutelwolf, auch Tasmanischer Tiger genannt. Manche von Heuvelmans Darstellungen hatten etwas potenziell Sensationelles und regten Abenteurer an, andere waren unspektakulärer, und einige erschienen mir plausibel.

Zur Gruppe der Letzten gehörte das Wollhaarmammut, von dem lange Zeit angenommen wurde, dass es vor über zehntausend Jahren ausgestorben war, aber inzwischen bekannt ist, dass die letzten Exemplare noch bis mindestens 1650 v. Chr. auf der Wrangelinsel vor der Küste Sibiriens lebten. Heuvelmans stellte, gestützt auf vereinzelte, ungenaue Berichte von russischen Jägern, die These auf, dass in den endlosen Nadel- und Birkenwäldern der Taiga möglicherweise isolierte Mammutpopulationen überlebt haben. Der amazonische Regenwald ist uns viel vertrauter, aber die sibirischen Wälder sind größer und in weiten Teilen auch heute noch nicht durch Straßen erschlossen. Als ich Heuvelmans Behauptung las, dachte ich, und ich denke es bis heute: Warum nicht? In unserer Arroganz glauben wir, die Natur unterworfen zu haben, aber sie kann uns noch immer überraschen. Auch wenn die unbekannten Gebiete und damit auch die Geheimnisse auf unserem Planeten stark geschrumpft sind, freue ich mich darüber, dass es zu meinen Lebzeiten noch einiges Unbekannte und Erstaunliche zu entdecken gibt. Das gilt insbesondere für zwei Lebensräume: die verbliebenen Regenwälder und die Tiefsee. In den vergangenen Jahren sind insbesondere in den Regenwäldern Indochinas große, unbekannte Tiere entdeckt worden, nicht zuletzt natürlich, weil der Dschungel kriegsbedingt für Entdecker und Naturforscher lange nicht zugänglich war. Das spektakulärste war das unglückselige Vietnamesische Nashorn, *Rhinoceros sondaicus annamiticus*, eine Unterart des Java-Nashorns. Es wurde 1988 entdeckt – bis dahin wusste niemand, dass es in Festland-Indochina überhaupt Nashörner gab – und war bereits 2010 durch Wilderer ausgerottet. Von der Saola, auch Vu-Qang-Antilope oder Vietnamesisches Waldrind genannt, fand man 1992 in Vietnam Hörner, 1996 wurde in Laos ein lebendes Tier fotografiert. Außerdem wurden mindestens drei bisher unbekannte vietnamesische Hirscharten entdeckt. Und im Meer hat man seit Beginn des neuen Jahrtausends neben zahlreichen Fischarten und anderen Organismen auch zwei neue Walarten entdeckt, den Perrin-Schnabelwal und den Deraniyagala-Zweizahnwal, während der Bahamonde-Schnabelwal, der bisher nur von Skelettfunden bekannt war, 2010 zum ersten Mal lebend gesehen wurde.

Kein Wunder, dass wir darüber staunen. Und das würden wir bestimmt auch tun, wenn das Wollhaarmammut oder der Elfenbeinspecht wieder auftauchen würde. Und ich bin mir nicht mal sicher, welcher uns wunderbarer erscheinen würde, ist doch das Mammut zwar uralt, aber am Ende nicht mehr als eine Art zotteliger Asiatischer Elefant, während *Campephilus principalis* ein so umwerfend schöner Vogel ist, dass man ihn auch Lord God Bird nannte, weil die Glücklichen, die ihn zu Gesicht bekamen, unwillkürlich *Lord God!* ausriefen.

Doch auch Geschöpfe, die eindeutig noch unter uns leben, können uns wie Wunder erscheinen. Eines davon beschäftigt meine Fantasie schon lange: Es ist das Blaue Ordensband, der prächtigste Nachtfalter, der auf den Britischen Inseln zu finden ist. Er ist nicht nur ungewöhnlich groß für einen Nachtfalter, sondern er besitzt auch noch ein weiteres Merkmal, das ihn von unseren anderen 867 Nachtschmetterlingsarten unterscheidet, und das ist sein Blau. Die britischen Nachtfalter bevorzugen üblicherweise Braun- und Grautöne, auch Rot, Gelb, Orange, Cremeweiß oder Grün kommen manchmal vor, doch Blau erscheint höchstens gelegentlich als Punkt, wie etwa beim Abendpfauenauge.

Catocala fraxini aber zeigt, wenn er die silbergrauen, zart gemusterten Vorderflügel entfaltet, schwarzbraune Hinterflügel mit einem breiten rauchblauen Band. In Großbritannien gibt es etwa ein Dutzend Falter mit ähnlich gezeichneten Hinterflügeln, und alle verwenden Farbe, um Feinde abzuschrecken, so wie ich es schon beim Russischen Bären beschrieben habe. Die Vorderflügel haben eine perfekte Tarnfarbe, die den Falter tagsüber auf seinem Ruheplatz zum Beispiel an einer Mauer oder auf Baumrinde schützt. Wenn ihn ein Fressfeind wie ein Vogel trotzdem bemerkt, klappt er plötzlich die Vorderflügel auseinander, präsentiert die leuchtende Farbe auf den Hinterflügeln und nutzt die kurzzeitige Verwirrung des Vogels zur Flucht.

Manche dieser Arten, wie die Große Bandeule zum Beispiel, sind häufig, das Blaue Ordensband jedoch ist sehr selten und wird nur wenige Male im Jahr gesichtet. Seit seiner Entdeckung in Buckinghamshire im 18. Jahrhundert gilt es unter Nachtfalter-Enthusiasten als begehrenswerter, legendärer Schatz – eine Art geheimnisumwitterter Heiliger Gral.

Auch ich träumte vom Blauen Ordensband und sehnte mich viele Jahre – immer vergeblich – danach, es einmal zu sehen. Ich hatte die Hoffnung schon aufgegeben, als eines Herbstes Anfang Oktober die Stiftung *Butterfly Conservation Trust* verkündete, vom Festland her seien seltene Nachtfalter zu uns eingewandert, unter anderem seien Blaue Ordensbänder gesichtet worden, drei allein von dem Falterexperten Les Hill in Dorset. Ich machte mich gleich ein oder zwei Tage später zu ihm auf. Als ich in der Abenddämmerung eintraf, hatte er in seinem Garten schon die Lichtfalle aufgebaut. Ich stellte mich auf eine lange Nachtwache ein, doch er hatte aufregende Neuigkeiten: Sein Kollege Mark Parsons hatte eine halbe Stunde zuvor tatsächlich ein Blaues Ordensband an der Wand seines Hauses gefunden und eingefangen. In aller Eile fuhren wir die dreißig Meilen bis zu Mark, und da, auf dem Küchentisch, schlief der Nachtfalter in einem Plastikgefäß. Schlafen Falter? Jedenfalls rührte er sich nicht. Reglos, aber wunderbar saß er da. Und als Mark behutsam die silbergrauen Vorderflügel antippte, klappten sie auseinander und gaben die leuchtend fliederblauen Bänder frei. Ich konnte es kaum fassen, dass ich ihn vor mir sah.

Dann bewegte der Nachtfalter sich und flog bald langsam in der Küche herum. Mit offenem Mund schaute ich zu. Er war so groß wie eine Fledermaus – eine Fledermaus mit spektakulären Farben. Schließlich ließ er sich an der Küchenwand nieder, und ich brachte ihn, ehe Mark ihn draußen wieder freiließ, dazu, auf meine Hand zu krabbeln. Es war wie ein Traum. – Die Übertreibung lässt sich an dieser Stelle nicht vermeiden. Ich staunte über die Welt, die etwas so Wundervolles bereithalten kann.

Wie wir Staunen in der Natur erleben können, habe ich am Beispiel von eigenen Erlebnissen zu zeigen versucht, und Sie kennen zweifellos ähnliche. Ich könnte auch noch weitere aufzählen, Staunen über das Seltene bis hin zum Staunen über die Fülle: Wie ich gebannt den Frauenschuh betrachtete, die Orchidee, die über fünfzig Jahre lang die seltenste Pflanze in Großbritannien war und unter vollkommener Geheimhaltung von engagierten Betreuern behütet wurde. Oder wie mich in Rumänien die Vielfalt der Flora und Fauna überwältigte. Weil das Land bisher von der Intensivlandwirtschaft verschont geblieben ist, gibt es dort Heuwiesen voller Wildblumen, sodass ich gleich auf der ersten siebenundzwanzig Arten zählte und im grasbewachsenen Hügelland oberhalb von Viscri in Transilvanien durch Millionen Blüten von Kleinem Mädesüß und

Kleinem Klappertopf wanderte. Der endlose Teppich aus Weiß und Gold beherbergte ganze Schwärme von Insekten, Grashüpfer und Grillen, wunderschöne Käfer wie den Goldglänzenden Rosenkäfer und Schmetterlinge wie den Großen Eisvogel, den Schwarzen Trauerfalter und den Schwarzen Apollo. Die Vogelwelt war genauso vielfältig, überall waren Neuntöter zu sehen, und aus den Pappeln hörte man das flötende Pfeifen der Pirole. Und in den Wäldern gab es Bären ... Doch noch faszinierender ist die Frage, *warum* wir eigentlich über die Natur staunen.

Für mich legt unsere Fähigkeit zum Staunen den Schluss nahe, dass zwischen uns und der natürlichen Welt seit jeher eine Beziehung besteht, die uns angeboren ist. Die Wahrnehmung eines bestaunenswerten Objekts fällt nicht auf unfruchtbaren Boden. Wir haben in uns die Fähigkeit, es aufzunehmen und davon angesprochen zu werden. Bei Wordsworth heißt es:

... ich spürte
Freudig erregend eine Gegenwart, erfüllt
Von hohem Denken; ein erhabenes Ahnen
Von etwas, das, viel tiefer noch verwoben,
Im Leuchten untergehnder Sonnen wohnt,
Im Rund des Ozeans, in lebendiger Luft,
Im Blau des Himmels, *in der Menschen Sinn*;

Die Hervorhebung in der letzten Zeile stammt von mir: Etwas wohnt bereits in unserem Sinn. Ich glaube, es ist das fünzigtausend Generationen alte Band zwischen Mensch und Natur, das uns für einige ihrer Phänomene so stark empfänglich macht und für Glück und Staunen sorgt. Mein Staunen in Sunny Bank ist ein Beispiel dafür. Als ich damals zu dem Schmetterlingsstrauch hochschaute, verfügte ich noch nicht über eine vorgefertigte Reaktion auf die Wesen, die ich dort sah. Vielleicht hatte ich in der Schule Bücher über Schmetterlinge oder wenigstens Bilder von ihnen gesehen, doch falls dem so war, erinnere ich mich nicht daran. Ich war erst sieben. Ich dachte nicht: Aha, das sind also die Schmetterlinge, über die ich so viel gelesen habe. Ich reagierte einfach auf das, was ich vor mir sah. Und mir ist immer wieder aufgefallen, dass alle kleinen Kinder stark auf unbekannte Tiere reagieren. Sie interessieren sich sofort brennend dafür. Das ist auch der Grund, warum Zoos lange Zeit so beliebt waren. Die Schmetterlinge in Bebington fesselten mich nicht, weil ich Bücher gelesen oder Bilder von ihnen gesehen hatte. Aber vielleicht war ein prähistorischer Beobachter schuld, mein entfernter Jäger-Sammler-Ahne, der einst darauf wartete, dass ein Schwalbenschwanz sich setzte, damit er ihn besser betrachten konnte, und dann darüber staunte, was er da vor sich hatte.

≈

Als ich im April 2014 aus Südkorea zurückkam, wo ich Zeuge der Zerstörung des Saemangeum geworden war, wollte ich wissen, wie es den Löffelstrandläufern ging, die von dem vernichteten Wattenmeer so abhängig gewesen waren. Man hatte einige nach Großbritannien gebracht, um ein Erhaltungszuchtprogramm aufzubauen, daher setzte ich mich mit dem *Wildfowl and Wetlands Trust* in Gloucestershire in Verbindung, der die Vögel betreute. Dr. Debbie Pain, die Leiterin der Naturschutzabteilung, lud mich nach Slimbridge ein, um die Löffelstrandläufer zu sehen.

Das war ein großes Privileg. Die Biosicherheit rund um die speziell errichtete Voliere war beeindruckend. Debbie durfte mich nicht begleiten, weil sie gerade eine Erkältung hatte und damit eine möglicherweise tödliche Gefahr für die Vögel darstellte. Nachdem ich mich also gehörig abgeschrubbt und mir einen sterilen Schutzanzug und Clogs angezogen hatte, betrat ich das Vogelhaus. Nigel Jarrett, der die Vögel betreut hatte, seit sie im fernen Tschukotka noch Eier gewesen waren, begleitete mich.

Plötzlich mitten zwischen diesen kostbaren Vögeln zu stehen, die zu den seltensten Vogelarten der Erde gehören, war wieder ein Anlass zum Staunen. Fünfundzwanzig waren es, winzige Tiere mit blanken Augen, anmutig und ganz ohne Angst. Unaufhörlich in Bewegung durchsuchten sie die künstlich angelegten Gezeitentümpel um meine Füße herum nach Futter. Sie waren gerade dabei, das graue Winterkleid gegen das Prachtkleid mit dem schönen rostroten Kopf zu tauschen. Nigel wies mich darauf hin, dass sie zur Zeit zunehmend unruhig wurden. Sie jagten sich gegenseitig, und ein männlicher Vogel hob eine Schwinge, um sein Territorium zu behaupten. Als ein völlig harmloser Austernfischer rufend über uns hinwegflog, gingen alle in Deckung. Bisher hatten die Löffelstrandläufer als Gruppe zusammengelebt und sich miteinander recht wohlgefühlt, erklärte Nigel, doch jetzt führte ein plötzlicher Anstieg des Hormonspiegels dazu, dass sie in die Mauser kamen und begannen, sich füreinander zu interessieren. Er verglich die Vögel mit überspannten Teenagern.

Nachdem wir die Voliere verlassen hatten, sprachen wir in Debbies Büro über das Zuchtprogramm und überhaupt über wildlebende Tiere und die Welt der Natur. Debbie reiste viel, um Tiere zu beobachten. Sie war gerade mit ihrem Mann zusammen in Ladakh gewesen, wo es ihnen gelungen war, Schneeleoparden in freier Wildbahn zu sehen. Debbie erzählte, eine Freundin habe gesagt, ein solcher Anblick müsse wohl das Schönste sein, was sie jemals mit Tieren erlebt hatte. Aber Debbie hatte ihr nach kurzem Überlegen widersprochen: »Nein, das war es nicht.«

Neugierig fragte ich: »Was dann?«

»Die biolumineszenten Delfine.«

»Die *was?*«

Debbie erzählte, sie sei mit ihrem Mann auf einer Walbeobachtungstour in Baja California in der Laguna San Ignacio gewesen, also genau in dem Gebiet, wo Mark Carwardine Grauwale beobachtete. Von den Zetazeen, die sie gesehen hatten, insbesondere den Delfinen, war sie genauso begeistert wie er. »Ich liebe Zetazeen«, sagte sie. »Irgendwie spüre ich eine echte Verbindung zu ihnen. Delfine sind erstaunlich fröhliche Tiere, sie springen immerzu aus dem Wasser und schwimmen hinter den Schiffen her. Ich bin Wissenschaftlerin, daher nehme ich an, dass es einen Grund für dieses Verhalten geben muss, aber im Grunde glaube ich, dass sie es einfach zum Vergnügen tun ... es macht ihnen Spaß, verstehen Sie? Es wäre mir lieb, wenn es so wäre.«

An einem Abend, erzählte sie, gab es Meeresleuchten: Milliarden von Kleinstlebewesen, die das Plankton bilden, gaben grünes Licht ab. Früher bezeichnete man das als Phosphoreszieren. »Die Schönheit der Biolumineszenz«, sagte Debbie, »ist einfach unglaublich. Wenn der Mond nicht scheint und bestimmte Bedingungen herrschen … dann glüht das Meer grün, und das ist umwerfend schön, selbst wenn nur die Gischt leuchtet. Und wenn man dann Fischschwärme sieht, kann man nur noch staunen. Man sieht Umrisse und Streifen und riesige, grün leuchtende Felder, wenn ein ganzer Schwarm auf das Schiff zukommt, und dann flitzen sie in alle Richtungen davon und ziehen Leuchtspuren hinter sich her. Es sieht aus, als wären sie radioaktiv. Es ist unglaublich.«

»Und die Delfine?«

»Wir standen im Bug des Schiffes und sahen aus der Ferne Streifen auf uns zukommen. Wir sahen die Umrisse, sie leuchteten grün, und dann waren sie bei uns, nur gut einen Meter unter uns, und leuchteten. Das verschlägt einem den Atem.« Debbie hatte Tränen in den Augen. »Mir kommen fast die Tränen, wenn ich daran zurückdenke. Sie haben um das Boot herum gespielt. Und waren leuchtend grün. Einfach unfassbar. Das Erstaunlichste, was ich je gesehen habe. Und meinem Mann ging es genauso. Er kam zu mir und nahm meine Hand und sagte: Das werden wir niemals vergessen. Als die Delfine wieder fort waren, haben wir noch eine Stunde an Deck gestanden. Wir wollten gar nicht wieder in die Kajüte. Wir wollten nicht ins Bett.«

»Als sie kamen, war es ungefähr Mitternacht«, fügte Debbie hinzu.

Dann sagte sie: »Wissen Sie, welches Gefühl ich dabei hatte? Stärker als jedes andere?«

»Welches?«

»Was für ein erstaunlicher Ort diese Welt doch ist.«

In ihre Erinnerungen versunken schaute sie in die Ferne und schüttelte staunend den Kopf. Dann wandte sie sich mir mit einem Lächeln zu.

»Ich glaube, daran werde ich mich auf dem Totenbett noch erinnern.«

8

Eine neue Art von Liebe

Worauf läuft das alles nun hinaus? Schneeglöckchen und verrückte Märzhasen, die Baumblüte und die Rückkehr der Kuckucke, Wälder mit Hasenglöckchen und Kreideflüsse, Kornblumen und Glockenblumen, der Magnolienwaldsänger, das Blaue Ordensband, der Lachs, der ein Stauwehr überspringt, und das melancholische Flöten von Watvögeln, das übers Watt schwebt – diese Freuden, die ein einzelner Mensch im Lauf seines Lebens in der Natur findet? Ich stehe zu dem, was ich eingangs schrieb: Verteidigung durch Glück. Aber ist das nicht hoffnungslos? Ein Hirngespinst? So, als hätte 1969 ein Hippie gesagt, er wolle die Skinheads durch Glück besiegen? Wie sollte dieser gebeutelte Planet, auf den so machtvolle Kräfte der Zerstörung einwirken, durch menschliches Glück zu schützen sein? Die Antwort liegt in dem, was wir durch das Glück in der Natur über uns selbst erfahren und was wir daraus ableiten.

Rückblickend möchte ich noch einmal sagen: Für mich ist die Tatsache, dass wir die Natur lieben und ihr unser Herz schenken können, anstatt nur zu nehmen, was sie uns bietet, und ihre Stolperfallen vorsichtig zu umgehen, noch immer fast zu außerordentlich, um sie in Worte zu fassen, weil sie uns in ähnlichem Maße wie die Sprache und das Bewusstsein zu einzigartigen Tieren macht. Die Einzigartigkeit der Grundannahme, dass wir die Natur überhaupt lieben können, scheint nirgends Erwähnung zu finden: Warum haben das Morgenkonzert der Vögel oder der Besuch von Delfinen aus ihrer anderen Dimension eine Wirkung auf unsere Gefühle? Anders als etwa zum Abstimmungsverhalten von Wählern, zur Veränderung von Einstellungen mit dem Alter oder zur Bereitschaft, einen Mord zu begehen, gibt es zu dieser Frage keine Untersuchungen: Sie wird nie gestellt. Dennoch sind diese Gefühle der Natur gegenüber real – und sehr bemerkenswert.

Natürlich muss man sehen, dass viele, vielleicht sogar die Mehrzahl der Menschen, sie nicht teilen. Aber ich behaupte auch gar nicht, dass die Liebe zur Natur universell sei. Universell ist meiner Überzeugung nach die Veranlagung zu dieser Liebe. Diese Veranlagung erscheint mir nicht als gelegentlicher Charakterzug bei bestimmten Menschen, sondern als ein Teil unseres Menschseins – ein mächtiger Teil. Sie gehört zum Erbe jener fünfzigtausend Generationen seit dem Pleistozän, von denen wir die unsterbliche Verbindung zur Natur haben. Dass sie verborgen in unseren Genen schlummert, ist nicht überraschend, weil sie durch die fünfhundert Generationen Zivilisation überlagert ist, die wir durchlebt haben, seit wir die Landwirtschaft erfunden und aufgehört haben, als Jäger und Sammler im Einklang mit der Natur zu leben. Und heutzutage liegt sie durch die Hektik des modernen Stadtlebens tiefer verborgen denn je. Doch sie wurde nur überlagert, nicht zerstört. Sie ist noch da. Wir können sie freilegen. Wir können sie wiederentdecken – wir alle –, und wenn wir es tun, kann uns vor allem eine Wahrheit aufgehen: dass die natürliche Umwelt unsere Heimat ist, in der die Psyche zur Ruhe kommt. Dafür gibt es einen einfachen Beweis: Die Natur kann uns Frieden schenken.

Da meine Kindheit voller Unruhe war, zieht mich die Vorstellung von Frieden sehr an. Mir ist nur allzu bewusst, dass ich zu einer Generation gehöre, die ganz besonderes Glück hat, denn wir leben im reichen Westen in einer bisher ungekannt langen Friedenszeit, nachdem unsere Eltern und Großeltern zwei Weltkriege durchmachen mussten. Doch an dieser Stelle interessiert mich nicht so sehr der Friede zwischen Nationen, so wesentlich er auch ist, sondern vielmehr der Friede im Kleinen, der ein aufgewühltes Gemüt beruhigen kann. Denn ich bin überzeugt, dass es ihn gibt, dass er von dieser Welt sein kann und unter anderem – insbesondere! – in der Natur zu finden ist.

Vor dreißig Jahren veröffentlichte Roger Ulrich seine eingangs von mir erwähnte Entdeckung, dass Patienten, die durch ihr Krankenhausfenster Bäume sehen konnten, sich nach einer Operation schneller und gründlicher erholten als solche, die nur auf eine Ziegelmauer blickten. Seitdem werden die heilsamen Wirkungen der Natur auf Körper und Geist des Menschen wissenschaftlich untersucht, und es gibt inzwischen recht viel Literatur darüber. Dafür ließen sich viele Beispiele anführen, doch weil ich wie Joseph Conrad meine, dass Kunst tiefer wirkt als Wissenschaft, will ich mich auf ein Gedicht von Edmund Blunden berufen, das ich sehr mag. Es trägt den Titel »The Recovery« – »Genesung« – und handelt von der heilsamen Wirkung der Natur. Blunden hat es nach dem Ersten Weltkrieg geschrieben, während er noch seine Erlebnisse im Schützengraben verarbeitete.

»Medizin für den Geist«, schreibt er in der zweiten Strophe, »liegt im vergoldeten Schatten; eine Feder bewegt sich, und mein Glaube erwacht; ich berühre diese Baumrinde, und meine Sinne werden ruhig.« Er spürte das Tröstende an der Natur besonders stark, weil seine Psyche durch den Krieg so schwer verwundet wurde. Sich auf diese Weise wiederzufinden ist wie ein Nachhausekommen.

Zuhause ist das richtige Wort, denn in der Natur haben wir uns entwickelt und sind zu dem geworden, was wir sind, in ihr haben wir gelernt zu empfinden und zu reagieren. In ihr hat sich die menschliche Fantasie gebildet und ihre Metaphern und Vergleiche gefunden, umgeben von Bäumen und sauberen Flüssen, wilden Tieren und wogendem Grasland, von Giftschlangen auch, und Raubtieren und Feinden und ständiger Nahrungssuche – aber nicht von Betonbauten, Autos, Kanalisation, Zentralheizung und Supermärkten, denn das sind alles bloß Dreingaben, die wir, so sehr sie unser Leben auch bestimmen mögen, entwicklungsgeschichtlich gesehen erst einen Augenblick lang kennen. Im tiefsten Inneren haben sie keine Bedeutung. Der wahre Zufluchtsort für unsere Psyche ist die Natur, und warum das so ist, erfuhr ich durch Nial Moores von *Birds Korea*, als ich mit ihm das verlorene Watt des Saemangeum und die Küste dort bereiste.

Es war faszinierend, mehrere Tage in der Gesellschaft eines Mannes zu verbringen, der die Natur und insbesondere Küstenvögel immer wieder über lange Phasen mit scharfem Blick beobachtet hatte. Nial interessierte sich besonders dafür, wie wilde Tiere sich durch eine Landschaft bewegen und wie sie mit ihr interagieren, und ausgehend von seinen Beobachtungen an Vögeln hatte er sein Interesse auch auf die Menschen ausgeweitet. Er hegte keinen Zweifel, dass wir auf Landschaften noch genauso reagieren wie *unsere* Vorfahren im Pleistozän und zum Beispiel das Urbedürfnis aller wildlebenden Wesen teilen, zu sehen, ohne gesehen zu werden – also Beute zu erspähen, aber selbst nicht von Fressfeinden entdeckt zu werden. Nial war davon fasziniert, wie Menschen auf offene Flächen reagieren: Sie neigen instinktiv dazu, an den Rändern entlangzugehen, wo sie weniger auffallen, sagte er, statt über die Mitte zu gehen, wo sie gut zu sehen sind.

Nach Nials Ansicht sind wir Menschen dazu »programmiert«, von einer Landschaft bestimmte Dinge zu erwarten, wie Harmonie, bestimmte Symmetrien und Beziehungen zwischen ihren Elementen: »Auf eine Hügelkuppe sollte ein Tal folgen, auf das wiederum eine Hügelkuppe folgt.« (Dieses Prinzip wird in modernen künstlichen Landschaften häufig verletzt.) Und zugleich tragen wir die Veranlagung in uns, Signale aus der Landschaft zu verarbeiten, mit Augen, Ohren und Nase, insbesondere solche, die auf plötzliche Veränderungen hinweisen. »Etwas Neues bedeutet Gefahr, eine Störung der erwarteten Harmonie – das kann ein Bär sein oder ein Wolf oder ein Fremder aus einem unbekannten Tal.« Zur ständigen Verarbeitung solcher Zeichen habe es einer Menge geistiger Energie bedurft, erklärte Nial, aber im Laufe von Tausenden von Generationen hätten wir es gelernt und uns daran angepasst. »Es könnte eine Gefahr drohen, aber es ist eine Gefahr, die der Körper einordnen kann.« Die unerbittliche Flut der Signale, die eine Stadt aussendet, könnten wir allerdings nicht in gleicher Weise verarbeiten, sagte Nial, diese Überfülle von Geräuschen, Lichtern und Gerüchen um uns herum lasse uns abstumpfen. Da wir diesen Reizen ständig ausgesetzt seien, verbrauche es einfach zu viel geistige Energie, sämtliche Anzeichen für mögliche Bedrohungen zu verarbeiten. Folglich blendeten wir sie alle aus, und das führe zu Stress. In der freien Natur jedoch könnten wir dann wieder so funktionieren, wie es von unserer Entwicklung her in uns angelegt sei.

Ich bin vollkommen seiner Meinung und möchte darüber hinaus noch etwas hinzufügen: So sehr wir die Natur auch lieben mögen, sie ist kein Paradies. Wer Natur mit Paradies gleichsetzt, versteht nicht, worum es geht. Die Natur kann dir schaden und dich töten; sie birgt Gefahren. Aber es sind unsere Gefahren, und sie sind, worin sie auch bestehen, Teil des Ökosystems, dem wir im tiefsten Grunde unseres Wesens angepasst sind. Die Biosphäre der Erde ist schlicht und einfach das, woran wir uns im Laufe unserer Entwicklung über fünfzigtausend Generationen unerschütterlich gewöhnt haben, und deswegen ist sie immer noch unsere Heimat. Deswegen kann sie uns allen – ihr, ihm, dir und auch mir – Frieden bringen. Auch ich habe mithilfe der Natur schließlich Frieden gefunden.

~

Vermutlich bin ich ein ungewöhnlicher Fall, denn ich habe fast mein ganzes Leben gebraucht, um anzukommen; doch als es endlich geschah, schenkte es mir etwas, nach dem ich mich gesehnt hatte, eine bedeutsame Erinnerung an Umstände, die nur die Natur hatte schenken können. Es ging dabei um meine Mutter Norah und ihre drei Zusammenbrüche, die ich mit sieben, neun und elf Jahren miterlebte und die verheerende Auswirkungen auf unsere Familie hatten. Das Wichtigste aber ist – wie ich heute erkenne –, dass Norah wieder vollkommen gesund wurde.

Ich glaube, das ist ungewöhnlich, und empfinde nichts als Mitgefühl für Menschen, die psychische Traumata erlitten und bleibende Wunden davongetragen haben. Vermutlich ist es die Norm, dass eine solche Verstörung das ganze Leben anhält. Bei Norah jedoch war es anders. Sie behielt zwar oberflächliche Narben zurück wie Zaghaftigkeit und Unsicherheit, aber im Herbst 1958 hatte sie ihr inneres Gleichgewicht wiedergefunden. Es war fast, als wären die Zusammenbrüche nie geschehen, oder jedenfalls hatten sie ihr Wesen nicht berührt. Ich spürte keine Nachwirkungen bei ihr, sie hegte keinen Groll gegen ihr Schicksal, sie forderte kein Mitleid und zeigte weder Neid noch die geringste Spur von Selbstmitleid – nein, ihre Essenz war unverändert geblieben, sie war, wie ich anfangs schon schrieb, vollkommen selbstlos, absolut aufrichtig und fast allzu sanftmütig und freundlich.

In meinen Jugendjahren legte ich nach und nach die seltsame Gleichgültigkeit ab, mit der ich, ganz anders als mein Bruder John, auf Norahs Verschwinden reagiert hatte, und baute allmählich Brücken zu ihr. Ihre Intelligenz zog mich an. Zuerst nahm ich sie kaum wahr, aber als mein Verstand sich entwickelte und insbesondere, als ich mich mit vierzehn in die Lyrik verliebte, war meine Mutter eine unersetzliche, inspirierende Gesprächspartnerin. Sie erklärte, bestärkte mich und öffnete mir die Augen für Dichter wie Gerard Manley Hopkins, die ich sonst vielleicht nicht kennengelernt hätte. Selbstverständlich kümmerte sie sich genauso um die Entwicklung meines Bruders. Ihm hatten die traumatischen Jahre in der Familie ganz offensichtlich geschadet. Seine Verstörtheit und Ängstlichkeit waren mir peinlich, und hinzukam, dass ich die damals übliche Aufnahmeprüfung in die *Grammar School* bestand und mich mit Sprachen und Geisteswissenschaften beschäftigte, während er durchfiel und daher auf der *Secondary Modern School* berufsbezogene Fächer wie Holzbearbeitung, Metallbearbeitung und Hauswirtschaft lernte.

Doch als Teenager fing John an, Klavier zu spielen. Musizieren lag bei uns in der Familie, und bald war klar, dass er ein beachtliches Talent besaß. Als er seine Abschlussprüfungen mit Auszeichnung bestand, sagte der Prüfer, wenn John in einigen Fächern die Hochschulreife erlangte, könne er Musik studieren. Doch für die Schüler von Johns *Secondary Modern School* war das damals nicht möglich, und das Schulsystem insgesamt war für solch ein Vorhaben nicht durchlässig genug. Meine Mutter ging zum Schulleiter und bat ihn, John in den entsprechenden Schulzweig aufzunehmen, aber auch das half nichts. So verließ mein Bruder die Schule mit fünfzehn Jahren ohne brauchbaren Abschluss, und der Mann unserer Tante Mary beschaffte ihm eine Stelle als Bürobote in seiner Firma in Liverpool. Aber Norah gab sich nicht geschlagen. Sie holte John aus seinem Job und kaufte eine Reihe von Fernstudiengängen. Zweieinhalb Jahre lang unterrichtete sie ihn ganz allein in fünf Fächern, die er für die Hochschulreife nachweisen musste: Englische Sprache, Englische Literatur, Musik, Französisch und Religionskunde. John bestand alle Prüfungen und wurde vom *Royal Manchester College of*

Music aufgenommen. So konnte er, allein durch die Unterstützung unserer Mutter Norah, seinen Weg vom Schulversager zum klassischen Pianisten gehen.

Erst jetzt im Rückblick staune ich über die Leistung dieser Frau, die nicht lange zuvor psychische Zusammenbrüche erlitten hatte. Damals nahm ich das Geschehen um mich herum einfach als selbstverständlich hin. Allerdings ging mir nach und nach auf, welch ungewöhnliche Eigenschaften meine Mutter besaß. Als ich mich zum Beispiel mit der Epoche der Aufklärung beschäftigte, in der sie sich gut auskannte, wurde mir klar, dass sie selbst die Werte verkörperte, auf die die Aufklärung sich berufen hatte und die das Fundament meiner Gesellschaft bildeten. Doch letztlich war es ihre Persönlichkeit, die mich vollkommen für sie gewann. Ich lernte ihre Sanftheit und Großzügigkeit, ihre anscheinend grenzenlose Freundlichkeit und ihre besondere Feinfühligkeit verletzlichen Menschen gegenüber schätzen, und irgendwann verstand ich auch, was all dem zugrunde lag: Mit zwanzig war ich glücklich verliebt, und das veränderte meinen Blick auf die Welt. Als ich meiner Mutter zögernd davon erzählte, merkte ich, dass sie mich vollkommen verstand. Man könnte sagen – und so schien es mir –, dass sie wusste, was Liebe ist.

Von da an kamen wir uns immer näher. Und in meinen ersten Berufsjahren als Journalist wurde sie von einer geliebten Mutter zu meiner besten Freundin. In den 1970er und 1980er Jahren teilte ich fast alles mit ihr, von beruflichen Begebenheiten bis zu meinen musikalischen Vorlieben, etwa für Joni Mitchell. Und sie genoss es. Norah war sehr aufgeschlossen und unkonventionell im Denken. Ich fand sie einmalig und war unendlich stolz auf sie. Ich fühlte mich privilegiert, weil sie meine Mutter war, sie war das Beste in meinem Leben. Eine so kluge Frau in einem Vorstadthäuschen, eine solche Aufrichtigkeit in so leichtem Gewand!

Nach und nach begannen wir darüber zu reden, was 1954 gewesen war. Bis dahin hatte ich mich nur verschwommen an diese Zeit erinnern können, aber nun berichtete mir Norah davon, so gut sie konnte. (Über den Kern der Sache konnte sie nicht sprechen, den entdeckte ich erst in den Notizen, die sie in der Klinik gemacht hatte.) Und ich verstand allmählich besser, wie es mir und vor allem auch meinem Bruder damals gegangen war. 1977, nach vier Jahren als Pianist beim *National Ballet of Canada*, kam John nach Hause und ging zur *Royal Ballet School*. Als mein Vater anfing, auf ihm herumzuhacken, verteidigte ich ihn und bemühte mich zum ersten Mal, ein guter Bruder zu sein. John hatte viele Schwierigkeiten. Neben der emotionalen Labilität, die er aus der Kindheit mitgebracht hatte, hatte er mit beginnendem Alkoholismus zu kämpfen und war schwul, blieb aber praktizierender Katholik und litt sehr darunter, dass die Kirche ihn wegen seiner sexuellen Orientierung als sündig verurteilte. Es war eine explosive Mischung. Zu einer besonderen Krise kam es, als 1982 im Fernsehen *Wiedersehen mit Brideshead* von Evelyn Waugh gezeigt wurde. John identifizierte sich mit dem schwulen, katholischen Sebastian Flyte, und als er in vagen Andeutungen versuchte, mit unserer in sexuellen Fragen völlig unbedarften Mutter darüber zu reden, sagte sie, sie könne an Sebastian nichts Schlimmes finden. Daraufhin trank John über eine Woche lang durch und brüllte Norah zwischendurch betrunken etwas von »dein schlimmer Sohn« entgegen. Sie war völlig verzweifelt, und schließlich setzte ich mich mit ihr hin und klärte sie über Johns Homosexualität auf. Sie war schockiert. Ihre Einstellungen waren lange vor der sexuellen Befreiung geprägt worden, und sie wusste kaum, was Homosexualität war – außer dass ihre Religion, der sie bis zum Ende ihres Lebens anhing, so etwas nicht guthieß. Ich ließ ihr vierzehn Tage Zeit, dann ging ich erneut zu ihr und sagte: »Du musst es jetzt akzeptieren.« Und das tat sie. Sie konnte mit John darüber sprechen, was wunderbar für ihn war und gerade noch rechtzeitig kam, denn sie starb am Ende des Jahres.

Sie war erst achtundsechzig, aber sie hatte nie eine robuste Konstitution gehabt. Eine große physische Belastung für sie war ein Wirbelbruch, den sie sich bei einem Sturz aus dem Bett zugezogen hatte. Ich hielt mich damals gerade im Amazonasgebiet auf. Kräftig war sie nie gewesen, aber nach dem Bruch wurde sie so hinfällig, dass sie wie ein Vögelchen wirkte, und in der Woche vor Weihnachten 1982 erlitt sie im Schlaf einen Schlaganfall. Morgens um sieben rief mein Vater mich voller Panik an. »Michael, Michael!«, rief er,

»ich kriege deine Mutter nicht wach!« Sie lebte noch, war aber bewusstlos. Nachdem ich meinen Vater, so gut ich konnte, unterstützt hatte, fuhr ich quer durch London, holte John ab und wir machten uns auf den Weg ins zweihundert Meilen entfernte Bebington. Als wir die Raststätte am Watford Gap erreichten, wusste ich, dass Norah gestorben war, weil ich sie plötzlich vor meinem geistigen Auge unendlich traurig Abschied nehmen sah. Ich rief sofort ihre Schwester an. Mary sagte: »Gott hat sie zu sich genommen, Michael.« Wir alle waren wie betäubt vor Schock und Kummer. Vor allem Mary war tief erschüttert, aber sie blieb stark und organisierte das Begräbnis. Am nächsten Tag verfasste ich einen langen Nachruf, den ich im *Liverpool Echo* veröffentlichen ließ. Ich habe ihn als Erinnerung an meine Liebe und Bewunderung zu jenem Zeitpunkt aufbewahrt, denn danach geschah etwas Merkwürdiges: Meine Gefühle verschwanden.

Ich habe anfangs behauptet, dass wir Erwartungen an unsere Erfahrungen haben, damit sie einem Urbild entsprechen; aber daran halten sie sich oft nicht. So war es auch hier. Es war grotesk und beunruhigend, und ich hielt es zunächst nur für eine vorübergehende Stimmung: Ich war nicht mehr traurig. Mein Kummer war einer Gleichgültigkeit gewichen, es ließ mich völlig kalt, dass sie gestorben war. Meine Mutter, die ich mehr als alle anderen Menschen geliebt und bewundert hatte – wie konnte das sein? Um meine Trauer wiederzubeleben, ging ich mir ein paar Tage später – es war Heiligabend – ihre Leiche anschauen, wie sie im Sarg lag. Ich war sicher, dass es helfen würde, aber der Besuch am Sarg verstörte mich nur noch mehr: Sie war nicht in diesem Körper, sie war nicht mehr da, dort lag nur eine Hülle, und ihr Anblick löste beunruhigende, nie gekannte Gefühle in mir aus. Er erschütterte mich zutiefst, und der Kummer schien nur in noch weitere Ferne zu rücken.

Ich fand keine Erklärung für meine Reaktion. In unserer Kultur spielt das Trauern eine große Rolle, aber dass Trauer plötzlich und unerklärlicherweise verschwindet, ist meines Wissens nicht vorgesehen. Ich war verwirrt und bestürzt, weil ich nicht bestürzt war. Mein Verstand wusste genau um Norahs Verdienste und ihre Liebe, aber im Herzen konnte ich nichts mehr davon spüren. Varus, Varus, gib mir meine Gefühle wieder! Doch es regte sich nichts. Es war der Beginn einer sonderbaren Lebensphase, eines verlorenen, nahezu ein Jahrzehnt andauernden Lebensabschnitts. Denn es waren nicht nur die Gefühle für meine Mutter verschwunden, sondern ich stellte bald fest, dass mir mit ihnen zusammen völlig unerwartet und absolut unerklärlich auch mein Selbstwertgefühl abhandengekommen war. Mein Selbstvertrauen war vollkommen zusammengebrochen, und ich stand mit fünfunddreißig, nach einem anscheinend doch recht erfolgreichen und selbstbewussten Leben, plötzlich mit einem Gefühl der Wertlosigkeit da, einem Gefühl von totaler moralischer Leere. Ich funktionierte zwar weiterhin, aber die Werte, die zum Beispiel Norah in mir verankert hatte, waren mir gleichgültig geworden. Alles war mir gleichgültig geworden. Ich hatte das Gefühl, in den Ruinen meiner Identität zu stehen, und bemühte mich Jahr um Jahr vergebens zu begreifen, was mit mir vorging. Ich lebte wie in einem Nebel. Endlich, sieben Jahre nach ihrem Tod, wurde mir klar, dass ich, um jemals einen Weg da hindurch zu finden, professionelle Hilfe brauchte. Also raffte ich mich dazu auf, an zwei Abenden in der Woche die Treppen zu einer Dachwohnung hinaufzusteigen, in der ein Bild von Freud in der Toilette hing, und über alles zu sprechen.

Ich werde dem Mann, der mir schließlich zum Verständnis verhalf und mir einen Weg aus dem Nebel heraus wies, ewig dankbar sein. Aber es dauerte lange, noch fast drei Jahre. Emotionen und Erinnerungen Schicht für Schicht freizulegen, schien ein fast unerträglich langsamer und mühevoller Prozess zu sein. Aber zum Glück hatte ich John, der sich an alles, was in der chaotischen Zeit passiert war, glasklar erinnerte, auch wenn es für ihn schmerzlich war. Seine Details halfen mir, allmählich immer mehr zu verstehen. Es war, wie der Therapeut bemerkte: »Sie haben den Computer, John hat die Daten.« Der Höhepunkt des Ganzen kam in Wales, in der kleinen Küstenstadt New Quay. Ich hatte von der *Times* den Auftrag erhalten, mit Greenpeace zusammen nach den Delfinen in der Cardigan Bay zu sehen, aber die Fahrt wurde wegen schlechten Wetters aufgeschoben, und ich hatte einen Tag ganz für mich. Ich setzte mich in mein Hotelzimmer und fügte im Laufe von mehreren

Stunden intensiven Nachdenkens alles, was ich bisher wusste, zusammen. Am Abend ging mir schließlich ein Licht auf.

Ich hasste sie.

Ich konnte es kaum fassen. Meine Mutter, die ich vergötterte.

Aber so war es.

Im tiefsten Innern meines Wesens, dort, wohin wir erst nach dreijährigen Grabungen gelangt waren, saß immer noch Hass. Ich hasste Norah, weil sie mich 1954 verlassen hatte, weil sie nichts zu mir gesagt hatte, bevor sie weggegangen war, weil sie mich weder beruhigt noch getröstet, sondern einfach alleingelassen hatte. Und weil meine siebenjährige Psyche den Hass nicht hatte zulassen können, hatte er sich nach ihrem Weggehen in Gleichgültigkeit verwandelt. Und der gleiche Mechanismus hatte erneut gegriffen, als ich fünfunddreißig war und Norah uns für immer verließ. Die Gleichgültigkeit war zurückgekehrt.

Ich hasste meine Mutter, weil sie mich abermals verlassen hatte.

Ich hasste sie, weil sie tot war.

Das zu erkennen war ein großer Schock, aber auch sehr erhellend. Sobald ich wieder zu Hause war, suchte ich Andrea, meinen Therapeuten, in seiner Dachwohnung auf und sprudelte alles heraus, zusammen mit der Frage, die mir auf den Nägeln brannte: »Wird er jetzt weggehen, der Hass? Werde ich ihn loswerden?«

Er sagte in seiner ruhigen Art: »Ich glaube, es verändert sich was.«

»Was denn? Was verändert sich?«

»Vielleicht«, sagte er, »wird es Sie nicht mehr beherrschen, wenn Sie einmal erkannt haben, was es ist.«

Ich hatte wirklich das Gefühl, dass sich etwas ... verschob. Die Blockade löste sich auf. Aber etwas an der Geschichte quälte mich weiterhin. Als ich eine Woche später mit John essen ging, sagte ich zu ihm: »Weißt du, irgendwie wurmt es mich, dass Mum uns nichts davon gesagt hat, als sie zum ersten Mal ins Krankenhaus gegangen ist. Vorher, meine ich. Du weißt schon, um uns zu trösten oder sowas.«

»Aber sie hat es uns ja gesagt«, erwiderte John.

»Wann denn? Wann hat sie es uns gesagt?«

»Sie ist in unser Zimmer hochgekommen. Sie hat gesagt: ›Ich muss weggehen, um mich mal auszuruhen.‹ Ich habe geweint und gesagt: ›Geh nicht weg, Mummy, bitte geh nicht weg‹, und sie hat gesagt: ›Aber ich muss, mein Kind.‹«

»Tut mir leid«, sagte ich, »daran erinnere ich mich nicht. Ich habe überhaupt keine Erinnerung daran. Es ist vollkommen aus meinem Gedächtnis gelöscht.«

»Du hast *geschlafen*«, sagte John.

»Wie bitte?«

»Du hast geschlafen. Sie wollte dich nicht wecken.«

»Ich habe geschlafen?«

»Ja. Sie wollte dich nicht aufwecken.«

Mir wurde schwindelig.

Ich sah diesen Abend vor mir, diesen Augustabend vor einer ganzen Ewigkeit, an dem eine Familie auseinanderbrach. Eine verzweifelte Mutter wurde von ihren beiden Söhnen getrennt, vielleicht für immer, der ältere weinte, aber der jüngere schlief und bekam nichts mit, wusste von nichts … Sobald ich konnte, drei Tage danach, fuhr ich nach Bebington und ging an Norahs Grab. Und während ich dort stand, brach auf einmal endlich der Damm, und ich weinte um sie.

Dass ich nach fast zehn Jahren die Liebe zu meiner Mutter wiederfand, dass ich verstand, warum ich sie verloren hatte, und im Zuge dessen auch vollständig begriff, was in meiner Kindheit geschehen war, obwohl es mir lange so verworren erschienen war, hatte für mein Leben große Bedeutung und machte mich nicht zuletzt deswegen froh, weil mir die wiedererwachte Liebe zu Norah noch vollkommener erschien. Nun hatte ich nur noch einen Wunsch: Ich wollte ihr ein Zeichen setzen. Aber ich hatte keine Ahnung, was das sein konnte. Ich verspürte einfach das menschliche Bedürfnis, eines der großen Ereignisse des Lebens, wie Geburt, Hochzeit oder Tod oder in diesem Fall wiedergefundene Liebe, mit einer Zeremonie zu würdigen. Da mir nichts Angemessenes einfiel, bemühte ich mich, mit mehr Mitgefühl auf meine Verwandten zu schauen, die von dem Drama erfasst worden waren, und fing mit meinem Bruder John an. Nachdem er seine schwere Alkoholsucht überwunden hatte, konnten wir seine peinigenden Gefühle zu Norahs psychischer Krise und deren Nachspiel erkunden. Dabei unterstützte uns eine kluge, geduldige Frau, die auch John allmählich so etwas wie Frieden brachte. Mit meinem Vater Jack und mit Mary und Gordon sprach ich über das Geschehene, so viel ich konnte, und fand bei allen dreien eine ähnliche Haltung, eine Art brennende Reue darüber, dass sie sich Norah gegenüber nicht so verhalten hatten, wie es richtig gewesen wäre. Ihnen hing das Gefühl nach, sie hätten, auch wenn sie nicht ganz verstanden hatten, was vor sich ging oder worin Norahs Leiden bestanden hatte, ihr gegenüber irgendwie versagt. Insbesondere mein Vater hatte das Gefühl, ihrem liebevollen, gütigen Wesen nicht gerecht geworden zu sein. Er hatte eine Begabung dafür, unterhaltsame Verse zu verfassen, und eines Tages steckte er mir unerwartet ein Stück Papier zu, auf dem stand:

Ich darf die Wahrheit nicht scheuen,
Nicht leugnen mein schweres Versagen.
Die Piaf fand nichts zu bereuen,
Doch ich habe viel zu beklagen.

Mein Herz wurde weit, und von dem Tag an liebte ich ihn bis zu seinem Tod.

Die drei starben kurz nacheinander in den letzten drei Jahren des vorigen Jahrhunderts, und wir beerdigten sie bei Norah, sodass alle vier jetzt zusammenliegen und Norahs Liebe, so scheint es mir, sie alle umfängt. Ich stellte einen Grabstein auf und befriedigte damit mein Bedürfnis nach einem sinnvollen Zeichen, wenn ich mich auch weiterhin nach mehr sehnte, nach einem passenden, ganz persönlichen Andenken daran, wie außergewöhnlich sie war. Doch darauf musste ich noch einmal zehn Jahre warten, auf die nächste, unschuldige Generation. 2009 fuhren meine Frau und ich mit Flora und Seb auf die Halbinsel Wirral, um das Grab zu besuchen, denn mit siebzehn und zwölf waren sie inzwischen alt genug, um etwas über die Großeltern zu erfahren, die sie nie kennengelernt hatten. Es war ein kalter Sonntagmorgen Anfang April, eine blasse Sonne schien durch hohe Wolken und ein winterlicher Nordwind blies. Trotzdem war es schön auf dem Friedhof. Reihen dunkelgrüner Zypressen und große Ilexbüsche gaben ihm ein italienisches Flair. Wir fanden das Grab, und die Kinder lasen die Inschrift auf dem Grabstein. Während wir schweigend darüber nachdachten, trieb der Wind ein abgestorbenes Blatt auf uns zu. Es fiel uns direkt vor die Füße, genau auf den Rand des Grabes. Und dann klappte es im schwachen Aprilsonnenlicht die Flügel auf: Es war ein Pfauenauge.

Ich war sprachlos.

Das Pfauenauge überwältigte mich genauso wie der Schwalbenschwanz in Rimini, der Blaue Morphofalter im Amazonasbecken und der Monarch in dem Garten in Boston.

Ein Schmetterling am Grab meiner Mutter.

Nach der Überwinterung waren seine Flügel ausgefranst, aber die herrlichen Farben waren noch zu erkennen, die rostrote Grundfärbung und die vier Augenflecken mit der amethystblauen Mitte ... und sofort entzündete dieses Pfauenauge etwas in mir, wie Schmetterlinge es seit jeher vermocht haben. Die feurige Spur flammte auf, die durch mein ganzes Leben bis zum Sommer 1954 zurückführte, bis zu der großen Krise und dem kleinen Jungen, der in die Buddleia hinaufschaute. Sie beschäftigte mich den ganzen Tag, während der ganzen Rückfahrt nach London und auch noch den ganzen Abend. Und am nächsten Morgen ging ich in die Redaktion des *Independent* und machte einen Vorschlag für eine Feature-Serie im Sommer, wonach die Zeitung immerzu suchte. Ich wollte versuchen, in einem einzigen Sommer alle achtundfünfzig britischen Schmetterlingsarten zu sehen. Und wir würden die Leser zum Mitmachen einladen und einen Preis für denjenigen aussetzen, der die meisten Schmetterlinge sichtete. Die Idee war gut, und Roger Alton, der unvergleichliche, leider zu früh verstorbene Herausgeber, sowie Oliver Wright, der kluge, schwungvolle Nachrichtenredakteur, waren sofort einverstanden. In der folgenden Woche starteten wir die Serie mit einem wunderschönen Schmetterlingsposter, das die Grafikabteilung produziert hatte. Es war so hinreißend, dass, als wir später bekannt gaben, dass wir noch ein paar Exemplare übrig hatten, mehr als tausend Schulen darum baten. Wir nannten die Serie »Die große britische Schmetterlingssuche«, und ich ging als Erstes den *Butterfly Conservation Trust*, eine Stiftung, die man nicht genug loben kann, um Unterstützung an. Deren Leiter Martin Warren sagte bereitwillig zu. So kam es, dass ich mich einen Monat später auf dem höchsten Punkt der South Downs wiederfand, dem 270 Meter hohen Butser Hill in Hampshire, und gemeinsam mit Dan Hoare, der beim *Butterfly Conservation Trust* für Südostengland zuständig war, nach dem Schlüsselblumen-Würfelfalter suchte, dem einzigen britischen Mitglied der weltweit verbreiteten Schmetterlingsfamilie der *Riodinidae* oder Würfelfalter. Der kleine Kerl war wirklich eine Seltenheit, und ich hatte ihn noch nie gesehen. Dan hatte mich mitgenommen, um ihn an einer der wenigen Stellen zu suchen, wo er sich vermehrte.

Es war der Erste Mai. Als ich morgens die Augen geöffnet hatte, hatte strahlend blauer Himmel ins Schlafzimmer geleuchtet, und ich war selig gewesen. Doch als dann vor der Windschutzscheibe allmählich die Downs auftauchten, sah ich zu meiner Bestürzung, dass von der zehn Meilen entfernten Küste her eisiger Seenebel aufgezogen war. Die Hügelkuppe war in dunstigen Wirbeln verschwunden, wie ein Gipfel im Lake District, aber wir wanderten trotzdem hinauf. Langsam löste der Nebel sich auf, und um Punkt zwölf Uhr kam die Sonne durch und wärmte die Insektenfauna. Hier tauchte eine Biene auf, da eine Schwebfliege, und nach ein paar Minuten rief Dan mich zu sich. Da saß der Tagfalter, auf einem Schlüsselblumenblatt mitten im Weißdorngestrüpp. Er war winzig, und das orange und schwarze Gitterwerk auf seinen Flügeln leuchtete so intensiv, dass er mich an eine hochglänzende, frisch gedruckte Briefmarke erinnerte. Ich war begeistert und sagte zu meiner Mutter:

Guck mal.

Der Schlüsselblumen-Würfelfalter.

Der ist für dich.

Zu diesem Zeitpunkt hatte ich schon etwa ein Dutzend Arten gesehen, die man im Frühling häufiger findet, angeführt vom Admiral, dem C-Falter und dem Kleinen Fuchs, den drei nahen Verwandten des Pfauenauges, die auch überwintern und mit zusammengelegten Flügeln ebenfalls wie abgestorbene Blätter aussehen. Außerdem hatte ich die beiden anderen schönen Boten des frühen Frühjahrs gefunden, den Zitronenfalter und den Aurorafalter, sowie den ersten der Bläulinge, den Faulbaum-Bläuling, den ersten braunen Falter, das Waldbrettspiel, und die drei häufigen weißen Schmetterlinge, den Großen und den Kleinen Kohlweißling und den Rapsweißling. Die meisten hatte ich in Kew Gardens entdeckt, nicht weit von meinem Zuhause entfernt. Doch nachdem ich die häufigeren Arten abgehakt hatte, musste ich für die selteneren Tagfalter Ausflüge unternehmen, die weiter führten als zum Butser Hill. Die weiteste Fahrt ging nach Schottland, wo ich den Gelbwürfeligen Dickkopffalter zu finden hoffte, den hübschesten Vertreter der Familie der Dickkopffalter. In England war er Mitte der 1970er Jahre ausgestorben, aber in den küstennahen Bergen von Argyllshire lebte und gedieh er weiterhin. Tom Prescott, der für Schottland zuständige Mitarbeiter des *Butterfly Conservation Trust,* begleitete mich dorthin. Er führte mich in das Waldgebiet Glasdrum Wood, das in der atemberaubend schönen Landschaft nördlich von Oban liegt und vom Ufer des Loch Creran aus steil ansteigt. Wir hatten Glück mit dem Wetter, denn Wärme und Sonnenschein waren gerade ausreichend, um die Schmetterlinge herauszulocken. Wäre es nur wenige Grade kühler gewesen, hätten wir sie vielleicht gar nicht zu sehen bekommen und ich hätte eine weite Reise umsonst gemacht. Allerdings waren die Bedingungen genauso ideal für die große Heimsuchung aller Wanderer im schottischen Hochland, nämlich die Scottish Midge, eine winzige Stechmücke. Tom zog seinen wichtigsten Mückenschutz, das Badeöl *Skin So Soft* von Avon hervor. Die Einheimischen schworen darauf. Wir mussten es mehrmals großzügig auftragen, während wir durch den Wald aufwärtsstiegen. Schließlich gelangten wir auf eine lange Schneise, die man für eine Hochspannungsleitung geschlagen hatte. Sie bot ein ideales Habitat für Schmetterlinge, aber auch die Gnitzen umschwärmten unsere Gesichter und stachen uns wie nichts Gutes. Doch schließlich fanden wir den Gesuchten, einen kleinen braunen Schmetterling mit schönen, würfelförmigen goldenen Flecken. Ich sagte zu meiner Mutter:

Sieh uns an.
Mit Skin So Soft *bedeckt.*
Von Gnitzen zerbissen.
Aber hier ist der Gelbwürfelige Dickkopffalter.
Er ist für dich.

Auf der Reise nach Argyllshire hatte ich die größte Entfernung zurückgelegt, die größte Höhe aber erklomm ich auf der Suche nach Knochs Mohrenfalter, unserem einzigen echten alpinen Schmetterling, dessen Vorkommen auf Berghänge im Lake District und im Schottischen Hochland beschränkt ist, normalerweise auf Höhen zwischen 450 und 750 Metern. Diesmal nahm ich die Hilfe von Dave Wainwright und Martin Wain in Anspruch, zwei *Butterfly Conservation Trust* Mitarbeitern, die für Nordengland zuständig waren. Sie nahmen mich mit zum Wrynose Pass im Lake District, in den Bergen zwischen Langdale Valley und Eskdale Valley. Wir wanderten anderthalb Stunden bergauf und sahen dabei Große Ochsenaugen, Kleine Wiesenvögelchen und Distelfalter, aber keinen Schmetterling, der Knochs Mohrenfalter geähnelt hätte, auch nicht, als die Luft kühler wurde und wir weit entfernt die Gipfel bis hin zum Skiddaw sehen konnten. Mir lief der Schweiß über die Stirn, und ich fürchtete schon, dass wir Pech haben würden, doch da stießen meine beiden Begleiter plötzlich einen Ruf aus, und ich entdeckte eine kleine, schwirrende, schwarze, von einem orangeroten Schimmer umgebene Kugel. Es war ein Knochs Mohrenfalter, der über das Gras flog, und gleich darauf kamen noch einer und noch einer. Als wir uns zu einer Verschnaufpause ins Gras setzten, saß ein Knochs Mohrenfalter direkt hinter uns an einem Halm, und wir konnten seine braunen Flügel mit den orangen, schwarz gepunkteten Streifen an den Flügelrändern sehen. Wegen dieser Streifen wirkt er im Flug, als glühte er. Ich konnte ihn auf meine Fingerspitze locken, und dort fotografierten wir ihn. Ich fragte Dave Wainwright, wie hoch wir waren, und sein GPS-Gerät zeigte 614 Meter an. Da sagte ich zu meiner Mutter:
Siehst du ihn auf meiner Fingerspitze?
In 614 Metern Höhe!
Der Knochs Mohrenfalter.
Der ist für dich.

Alle britischen Schmetterlingsarten in einem einzigen Sommer zu finden, erforderte einiges. Ich habe zwar Falterenthusiasten kennengelernt, die das ohne Hilfe geschafft haben, aber mir selbst wäre es in der beschränkten Zeit, die mir zur Verfügung stand, ohne das Fachwissen der Mitarbeiter von *Butterfly Conservation* nicht gelungen. Für den Schwalbenschwanz hatte ich zum Beispiel nur einen halben Tag eingeplant. Ihn spürten Mandy Gluth und Bernard Watts für mich im *How Hill Nature Reserve* in den Norfolk Broads auf. Dort labten sich sogar gleich mehrere Schwalbenschwänze am Nektar der violetten Sumpfdistelblüten. Sie waren so unglaublich schön, dass ich genauso hingerissen war wie vierzig Jahre zuvor, als ich in Rimini meinen ersten Schwalbenschwanz sah. Ich sagte zu meiner Mutter:

Sieh doch!

Schwalbenschwänze!

Saugen Nektar aus den Sumpfdisteln!

Zu schön, um wahr zu sein!

Die sind für dich.

Es gab viele solcher Freuden: den Großen Schillerfalter und den Wegerich-Scheckenfalter, den Kleinen Eisvogel, den Komma-Dickkopffalter und vor allem den Quendel-Ameisenbläuling. 1979 war er in Großbritannien ausgestorben, aber Professor Jeremy Thomas, der führende Lepidopterologe auf den Britischen Inseln, hatte ihn mit großem Erfolg wieder eingeführt. Als Jeremy und ich den Schmetterling im Naturschutzgebiet Green Down in Somerset sahen, murmelte ich:

Schau.

Der Quendel-Ameisenbläuling.

Von den Toten auferstanden!

Er ist für dich.

Doch wohl der denkwürdigste Moment war der Tanz der Wachtelweizen- oder Gemeinen Scheckenfalter. *Melitaea athalia* ist wieder ein Schmetterling in Orange und Schwarz und gehörte bei uns zu den seltensten Arten, aber im Naturschutzgebiet Blean Woods in Kent war er zahlreich vertreten. Ein Teil dieses ausgedehnten, uralten Waldgebietes in der Nähe von Canterbury wird extra für diese

216

Schmetterlinge immer wieder auf den Stock gesetzt. So erzielt man die richtige Vegetationsfolge für die Futterpflanzen der Larven. Ich war schon dort gewesen und hatte zusammen mit Michael Walter, der das Gebiet betreut, eine bescheidene Anzahl von Scheckenfaltern gesehen. In diesem Jahr jedoch hatte er durch sein Management außergewöhnliche Ergebnisse erzielt. Michael führte mich auf schmalen Pfaden tief in den Wald hinein, bis wir nach etwa zwei Meilen auf eine Lichtung gelangten, die ich allein wohl nie und nimmer gefunden hätte. Und dort sahen wir Hunderte, vielleicht sogar Tausende von Scheckenfaltern, die ein paar Handbreit über den Pflanzen umherflatterten. Sie schienen in den Lichtsprenkeln zu tanzen, sie schwärmten im Menuett um die Sonnenstrahlen, in einer Stille, die nur durch Vogelgesang unterbrochen wurde. Es verschlug mir den Atem, und ich sagte zu meiner Mutter:

Siehst du sie tanzen?
Das ist ein Wunder.
Der stille Tanz auf der geheimen Lichtung.
Er ist für dich.

Den ganzen Sommer suchte ich Woche um Woche nach Schmetterlingen, und über jede Sichtung schrieb ich im *Independent*, aber vorher widmete ich den Falter meiner Mutter. Ende August hatte ich sechsundfünfzig Arten gefunden, sodass nur noch zwei übrig blieben: der Nierenfleck-Zipfelfalter und der Postillion. Dass sich die Begegnung mit dem Nierenfleck-Zipfelfalter verzögern würde, hatte ich erwartet, denn er ist unser letzter Schmetterling im Jahreslauf, aber der Postillion war ein Problem. Der schwefelgoldene Tagfalter mit den dunklen Randbinden und den schwarzen Flecken auf den Flügeln wandert Jahr für Jahr vom europäischen Festland ein und ist keineswegs selten. Ich hatte schon viele gesehen, aber in diesem Sommer einfach keinen finden können. Im Laufe des Augusts machte ich seinetwegen ein halbes Dutzend glücklose Ausflüge nach Surrey, Sussex und Dorset. Mehr als einmal sagte man mir, ich hätte am Tag zuvor da sein sollen. Schließlich kam Montag, der 31. August, ein Bankfeiertag und der letzte Tag der großen britischen Schmetterlingssuche. An diesem Tag sollte es auch den Preis geben. Er bestand in einer vom *Butterfly Conserva-*

tion Trust geleiteten Safari zum Nierenfleck-Zipfelfalter inklusive Mittagessen.

Der Gewinner unter den vielen Teilnehmern war Andy King, ein liebenswürdiger, gerade in den Ruhestand getretener Biologielehrer aus Nordlondon. Er hatte siebenundfünfzig Arten gesichtet, dokumentiert und fotografiert, darunter auch bereits den Nierenfleck-Zipfelfalter – eine bemerkenswerte Leistung. Doch ein Tagfalter fehlte ihm noch. Auch er war wegen des Gelbwürfeligen Dickkopffalters nach Argyllshire gefahren, ohne ihn aber zu Gesicht zu bekommen.

Martin Warren und ich nahmen den Gewinner mit nach Steyning in Sussex. Dort trafen wir Neil Hulme von der Abteilung Sussex des *Butterfly Conservation Trust*, und im dunstigen warmen Sonnenschein führte Neil uns in die Hügel hinauf bis zu einem Streifen Eschenwald, der am Rand mit Unterholz aus Schlehen bewachsen war. Dort fanden wir fast sofort einen Nierenfleck-Zipfelfalter, ein Weibchen, das auf den Schlehenästen seine Eier ablegte. Ich war überwältigt von der Schönheit dieser mir neuen Art. Der Falter war schokoladenbraun mit breiten orangegoldenen Bändern auf den Vorderflügeln, und ich weidete mich an seinem Anblick. Auch ihn widmete ich meiner Mutter.

Es war beinahe Mittag. Nur noch ein halber Tag, und immer noch fehlte mir der Postillion, darum gingen wir weiter ins Hügelland hinauf, durch das Kreide-Grasland, in dem rosafarbener wilder Majoran und blaue Wiesenskabiosen leuchteten. Im Laufe der nächsten halben Stunde sahen wir verschiedene Weißlinge, Kleine Wiesenvögelchen und vor allem Distelfalter – es war das Jahr, in dem Millionen von Distelfaltern vom Festland herübergekommen waren. Allmählich glaubte ich, ich hätte einfach Pech und würde mein Ziel nicht erreichen, doch dann hörte ich hinter mir etwas, und als ich mich umdrehte, schwenkte Martin Warren die Arme und rief: »Mike! Mike! Mike!«

»Was ist denn?«

»Komm gucken!«

Eine Flamme taumelte durch die Luft, eine intensiv schwefelgelbe Flamme, und da war er, der achtundfünfzigste Schmetterling, die letzte Art am letzten Tag meines Schmetterlingssommers. Ich rief meiner Mutter zu:

Siehst du ihn? Siehst du ihn?

Da ist er!

Der Postillion!

Der letzte Schmetterling!

Er ist für dich!

Und irgendwo in meinem Inneren sagte Norah lachend: *Ja, mein Sohn, da ist er!*

Er war mein Geschenk für sie.

Die Schmetterlingssuche war meine Gedenkfeier für die ganz besondere Frau, die sie gewesen war. Sie war mein Tribut an die Gefühle, die ich verloren und wiedergefunden hatte, mein Tribut an ihre Heilung. Sie brachte mir endgültig Frieden. Ich schenkte meiner Mutter etwas, das meiner Liebe zu ihr angemessen war, meiner Liebe, die in der chaotischen Zeit vor all den Jahren auf Umwege geraten war und sich auf so merkwürdige Weise den Schmetterlingen zugewandt hatte.

Ich schenkte ihr alle Schmetterlinge Großbritanniens.

Jeden einzelnen.

❧

Dass die Natur uns Frieden bringen, dass sie uns Glück schenken kann, gibt vermutlich das instinktive Empfinden vieler Menschen wieder, ohne dass sie es jemals so artikuliert hätten. Dass die Natur kein Extra, kein Luxus ist, sondern im Gegenteil lebensnotwendig und Teil unseres Wesens ... dieses Wissen gilt es nun zu ihrem Schutz zu mobilisieren.

Über der Natur hängt, während wir ins 21. Jahrhundert hineinpflügen wie ein Schiff, das auf einen Sturm zusteuert, eine beispiellose Bedrohung. Es sieht aus, als stünden wir vor einem Kulminationspunkt der Menschheitsgeschichte und als würde es vielleicht schon allzubald heißen müssen, dass sich die Menschheit zwar durch Sprache und Bewusstsein über alle anderen Millionen Lebensformen auf der Erde hat erheben können, dass sie Kunst, Recht und Medizin erfunden und es sogar zu Reisen ins Weltall gebracht, aber am Ende ihre eigene Heimat zerstört hat. Nein, wir werden die Erde nicht sprengen, Felsen und Meere werden bestehen bleiben. Aber wir sind auf dem besten Weg, das Leben in der Biosphäre zu vernichten. Es wird das sechste Massenaussterben sein, diesmal von uns Menschen verursacht. Habitatverluste werden zahllose Arten auslöschen, wenn beispielsweise die Wattflächen des Gelben Meeres, die fünfzig Millionen Zugvögeln Rastplätze boten, jetzt unter Beton verschwinden oder die Regenwälder weiterhin den Kettensägen zum Opfer fallen oder auch die letzten Mangrovensümpfe der Garnelenzucht weichen und alle großen Ströme zur Wasserkrafterzeugung verdammt und ihre Ökosysteme dauerhaft geschädigt werden, während die Umweltverschmutzung, insbesondere in den Schwellenländern, ständig weiter zunimmt und fast ebenso zerstörerisch wirkt wie der Verlust der Lebensräume. Raubbau an den Ressourcen, Überjagung, Überfischung und Wilderei werden einen immer gefährlicheren Tribut an Fischbeständen und Wildtieren wie Elefanten, Nashörnern und Tigern fordern. (2013 enthüllte der Bericht einer internationalen Gruppe von Wissenschaftlern, dass der Bestand der Waldelefanten in Afrika, die erst seit 2010 als eigene Art gelten, allein im vergangenen Jahrzehnt von Elfenbeinwilderern um zwei Drittel dezimiert wurde. Inzwischen sind sie vom Aussterben bedroht.) Auch die Bedrohung durch invasive Arten, die durch die ständig zunehmende Globalisierung des Handels wächst, wird weiterhin unerwartete Verwüstungen anrichten. (Die Braune Nachtbaumnatter, die nach dem Zweiten Weltkrieg zufällig aus Asien auf die westpazifische Insel Guam gelangte, hat dort fast zwei Drittel der heimischen Vogelwelt ausgerottet.) Und über all dem hängt das Damoklesschwert des globalen Klimawandels. Er droht jetzt, die Stabilität der Atmosphäre anzugreifen, die über Hunderte von Millionen Jahren die Entstehung und das Gedeihen von Leben ermöglichte.

Es ist schwierig, das, was auf uns zukommt, klar zu sehen, weil der liberale, säkulare Humanismus, seit zwei Generationen unser herrschendes Credo, so bewundernswert er sein mag, sich scheut, das Problem offen in den Blick zu nehmen: den fundamentalen, wild wuchernden Konflikt zwischen der Erde und ihrem Problemkind *homo sapiens*. In unserem derzeitigen Glaubenssystem ist der Mensch gut, und daher ist das, was für den Menschen gut ist, auch für die Erde gut. Aber das ist natürlich nicht der Fall. Die Lage nicht so sehen zu wollen, wie sie ist, und gleichzeitig anerkennen zu müssen, dass die Natur bedroht ist, verleitet zu einer Art Verdrängung: Es verführt dazu, das Problem in bestimmten politischen Systemen zu suchen. Doch für die Plünderung der Natur im letzten Jahrhundert sind Kapitalismus und Planwirtschaft gleichermaßen verantwortlich. Ob es um schnelle Dollars für die eigene Tasche oder Aktionäre geht oder um die Sorge für das Gemeinwohl, ändert nichts am Zerstörungspotenzial für die Natur. Sie wird nicht durch eine bestimmte politische oder ökonomische Überzeugung zerstört, sondern durch das unkontrollierte Handeln des Menschen.

Das wird klarer, wenn wir uns das künftige elementare Problem ansehen, wie die neun Milliarden Menschen, die aller Voraussicht nach zur Mitte des Jahrhunderts die Erde bevölkern werden, ernährt werden sollen. Im Jahr 2011 veröffentlichte das britische *Government Office for Science* eine Studie mit dem Titel *The Future of Food and Farming*. Untersucht wurden die Funktionsweise des globalen Lebensmittelsystems jetzt und in den kommenden Jahrzehnten sowie die Möglichkeiten, die künftigen Herausforderungen zu bewältigen. Der Bericht gab einige wichtige Empfehlungen. So sollten zum Beispiel umstrittene neue Verfahren wie die Verwendung genetisch modifizierter Organismen nicht ausgeschlossen werden und die Vermeidung von Lebensmittelverschwendung an vorderster Stelle stehen. Doch vor allem eine Empfehlung fiel mir auf: Es wurde vorgeschlagen, keine weiteren nennenswerten neuen Bodenflächen, etwa Teile des Regenwalds, urbar zu machen, da durch die Kultivierung klimaverändernde Treibhausgase in gefährlichem Ausmaß freigesetzt werden würden. Stattdessen müsse die globale Lebensmittelversorgung durch »nachhaltige Intensivierung« gesteigert werden.

Mit anderen Worten: Nach fast siebzig Jahren intensiver Landwirtschaft und allem, was Menschen der Natur angetan haben, soll der landwirtschaftlich genutzte Boden auf der ganzen Welt noch härter arbeiten müssen. Zwar war man sich der Risiken für die Umwelt bewusst und die Einschränkung »nachhaltig« ist wichtig, doch im Grunde bedeutet »Intensivierung« schlicht den Einsatz von immer mehr Chemie und Düngemitteln und insbesondere immer mehr »-ziden«: Pestiziden, Herbiziden, Fungiziden und Molluskiziden. Mir stellte sich die merkwürdige, womöglich noch nie von einem Menschenhirn erdachte Frage: Was hält das 21. Jahrhundert für Insekten bereit?

Mir scheint, dass ein Preis für die Ernährung von neun Milliarden Menschen darin bestehen wird, die Insekten zu opfern. Wir bewundern die Megafauna, die Schneeleoparden und die Berggorillas, aber nur wenige von uns interessieren sich für das Krabbelzeug (jedenfalls anderes als Schmetterlinge und Nachtfalter), und das ist zweifellos der Grund, weshalb der überraschende Rückgang der Insektenzahlen in den letzten Jahren so wenig Aufmerksamkeit fand, obwohl es ein beunruhigendes Umweltphänomen und eines der prägenden ökologischen Merkmale unserer Zeit ist. Denn die Krabbeltiere krabbeln nicht nur, sondern spielen in zahllosen Ökosystemen Schlüsselrollen, und ihr Verschwinden birgt tiefgreifende Gefahren. Endlich erkannt wird das natürlich, seit sich in jüngster Zeit das Bienensterben ausbreitet und auch andere Bestäuber stark zurückgehen. Zwei Drittel unserer Nutzpflanzen werden vom Wind bestäubt, aber die übrigen brauchen Insekten als Bestäuber. Nun könnte man sagen, dass wir zumindest die Bestäuber immer schützen werden. Aber ich gehe jede Wette ein, dass in diesem Moment irgendwo auf der Welt, wahrscheinlich in einem Unternehmen, das Insektenvernichtungsmittel produziert, ein Wissenschaftler mit dem Gedanken spielt, insektenbestäubte Nutzpflanzen durch genetische Veränderungen in Windbestäuber zu verwandeln. Ja, Insekten werden überflüssig werden. Sie werden verschwinden müssen, wie so viele andere Lebensformen, so viele Arten und Habitate, so viel Natur, die uns Glück geschenkt hat, während die Menschheit sich jedes Stückchen Natur aneignet, dessen sie habhaft werden kann. Die untrüglichen Anzeichen dafür sehen wir überall und insbesondere bei den Insekten, deren einstige Fülle im Laufe meines Lebens aus Großbritannien verschwunden ist und mit ihr auch das Phänomen, das diesen Reichtum so offenkundig machte: das Faltergestöber.

＊

Was sollen wir tun? Wir müssen unsere Brüder und Schwestern ernähren. Wer von uns könnte sich gegen die Linderung von Hunger
aussprechen? Wer von uns könnte sich so weit von unserer Spezies
distanzieren, dass er einem anderen Menschen das Recht auf Nahrung verweigerte? Aber was ist dann mit der Erde, was ist, wenn
unsere menschlichen Bedürfnisse sie tatsächlich auslaugen und ihr
pulsierendes, wundersames Leben auf den Schutthaufen der Geschichte werfen? Pech gehabt?

Seit etwa hundertfünfzig Jahren gibt es Menschen, die versuchen,
die Natur systematisch zu schützen. Die Amerikaner würdigten die
unberührte Natur schon früh und waren wie beschrieben Vorreiter,
indem sie 1872 den *Yellowstone-Nationalpark* zum ersten National-
park der Welt erklärten. Seitdem ist die Naturschutzbewegung immer weiter gewachsen, und heutzutage gibt es ein weltweites Netz von
geschützten Gebieten sowie eine große Gruppe von finanzkräftigen,
einflussreichen und engagierten nichtstaatlichen Organisationen, die
sich dem Schutz der Natur und ihrer Vielfalt verschrieben haben.

Das ist beeindruckend. Womöglich noch eindrucksvoller ist
aber, welche Rolle einzelne Naturschützer spielten, als der Druck
auf die natürliche Umwelt immer größer wurde. Ein Beispiel aus
Großbritannien sei genannt: Der Frauenschuh, die bunteste und
prächtigste der einheimischen Orchideenarten, galt im frühen 20.
Jahrhundert als ausgestorben. Die Schuld daran schrieb man Or-
chideensammlern und dem Habitatverlust zu. Doch 1930 fand
man an einem abgelegenen Ort ein wildwachsendes Exemplar, und
in den nächsten vierzig Jahren wurde diese einzelne Pflanze von einer kleinen Gruppe beharrlicher Botaniker geschützt. Ihr wichtigstes Werkzeug dabei war Verschwiegenheit. Ab 1970 beaufsichtigte
dann ein kleines, staatlich unterstütztes Gremium den Schutz und
organisierte während der Blütezeit den Einsatz von rund um die
Uhr tätigen ehrenamtlichen Wächtern – weiterhin geheim. Und
als man in den 1990er Jahren in den *Royal Botanic Gardens* in Kew
schließlich herausfand, wie *Cypripedium calceolus* sich im Labor
vermehren lässt, war der englische Frauenschuh gerettet.

Er wurde von einer Handvoll Menschen gerettet, die von ihrer Liebe zur Natur getrieben waren. Und es gibt mehr solcher Fälle. Liebe kann Wunder wirken. Doch ihre Leistung wird noch von den Opfern in den Schatten gestellt, die viele Naturschützer außerhalb des relativ sicheren Europas gebracht haben und täglich weiter bringen, um ihre Umwelt zu schützen. So wurden zwischen 1990 und 2010 zum Beispiel fast einhundertfünfzig Ranger getötet, die sich bemühten, den *Virunga National Park* in der Demokratischen Republik Kongo zu schützen, wo die majestätischen Berggorillas zu Hause sind, die zu den seltensten Tieren der Welt zählen und mitten in Afrikas schlimmstem Krieg leben. Und in Peru wurden zwischen 2002 und 2014 mindestens siebenundfünfzig Aktivisten ermordet, die versuchten, die illegale Zerstörung des Regenwaldes zu verhindern.

Es wird immer deutlicher, dass trotz der beeindruckenden Größe der Naturschutzbewegung weder Einzelne noch Organisationen noch Hilfsgelder die Welle der Zerstörung aufzuhalten vermögen, die im 21. Jahrhundert auf uns zurollt. Es gibt zwar in jedem Land Naturschutzgebiete, aber ein Schutzgebiet auf einer Landkarte einzuzeichnen und den Schutz der Natur dort tatsächlich durchzusetzen, können zwei ganz verschiedene Dinge sein. Das gilt insbesondere in Entwicklungsländern, wo Menschen oft mit Gewalt in Nationalparks eindringen, um Holz zu schlagen, Gold zu suchen, Tiere zu töten oder den Wald für landwirtschaftliche Zwecke zu roden. Diese Angriffe auf die Natur machen einem das Herz schwer. Im *Kruger-Nationalpark* in Südafrika zum Beispiel töten Wilderer seit etwa zehn Jahren Nashörner, weil es in Asien den Glauben gibt, dass ihr Horn ein potentes Heilmittel sei. Die Zahl der abgeschlachteten Tiere in dem vermeintlich geschützten Gebiet ist unfassbar. 2007 starben 13 Tiere, 2009 waren es 122, 2011 448 und 2013 bereits 1004. Der Grund, warum der Naturschutz auf der ganzen Welt versagt, liegt auf der Hand: Das Ausmaß der Zerstörung wird immer größer, spiegelt sie doch direkt die wachsende Zahl der Menschen wider. Inzwischen sind nicht mehr nur Teile der Landschaft und der Tier- und Pflanzenwelt bedroht, sondern die Natur als Ganzes steht auf dem Spiel. Der Schutz ist Stückwerk; von der Bedrohung aber ist das gesamte System betroffen.

Zu Beginn habe ich die beiden Methoden kritisiert, die systematisch eingesetzt werden, um der Bedrohung entgegenzuwirken und die Zerstörung der Natur aufzuhalten. Es sind die Förderung einer nachhaltigen Entwicklung und das Argument vom Wert der Ökosystemleistungen. In meinen Augen sind beides achtbare Konzepte, die wichtige Beiträge zum Naturschutz geleistet haben und weiterhin leisten werden, aber ich glaube auch, wie bereits gesagt, dass sie gravierende Schwächen haben: Nachhaltige Entwicklung ist vom guten Willen von Menschen abhängig, die vielleicht gar nicht gut sind, und das Konzept der Ökosystemleistungen schützt nur, was ökonomisch als schützenswert erscheint. Aber an diesem Punkt muss gesagt werden, dass beiden etwas noch Wichtigeres fehlt: ein Glaube.

Beide sprechen den Intellekt an, aber nicht die Fantasie. Ende der 1990er Jahre gab die britische Regierung 41 Millionen Pfund für ein Zentrum für nachhaltige Entwicklung aus. Dieses *Earth Centre* wurde bei Doncaster in South Yorkshire auf einem Gelände errichtet, auf dem man früher Braunkohle abgebaut hat. Es war als prestigeträchtige Attraktion für große Besucherströme gedacht. Die blieben jedoch aus, und etwa drei Jahre nach seiner Eröffnung im Mai 2001 schloss das Zentrum wieder. Inzwischen ist es vergessen. Niemand fühlt sich von nachhaltiger Entwicklung gefühlsmäßig angesprochen, niemand schreibt Gedichte darüber – ebenso wenig wie über die Ökonomie der Ökosysteme und der Biodiversität. Beide Konzepte mögen lebenswichtig sein, sind aber bloße Gedankenkonstrukte. Sie können die Köpfe von Politikern beschäftigen, die Herzen der Menschen erreichen sie nicht.

Ein Glaube jedoch kann das. Ich spreche von einem umfassenden Glauben, einem Glaubenssystem, und ein kurzer Blick in die Geschichte zeigt, was solche Glaubenssysteme zu leisten vermögen, wenn sie die Herzen der Menschen entzünden. Man denke an die Ausbreitung des Christentums, die Ausbreitung des Islam, die Kraft der Renaissance, die Kraft der Reformation und die Kraft des Sozialismus. Sie führten zu großen Umwälzungen, und die Katastrophe, auf die wir zusteuern, die Zerstörung unserer natürlichen Umwelt, steht ihnen an historischer Bedeutung in nichts nach, und mir scheint, nur ein ähnlich umfassender Glaube wird das, was auf uns zukommt, aufhalten können.

Diesen Glauben gibt es bereits: Es ist der Glaube an den Wert der Natur. Darüber werden Leute mit Sicherheit weiterhin Gedichte schreiben; sie tun es schon seit Tausenden von Jahren. Doch hat der Liebe zur Natur, der Freude an Frühlingsblumen, dem Gesang der Vögel und dem wiedererwachenden Jahr, dem Staunen über Delfine und das Morgenkonzert bis jetzt noch etwas gefehlt. Und das ist die Einsicht, dass tief in uns ein uraltes Band zu der Welt der Natur überlebt und darum die Natur kein Luxusgut, kein optionales Extra und auch nicht bloß etwas Bezauberndes, sondern ein Bestandteil unseres Wesens ist. Sie ist die natürliche Heimat unserer Psyche, in der wir nicht nur Glück, sondern auch Frieden finden können. Sie zu zerstören hieße, einen elementaren Teil unserer selbst zu zerstören. Sollten wir sie verlieren, wären wir nicht mehr ganz. Wir wären weniger, als unserer Entwicklung angemessen ist. Wir könnten keinen wahren Frieden mehr finden.

Wenn wir diese Erkenntnis der Liebe beigeben, die so viele Menschen bereits für die Natur empfinden, dann erhalten wir, so könnte man sagen, eine neue Art von Liebe. Es wird eine wissende Liebe und angesichts der massiven Bedrohung auch eine engagierte Liebe sein, eine Liebe, die sich an einer Blume oder einem Vogel, einer Wiese oder einem Moor, einem See, einem Wald oder der Weite eines Graslandes erfreut und dabei immer gewärtig ist, dass sie im nächsten Jahr vielleicht nicht mehr da sein werden, und die darum alles tun wird, was in ihrer Macht steht, um sie zu schützen oder zu retten. Es wird eine kämpferische Liebe sein.

Ein solcher, von vielen Menschen geteilter Glaube kann Großes vollbringen. Schon eine einzige Liebe dieser Art ist viel wert, aber Tausende von Menschen, die auf diese Art lieben, besitzen echte Macht, denn das Gefühl gewöhnlicher Menschen bildet den Keim für politischen Willen.

Lassen Sie uns, da das 21. Jahrhundert wie ein Tsunami über die Natur hereinbricht, mit seiner ganzen Zerstörungswut und gedankenlosen, gnadenlosen Vernichtung, diese neue Liebe zum Ausdruck bringen. Lassen Sie uns von ihr sprechen und sie lauthals verkünden.

Dank

Viele der Themen in diesem Buch habe ich in den vergangenen Jahren ausführlich mit einer kleinen Gruppe von Naturkundlern und befreundeten Autoren besprochen: Mark Avery, Tim Birkhead, Andy Clements, Mark Cocker, Peter Marren und Jeremy Mynott. Auch im 2009 von Birkhead, Cocker und Mynott mit John Fanshawe gegründeten Bündnis der Künste für die Welt der Natur, *New Networks for Nature,* haben wir darüber diskutiert, und mein 2010 dort gehaltener Vortrag mit dem Titel »The Loss of Nature and The Nature of Loss« war der unmittelbare Auslöser für dieses Buch. Bei ihnen allen möchte ich mich bedanken und außerdem bei vielen anderen Mitgliedern von *New Networks*, die unsere Sorgen teilen, insbesondere Katrina Porteous und Ruth Padel.

Die Liste der anderen Menschen, die mir mit diesem Buch geholfen und mir großzügig ihre Zeit geschenkt haben, ist so lang, dass ich hier keine Einzelheiten schildern, sondern nur die Namen nennen kann. Es sind: Nick Askew, Phil Atkinson, Chris Baines, Helen Baker, Joanna Bromley, Mark Carwardine, Brian Clarke, Darryl Clifton-Dey, Franck Courchamp, Mike Crosby, Sarah Dawkins, Paul Donald, Richard Fox, Rob Fuller, Bob Gibbons, Lynne Greenstreet, Chris Hewson, Les Hill, Andrew Hoodless, Nigel Jarrett, Paul Knight, Georgina Mace, Graham Madge, Louise Marsh, Harriet Mead, Peter Melchett, Richard Moyse, Ian Newton, David Norman, John und Jane Paige, Debbie Pain, Mark Parsons, Fiona Reynolds, Fiona Roberts, Chris Smith, Richard Smith, Denis Summers-Smith, Paul Stancliffe, Mike Toms, Paul Toynton, Gill Turner, Kate Vincent, Kevin Walker, Martin Warren, Cass Wedd, Colin Wells, Ian Woiwod und andere.

Außerdem möchte ich mich bei Nial Moores und ebenso bei Spike Millington und Charlie Moores in Korea bedanken sowie bei David Butterworth und Kim Jinyoung in Seoul, die mir eine große Hilfe waren. Auch den vielen Menschen, die mir halfen, in einem

Sommer alle achtundfünfzig Schmetterlingsarten Großbritanniens zu finden, meinen herzlichen Dank. Es waren Mark und Rosemary Avery, Robin Curtis, Clive Farrell, Polly Freeman, Mandy Gluth, Liz Goodyear, Dan Hoare, Neil Hulme, David Lambert, Andrew Middleton, Matthew Oates, Steve Peach, Tom Prescott, Jeremy Thomas, Martin Wain, Dave Wainwright, Michael Walter, Martin Warren, Bernard Watts, Ken Willmot und andere.

Für ihre Hilfe bei der Recherche und beim Redigieren möchte ich Rebecca Lawrence und Marigold Atkey danken sowie Simon Blundell, dem Bibliothekar des *Reform Club*, und Lynda Brooks, der Bibliothekarin der *Linnean Society of London*. Besonders dankbar bin ich Ian Newton und Jeremy Mynott, die das Buch als Manuskript gelesen haben. Sämtliche Fehler, die sich jetzt noch finden sollten, gehen selbstverständlich auf mein Konto.

Zu Dank verpflichtet bin ich auch Andrew Gordon und Roland Philipps, die beide sofort verstanden, worum es mir geht, und die dieses Buch ermöglicht haben. Und was mich persönlich angeht, werde ich Andrea Sabbadini und Radhe Bentley, die mein seelisches Gleichgewicht wiederhergestellt haben, und Jo Revill, die mir danach den neuen Anfang geschenkt hat, für immer dankbar sein.

☙

Autor und Verlag möchten den Folgenden für die Abdruckerlaubnis der hier zitierten Texte danken:

Ralph Waldo Emerson, Auszug aus dem Essay *Die Natur*, in: Ralph Waldo Emerson, *Die Natur*, Ausgewählte Essays, Übersetzung und Anmerkungen von Manfred Pütz und Gottfried Krieger, Stuttgart 1982, S. 87.

Gerard Manley Hopkins, »Inversnaid«, in: *Geliebtes Kind der Sprache*, übersetzt von Dorothea Grünzweig, Berlin 2009.

Philip Larkin, Auszug aus dem Gedicht »Ankunft«, übersetzt von Klaus-Dieter Sommer, in: *Mich ruft nur meiner Glocke grober*

Klang, übersetzt von Karl Heinz Berger, Helmut Heinrich, Klaus-Dieter Sommer und Vera Trân, Berlin 1988, S. 57.

D. H. Lawrence, Auszug aus dem Gedicht »Bayerische Enziane«, in: *Englische Lyrik*. 50 Gedichte. Englisch/Deutsch. Übersetzt und herausgegeben von Raimund Borgmeier, Stuttgart 2012, S. 106.

Walter de la Mare, »The Hare«, »Das Häschen« und »All That's Past«, »Das Vergangene«, übersetzt von Hans-Ulrich Möhring.

John McCarthy, Vers über das Versagen, übersetzt von Hans-Ulrich Möhring.

William Wordsworth, Auszug aus »Zeilen geschrieben einige Meilen oberhalb Tintern Abbey beim erneuten Besuch der Ufer des Wye während eines Ausflugs am 13. Juli 1798«, in: Werner von Koppenfels und Manfred Pfister (Hgg.), *Englische und amerikanische Dichtung*, übersetzt von Werner von Koppenfels, Band 2, München 2000, S. 235.

Erste Auflage Berlin 2021

Copyright © der deutschen Ausgabe 2021
MSB Matthes & Seitz Berlin Verlagsgesellschaft mbH
Göhrener Str. 7 | 10437 Berlin
info@matthes-seitz-berlin.de

Copyright © der Originalausgabe »The Moth Snowstorm.
Nature and Joy«, Michael McCarthy, London 2015

Umschlaggestaltung: Dirk Lebahn, Berlin
Satz: Monika Grucza-Nápoles, Berlin
Herstellung: Hermann Zanier, Berlin
Druck und Bindung: GGP Media GmbH, Pößneck

ISBN 978-3-95757-854-9

www.matthes-seitz-berlin.de

Jean-Henri Fabre bei Matthes & Seitz Berlin

Die zehnbändige Werkausgabe der *Erinnerungen eines Insekten-forschers* liegt nun vollständig in deutscher Übersetzung vor.

Jean-Henri Fabre
Erinnerungen eines Insektenforschers
Band I bis X
Souvenirs entomologiques

In der Übersetzung von Friedrich Koch und Ulrich Kunzmann
Bearbeitet von Heide Lipecky
Mit Federzeichnungen von Christian Thanhäuser

400 Seiten, gebunden

Vielleicht hat kein Werk des 20. Jahrhunderts einen so überraschen-den und radikalen Perspektivwechsel bei seinen Lesern bewirkt wie dieses zehnbändige Monumentalwerk eines französischen Entomolo-gen, der anstatt von gesellschaftlichen Dramen vom Heiligen Pillen-dreher oder der Gelbflügeligen Grabwespe erzählt. Erstmals richteten die Literaten der Großstädte ihre Blicke nach unten, auf die Grashal-me, Erdbrocken und Sandhügel ihrer Umgebung, und erblickten eine völlig neue, fremde Welt. Das Leben in verkleinertem Maßstab, aufge-zeichnet mit wissenschaftlicher Genauigkeit, unvermutetem Witz und poetischer Hingabe – nun endlich vollständig auf Deutsch.

»Fabre schickt seine Leser auf literarische Insektensafaris, auf Reisen, wie man sie von Gulliver und anderen unglaublich geschrumpften Männern und Kindern kennt.« – Ulrich Baron

Hugh Raffles
Insektopädie

Übersetzt von Thomas Schestag
Herausgegeben von Judith Schalansky

383 Seiten, gebunden

Sie waren vor uns da und werden uns überleben. Sie begleiten uns seit
Menschengedenken, so nah und alltäglich wie keine anderen Lebewesen: Insekten bestäuben unsere Nutzpflanzen, ernähren sich von
unserem Essen, leben in unseren Betten und Kleidungsstücken, in den
Ritzen unserer Dielen und dem Fell unserer Haustiere. Grund genug,
sich endlich diesen fremdartigen, beinahe unsichtbaren Lebensbeglei-
tern zu widmen. Der Anthropologe Hugh Raffles erzählt die faszinie-
rende Geschichte der langen und engen Beziehung, die uns mit diesen
kleinen, wunderbaren und erstaunlich vollendeten Wesen verbindet.
Seine *Insektopädie* ist ein fesselnder Streifzug durch Wissenschaft und
Philosophie, Anthropologie und Zoologie, Wirtschaft und Populärkultur, auf dem nicht nur die Insekten, sondern auch die Menschen
genau unter die Lupe genommen werden.

»Von tugendhaften Grillen, gebratenen Heuschrecken, tanzenden
Bienen, flirrenden Fliegen, alten Büchern und allerlei Passionen: Der
amerikanische Anthropologe Hugh Raffles hat unserem Umgang mit
Insekten eine eigenwillige Enzyklopädie gewidmet.« – Helmut Mayer

Thor Hanson
Federn
Ein Wunderwerk der Natur

Übersetzt von Meike Hermann und Nina Sotrell
Herausgegeben von Judith Schalansky

276 Seiten, gebunden

Wer in die Tiefe eines frisch aufgeschüttelten Federbetts versinkt,
wohlig warm unter der überraschenden Leichtigkeit des Bettwerks
einschlummert, hat keinen Zweifel: Federn sind ein Meisterwerk der
Evolution. Sie wärmen, kühlen und isolieren, sie schmücken und tar-
nen – und sie verleihen ihren Trägern die lange unnachahmliche Fähigkeit in die Lüfte aufzusteigen. Der US-amerikanische Biologe Thor
Hanson enthüllt auf seiner naturwissenschaftlichen Entdeckungsrei-
se die Geheimnisse dieser Wunderwerke aus Kerotin. Sie führt ihn
in chinesische Ausgrabungsstätten, wo sich an 150 Millionen Jahre
alten Fossilien die frühesten Protofedern nachweisen lassen, in riesige
Daunenfabriken und geheimnisvolle Federnfärbereien, durch eisige
Schneestürme bis in die Glitzershows von Las Vegas. Dabei schildert
er die Funktionen der Federn ebenso wie ihre vielfältige kulturelle
Verwendung. Das Ergebnis ist eine facetten- und detailreiche Darstellung eines der größten und schönsten Naturwunder, das die Evolution hervorgebracht hat – und ein packend erzählter Abenteuerbericht
von den Feldstudien eines leidenschaftlichen Wissenschaftlers.

»Hansons Leidenschaft für das Naturwunder Feder ist ansteckend.
Schmökern und Staunen.« – Anke Groenewold, *Neue Westfälische*

Nan Sheperd
Der lebende Berg

Übersetzt von Judith Zander
Herausgegeben von Judith Schalansky

184 Seiten, broschiert

Auf ihren unzähligen Reisen in die schottischen Cairngorm Mountains begegnete Nan Shepherd einer atemberaubend schönen wie schockierend harten Natur. In ihrem wichtigsten Buch – ein Kondensat der aufwühlendsten Erfahrungen – gelingt es ihr, diese Naturerlebnisse auf unvergleichliche Weise zu schildern: Felsen, Wiesen, Weiden und Tiere sowie dem menschlichen Auge zuweilen verborgene Geheimnisse der Natur einer unvergleichlichen Landschaft. Immer versucht sie dabei, dem innersten Wesen der sie umgebenden Welt auf die Spur zu kommen und sich mit ihr in Beziehung zu setzen. Verfasst während des Zweiten Weltkrieges wurde Der lebende Berg erst kurz vor ihrem Tod veröffentlicht.

»Shepherd hat ihr Buch vor dem Hintergrund des Zweiten Weltkriegs geschrieben und erst dreißig Jahre später, im Jahr 1977, veröffentlicht. Doch immer noch liest es sich so anregend, dass der Körper ganz leicht wird und man mit wenig Kraftaufwand durch die Seiten und die bildstarken Sätze klettert.« – Nico Bleutge, *Süddeutsche Zeitung*

Wolfgang Borchert
Der leidenschaftliche Gärtner

Herausgegeben von Judith Schalansky
Mit einem Nachwort von Christian Welzbacher

334 Seiten, broschiert

Seit 1933 im italienischen Exil lebend, bewohnte Rudolf Borchardt verschiedene Villen, in deren Gärten er zum leidenschaftlichen Gärtner wurde. 1938 begann er seine Überlegungen zur Praxis, Geschichte und Philosophie des Gartens niederzuschreiben. So entstanden neben Auseinandersetzungen mit der Idee des Gartens, dem Unterschied von wilder und gezähmter Natur, dem Zusammenhang von Tod und Garten eine Sammlung von entlegen Wissenswertem und ganz konkreten praktischen Tipps zum Gärtnern und zur Blumenzucht, die im Leidenschaftlichen Gärtner zu einem sprachmächtigen Buch zusammengefasst sind. Das geplante große Gartenbuch erschien nicht mehr zu seinen Lebzeiten, es wurde posthum 1951 herausgegeben und avancierte sehr schnell zum Kultbuch. Lange Zeit vergriffen wird es hier in einer bibliophilen Taschenbuchausgabe zugänglich gemacht.

»Der jüdische Gelehrte, Lyriker und Schriftsteller (1877–1945) hat nicht weniger als eine poetische Kulturgeschichte der Humanitas anhand der Pflanzenwelten – inklusive eines enzyklopädischen ›Katalogs der Verkannten‹ – verfasst.« – Sabine Vogel, *Berliner Zeitung*

Sumana Roy
Wie ich ein Baum wurde

Übersetzt von Grete Osterwald
Herausgegeben von Judith Schalansky

267 Seiten, gebunden

Sumana Roy will im eigenen Rhythmus leben, in der Gegenwart, in der Baumzeit. Denn in den Wäldern und Hainen findet sie Ruhe statt Lärm, Einfachheit statt Überfluss, Selbstlosigkeit statt Eigennutz und statt gesellschaftlicher Zwänge die individuelle Souveränität fest verwurzelter Pflanzen. Sie kündigt ihre Stellung als College-Professorin, um sich ganz ihrer Baumbesessenheit hinzugeben, und findet Gleichgesinnte und Entsprechungen ihrer Sehnsucht in bengalischen Märchen, indischen und griechischen Mythen und Ritualen, in denen Menschen mit Bäumen verheiratet werden. Eigene Kindheitserinnerungen mit Kulturgeschichte und indische Dichtung mit Erkenntnissen aus Religion und Wissenschaft verwebend, gerät Sumana Roys Spurensuche zu einer weitverzweigten Meditation über das Wesen der Menschen und Bäume, in der das subtile Muster ihres Schreibens dem Schattenwurf des bewegten Geästs einer Braumkrone folgt und tatsächlich die Utopie eines anderen Lebens erahnen lässt.

»Sumana Roys (Sach-)Buch flirrt wie Silberpappelblätter.« – Sylvia Staude, *Frankfurter Rundschau*

Hanns Cibulka
Sanddornzeit

Tagebuchblätter von Hiddensee
Herausgegeben von Judith Schalansky

86 Seiten, Softcover

Als Hanns Cibulka Anfang der 60er-Jahre zum ersten Mal Hiddensee bereist, bleibt ihm die Insel fremd. Ihm, der in einer mährischen Kleinstadt im Altvatergebirge aufgewachsen war und als Kriegsgefangener auf Sizilien den geschichtsträchtigen, sonnengrellen Süden kennengelernt hatte, erscheint die spröde norddeutsche Landschaft zunächst sperrig und stumm. Doch schon bald kann er sich dem Sog dieses Stücks Erde nicht mehr entziehen und fängt an, dessen eigenwillige Natur in seinen dichten Tagebuchaufzeichnungen in Text zu übersetzen. In der poetischen Landvermessung eines Sommers an der See finden neben der Geologie und Physik auch Windsbräute und Nebeltöchter ihren Platz, die steten Lichtwechsel und die Monochromie der Farben werden ebenso dokumentiert wie Lektüre- und Hörerlebnisse, Reflexionen über Naturtreue und Kunstwahrheit, Zivilisations- und Technikkritik. Hiddensee erscheint in diesen Tagebuchblättern als ebenso gegenwärtige wie mythische Landschaft, und nicht zuletzt als Symbol dessen, was Schutz erfordert und Bewahrung verdient.

»Sein von düsterer Zivilisationskritik und Kulturpessimismus gefärbtes Ostsee-Tagebuch Seedorn (1985) verstanden viele als heimliches Manifest der aufkeimenden Öko-Bewegung in der DDR.« aus dem Nachruf in der *Morgenpost* 2004

Peter Matthiessen
Der Schneeleopard

Übersetzt von Stephan Schuhmacher und Maria Csollány
Herausgegeben von Judith Schalansky

ca. 330 Seiten, gebunden

Im Visier der schönsten Raubkatze der Welt: eine Reise an den Rand des Himmels und an die Grenzen unserer Wahrnehmung

Im Herbst 1973 bricht Peter Matthiessen mit dem Biologen George Schaller in die höchsten ganzjährig bewohnten Bergtäler der Erde auf: ins nepalesische Dolpo. Hier trotzen Menschen und Tiere extremen Bedingungen ein Leben voller Schärfe und Kontur ab. Und seit Jahrhunderten blüht hier eine Tradition des tibetischen Buddhismus. Schaller will das Brunftverhalten hochalpiner Blauschafe dokumentieren, Matthiessen die Trauer über den Krebstod seiner Frau verarbeiten. Beide verbindet die Faszination für den geheimnisvollsten Bewohner des Dolpos: den Schneeleoparden.

In diesem Meisterwerk, für das Matthiessen gleich zweimal – 1979 und 1980 in unterschiedlichen Kategorien – den National Book Award erhielt, verbinden sich naturkundliche Klarheit, spirituelle Wachsamkeit und die lyrische Kunst der Sprachverknappung zu einem lebensverändernden Leseerlebnis. Noch nie war dieses literarische Zeugnis für den unermesslichen Reichtum, der geistige wie materielle Entsagung bedeuten kann, dringlicher und zeitgemäßer als heute.